本书为河北省教育厅人文社科研究重大课题攻关项目"京津冀职业教育一体化研究"（编号：ZD201418）的最终成果

京津冀职业教育一体化研究

闫志利 李欣旖 侯小雨 ◎著

中国社会科学出版社

图书在版编目（CIP）数据

京津冀职业教育一体化研究/闫志利，李欣旖，侯小雨著.—北京：中国社会科学出版社，2018.10

ISBN 978-7-5203-3590-4

Ⅰ.①京…　Ⅱ.①闫…②李…③侯…　Ⅲ.①职业教育—一体化—研究—华北地区　Ⅳ.①G719.2

中国版本图书馆 CIP 数据核字（2018）第259917号

出 版 人	赵剑英
责任编辑	陈雅慧
责任校对	王　斐
责任印制	戴　宽
出　　版	中国社会科学出版社
社　　址	北京鼓楼西大街甲158号
邮　　编	100720
网　　址	http://www.csspw.cn
发 行 部	010-84083685
门 市 部	010-84029450
经　　销	新华书店及其他书店
印　　刷	北京明恒达印务有限公司
装　　订	廊坊市广阳区广增装订厂
版　　次	2018年10月第1版
印　　次	2018年10月第1次印刷
开　　本	710×1000　1/16
印　　张	21.25
插　　页	2
字　　数	324千字
定　　价	88.00元

凡购买中国社会科学出版社图书，如有质量问题请与本社营销中心联系调换
电话：010-84083683
版权所有　侵权必究

序

京津冀协同发展已于2014年12月列为我国优化经济发展空间的三大战略之一，也是国务院确定的"十三五"时期重点发展战略。京津冀协同发展战略的实施必将带来三地产业转移、资源流动、经济重构和社会进步，京津冀职业教育一体化是推进京津冀协同发展的重要基础、必然结果和应有之义。本书在回顾京津冀职业教育一体化发展历史的基础上，立足三地职业教育发展现状，专题研究了京津冀职业教育一体化发展问题，旨在提升社会各界对京津冀职业教育一体化发展的认知，为各级政府教育行政部门提供决策依据，为京津冀职业教育机构实施合作行动提供参考。同时，引发职业教育研究与实践者的思考，共同为京津冀职业教育一体化发展献计出力。

一

党的十八大以来，习近平总书记始终关心并指导着京津冀协同发展工作。三地协同发展从规划到行动，引发了全国乃至全世界的瞩目。2013年5月以来，习近平总书记多次强调推动京津冀协同发展的重要性，提出要坚持优势互补、互利共赢、扎实推进，加快走出一条科学持续的协同发展路子。2015年2月和4月，中央政治局专题研究并审议通过了《京津冀协同发展规划纲要》，为京津冀协同发展提供了行动指南。在党中央、国务院的周密部署下，京津冀三地成立了京津冀协同发展领导机构，并建立了相应的办公室，在交通一体化、生态环境保护一体化以及产业转移等领域取得一系列重要进展。

职业教育承担着为区域经济社会发展提供人力资源支撑的重任,在京津冀协同发展战略中具有基础性和先导性作用。2015年,教育部按照京津冀协同发展要求,制定了推动京津冀教育协同发展的实施方案,力争三地职业教育合作取得重大进展。京津冀三地政府均将职业教育协同发展纳入"十三五"规划,各级教育行政部门、职业教育机构、行业企业等也采取了系列行动。仅2015年,河北省教育行政部门和职业院校就与京津两地签订职业教育合作协议133项,建立职业教育教学、教师交流等平台831个,联合办学招生9586人。但是,与京津冀交通、生态环境保护以及产业转移等领域比较,与长三角地区职业教育一体化比较,京津冀职业教育发展距一体化目标尚有较大距离。京津冀三地教育行政部门、各级各类职业教育主体及行业企业等社会组织,必须按照党中央、国务院的相关要求和教育部的具体部署,加快推进职业教育一体化进程。

二

本书是作者承担的2014年度河北省教育厅人文社会科学研究重大课题攻关项目"京津冀职业教育一体化研究"(项目批准号:ZD201418)的最终研究成果,正文分为五个部分、十二章。

第一部分为基础研究,包括第一章和第二章。第一章首先解释了选题缘起及研究意义,解析了区域合作、协同与一体化等概念的关联特征,认为一体化是区域合作、区域协同发展的最高级阶段,既是过程也是结果。在此基础上,确定了研究目的、内容和研究思路、方法。第二章综述了区域职业教育一体化理论与实践的现状,将区域经济社会一体化研究过程归结为关注区域科学、关注区域经济一体化、关注府际协议、关注区域职业教育合作四个阶段;解析了协同发展理论、梯度发展理论、地域分工理论、府际关系理论、教育关系理论以及正和博弈理论的主要内涵;概述了京津冀职业教育一体化研究的现状;分析了欧盟职业教育一体化、大巴黎区域教育资源整合、美国区域教育合作以及我国区域职业教育一体化的实践状况;确认区域职业教育一体化研究呈现出政策统领化、区域特色化、行为自主化、目的市场化、协议法制化等特征。

第二部分为历史研究，包含第三章，分析了京津冀职业教育一体化的地缘、物缘、文缘和亲缘基础；梳理了三地职业教育一体化发展的历史过程，确认了行政区划变迁给三地职业教育资源变化带来的影响；将近代京津冀职业教育一体化分为洋务运动时期、清末新政时期、北洋军阀时期、国民政府时期、新中国改革开放前及改革开放后六个阶段；认为河北省职业教育发展呈落后状态的根本原因在于区划变迁产生的负面效应，推进京津冀职业教育一体化发展，需要政府调控与市场调节相互配合，政府及教育行政部门、行业企业及其他社会组织乃至公民个人共同推动。

第三部分为现状研究，包括第四章和第五章。第四章依据《中国统计年鉴》等资料，分析了"十二五"期间京津冀高职教育、中职教育和职业培训资源及其利用效率、育人能力等变化情况，确认三地职业教育资源分布存在极不平衡的现象。京津两地职业教育资源雄厚，但资源利用率不高；河北省人均职业教育资源虽少，但职业教育市场广阔。同时，三地职业教育发展环境也存在较大的差异。第五章从政治、政策、市场、经济等方面分析，确认局部利益主义思想及职业教育投入政策、改革政策、管理政策是京津冀职业教育资源形成差异的主要原因。三地劳动力市场和职业教育资源市场、服务市场尚未统一，存在严重的行政性壁垒和制度性障碍。此外，京津冀三地产业结构不同，也导致职业教育发展现状存在较大差异。

第四部分为发展研究，包括第六章、第七章、第八章、第九章和第十章。第六章从职业教育机构内部和外部两个层面，分析了京津冀职业教育一体化的动因。认为推进京津冀职业教育一体化发展，需遵循目标同化、统筹兼顾、合作共赢、错位发展、重点突破五项原则。将京津冀职业教育一体化的目标定位于对区域经济发展的支撑力更强、资源利用效率更高、发展规模更大以及民众满意度更高四个方面。第七章分析了京津冀"十二五"期间职业教育层次结构与生产力发展水平的关联特征，确认职业教育层次结构随生产力水平的提升而上移。京津两市职业教育层次结构与生产力发展水平适应性较差，河北省相对较高。推进京津冀职业教育一体化发展,应提升职业教育层次结构的适应性和职业教育层次结构调整主体的多元性,强化不同层次职业教育的衔接性。第八章基于区域人口数量和经济发展现状,研究了京津冀职业院校一体化布局问题。针对当前职业学校布局存在的失衡现象,建议加强区域职业院校一体化布局的组织领导,持续优化一体化布局的条件,并强化相关措施。第九章遵循职业教育专业与产业对接原理,解析了京津冀产业结构、就业结构与职业院校专业结构的对接现状,认为京津两市职业院校专业设置与产业结构适应性较差,河北省处于相对理想状态。推进京津冀职业教育一体化发展,应基于区域产业结构持续优化,调整职业院校专业结构,不断提升职业院校专业建设水平和育人能力。第十章基于京津冀职业教育资源的现实差异,研究了职业教育资源一体化共享问题。建议加强职业教育政策、职业教育主体、职业教育环境和师资队伍、职业教育集团的共建,采取分段式、集团化、联盟式、园区式等方式,实现职业教育资源的共享。

第五部分为对策研究,包括第十一章和第十二章。第十一章调查了京津冀职业教育一体化发展的现状,确认存在24项阻力因素,且各因素阻力强度不一;通过分析各阻力因素之间的相互影响及逻辑关系,明确了各阻力因素的影响度、被影响度、原因度和中心度。针对阻力因素,遵循全要素、全方位原则,构建了京津冀职业教育一体化发展的动力机制。第十二章提出了推进京津冀职业教育一体化的具体措施,认为京津冀区域市场化程度较低,中央政府、省市政府以及地市政府、县乡政府应合理分工、加强调控。建议健全京津冀职业教育一体化的市场机制,明确一体化主体,完善一体化制度,优化一体化环境,强化一体化动力,提升一体化效率。通过构建政策保障机制,实现多元主体参与,确保三地职业教育发展实现均衡化投入。

三

本书综合运用职业教育管理学、职业教育经济学、职业教育社会学等学科原理,采取定性研究与定量研究相结合、宏观研究与微观研究相结合的方法，力求实现多方面的创新。宏观研究层面将职业教育一体化发展置于京津冀协同发展战略之中，试图在京津冀区域内实施职业教育层次、职业院校布局、职业院校专业等方面的一体化调整。微观研究层面试图通过探究京津冀职业教育资源现状及其差异成因，明确京津冀职业教育一体化的目标取向、具体内容、实践模式、政策选择和实施路径。本书认为，立足京津冀职业教育一体化发展的现实需要，今后应继续加强政府间违约、政府与市场的关系等问题的研究。

本书作为2014年度河北省教育厅人文社会科学研究重大课题攻关项目的最终成果，必然有其阶段性特点。随着京津冀协同发展战略的逐步推进，相关研究结论必然会表现出某些不足。同时，由于本人学术水平所限，研究结论定会存在谬误之处，有待于今后深入研究和逐步改进。需要说明的是，本书参阅了部分已有研究文献和政策文本，作者在仔细核对的基础上以脚注的方式标注了引文出处，并将主要参考文献列在文末，但唯恐疏漏。若成事实，敬请谅解。

本课题在研究过程中，得到了北京师范大学赵志群教授，北京市教育科学研究院职业教育研究所吉利研究员、侯兴蜀研究员，天津大学肖风翔教授、米靖教授以及河北省职业教育研究所刁哲军教授、孙志和研究员等的悉心指导和热情帮助，《河北科技师范学院学报》编辑部刘燕讲师以及河北科技师范学院职业教育研究院硕士研究生王伟哲、邵会婷、宋晓欣、曾姗、李欣旖、侯小雨等同学参加了本项目研究，李欣旖、侯小雨还具体负责了本书部分章节的撰稿、校对等工作，做出了较大贡献。河北科技师范学院科研处和职业教育研究院对本书的出版给予了大力支持，谨致谢忱。

本书可供各级政府教育行政部门及各级各类职业教育机构制定京津冀职业教育一体化发展措施借鉴，供职业技术教育学及相关学科研究人士参考。本书如有不当之处，望不吝赐教。

闫志利

2018年初夏于秦皇岛

目 录

第一章 导论 …………………………………………………………（1）
 第一节 选题缘起与问题提出 …………………………………（1）
 第二节 研究意义与主要创新 …………………………………（5）
 第三节 核心概念的界定 ………………………………………（7）
 第四节 研究目的与内容 ………………………………………（19）
 第五节 研究思路与方法 ………………………………………（22）

第二章 区域职业教育一体化理论与实践 ………………………（25）
 第一节 区域职业教育一体化理论的发展 ……………………（25）
 第二节 区域职业教育一体化理论的应用 ……………………（30）
 第三节 京津冀职业教育一体化研究现状 ……………………（34）
 第四节 区域职业教育一体化的实践现状 ……………………（41）
 第五节 区域职业教育一体化的实践特征 ……………………（48）

第三章 京津冀职业教育一体化的历史渊源 ……………………（53）
 第一节 京津冀职业教育一体化的历史基础 …………………（53）
 第二节 近代京津冀区域行政区划的变迁 ……………………（58）
 第三节 京津冀职业教育一体化的历史变迁 …………………（62）
 第四节 京津冀职业教育一体化的历史特点 …………………（78）

第四章　京津冀职业教育发展现状及其差异……（83）
第一节　京津冀高职教育资源及利用现状……（83）
第二节　京津冀中职教育资源及利用现状……（88）
第三节　京津冀职业培训资源及利用现状……（95）
第四节　京津冀职业教育发展的区域差异……（106）
第五节　京津冀职业教育发展的环境差异……（110）

第五章　京津冀职业教育发展差异成因分析……（113）
第一节　职业教育发展差异的政治因素……（113）
第二节　职业教育发展差异的政策因素……（119）
第三节　职业教育发展差异的市场因素……（126）
第四节　职业教育发展差异的经济因素……（132）

第六章　京津冀职业教育一体化动因与目标……（139）
第一节　京津冀职业教育一体化的动因分析……（139）
第二节　京津冀职业教育一体化遵循的原则……（145）
第三节　京津冀职业教育一体化目标及内容……（148）

第七章　京津冀职业教育层次的一体化调整……（154）
第一节　京津冀区域职业教育层次结构调整之必要……（155）
第二节　区域生产力水平与职业教育层次表达指标……（156）
第三节　京津冀生产力水平及职业教育层次的变化……（158）
第四节　职业教育层次结构与生产力水平的相关性……（163）
第五节　职业教育层次结构与生产力水平的适应性……（169）
第六节　京津冀职业教育层次变化规律及调整措施……（177）

第八章　京津冀职业院校一体化布局的策略……（181）
第一节　区域职业教育一体化布局的理论逻辑……（181）
第二节　京津冀区域职业院校布局现状的分析……（184）
第三节　京津冀职业院校布局失衡的具体表现……（193）

第四节　推进京津冀职业院校一体化布局的对策 …………… (197)

第九章　京津冀职业院校专业的一体化设置 ……………………… (204)
　　第一节　京津冀产业结构现状与发展趋势 …………………… (205)
　　第二节　京津冀就业结构现状与发展趋势 …………………… (210)
　　第三节　京津冀职业院校专业设置的现状 …………………… (218)
　　第四节　专业结构与产业结构适应性分析 …………………… (228)
　　第五节　职业院校专业设置一体化的措施 …………………… (238)

第十章　京津冀职业教育资源的一体化共享 …………………… (244)
　　第一节　京津冀职业教育资源的共建 ………………………… (245)
　　第二节　京津冀职业教育资源的共享 ………………………… (250)
　　第三节　职业教育资源共享机制构建 ………………………… (255)

第十一章　京津冀职业教育一体化的阻力分析 ………………… (262)
　　第一节　京津冀职业教育一体化阻力因素的调查 …………… (263)
　　第二节　京津冀职业教育一体化阻力因素的分析 …………… (274)
　　第三节　京津冀职业教育一体化动力机制的构建 …………… (282)

第十二章　推进京津冀职业教育一体化的措施 ………………… (287)
　　第一节　京津冀职业教育一体化政府角色的定位 …………… (287)
　　第二节　京津冀职业教育一体化市场机制的作用 …………… (291)
　　第三节　京津冀职业教育一体化发展的实现路径 …………… (295)
　　第四节　京津冀职业教育一体化发展的保障体系 …………… (299)

参考文献 ………………………………………………………………… (307)

后　记 …………………………………………………………………… (325)

第一章

导　　论

京津冀协同发展战略由首都经济圈建设概念逐步演化形成，其实施区域包括北京市、天津市和河北省全域，总面积约21.6万平方公里，总人口约1.1亿人。2011年，国家发展和改革委员会启动首都经济圈发展规划编制和实施工作，但由于多方面因素的影响，建设进展较为迟缓，其成效未能达到预期。2013年以来，习近平总书记多次强调京津冀协同发展问题，提出京津冀要坚持优势互补、互利共赢、扎实推进，加快走出一条科学持续的协同发展路子。2015年4月，中央政治局审议通过了《京津冀协同发展规划纲要》，京津冀协同发展开始由规划逐步转变为三地的具体行动，引发了全国乃至全世界的瞩目。职业教育与经济社会具有互动关系，推动京津冀协同发展必须确保职业教育发展能够提供人力资源支撑。因此，系统总结国内外区域职业教育一体化研究成果和实践经验，明确京津冀职业教育发展现状及存在的问题，提出促进京津冀职业教育一体化发展的具体模式和实践路径，是职业教育科研工作者的现实任务和历史责任。

第一节　选题缘起与问题提出

一　选题缘起

本书基于我国实施京津冀协同发展战略和构建现代职业教育体系的大背景进行研究。

(一)京津冀协同发展背景

21世纪之初,党的十六大报告首次提出了"加强区域合作"经济社会发展理念,在全国掀起了合作发展热潮。2007年,党的十七大报告再次提出"积极开展区域合作""实施自由贸易区战略"等规划,将全国不同行政区域乃至国际区域合作引向深入。2008年和2010年,国务院先后批复《2008—2020年"珠三角"改革发展规划纲要》和《"长三角"区域经济发展与规划》,极大地推动了相关区域合作发展进程。2011年,国务院制定的《国民经济和社会发展"十二五"规划》提出,"推进京津冀区域经济一体化发展,打造首都经济圈"。党的十八大以后,习近平总书记多次强调京津冀协同发展问题,并专门听取汇报作出重要指示。2014年12月,中央经济工作会议将京津冀协同发展列为中国优化经济发展空间格局的三大战略之一。中央专门召开京津冀协同发展工作推进会议,提出在交通一体化、生态环保一体化以及产业转移三个重点领域率先实现突破。2015年4月,中央政治局通过《京津冀协同发展规划纲要》,对京津冀三地功能定位作出具体安排。2017年4月,党中央、国务院决定设立雄安新区,将京津冀协同发展推入了新阶段。

京津冀协同发展为三地经济发展、社会进步带来前所未有的机遇。北京市拟定了实施交通一体化、生态环保、产业转移年度任务项目清单;天津市将增加对交通基础设施、生态环保、市政公用、社会服务等领域投资,构建京津冀协同创新共同体;河北省提出借助京津优势,加快推进交通、生态环保和产业发展三个领域的重点突破,打造京津冀城市群。[1] 职业教育与经济社会关系密切,是人力资源开发的主要形式,也是最大的民生工程。京津冀无论是交通建设、生态环保,还是产业转移以及城市群建设,终将带来社会人口流动和人口结构变化。因此,完成京津冀协同发展的目标任务,必须实现职业教育一体化发展。

(二)现代职业教育发展背景

2002年8月,国务院作出《关于大力推进职业教育改革和发展的决

---

[1] 《张高丽主持京津冀协同发展工作推进会议并讲话》,2014年12月26日(http://www.gov.cn/guowuyuan/2014-12/26/content_2797424.htm)。

定》,认为我国职业教育发展存在"地区之间、城乡之间发展不平衡"的问题,"实施科教兴国战略,必须大力推进职业教育的改革与发展"。2005年10月,国务院再次作出《关于大力发展职业教育的决定》,要求各级人民政府把加快发展职业教育,特别是加快发展中职教育与繁荣经济、促进就业、消除贫困、维护稳定、建设先进文化紧密结合起来。2007年5月,国务院批转《国家教育事业发展"十一五"规划纲要》,强调要"大力发展职业教育,加强人力资源开发,提高劳动力的整体素质"。2010年7月,国务院颁布《国家中长期教育改革和发展规划纲要(2010—2020年)》,提出"教育公平的基本要求是保障公民依法享有受教育的权利,关键是机会公平,根本措施是合理配置教育资源",强调"职业教育要面向人人、面向社会","强化职业教育资源的统筹协调和综合利用,推进城、区域合作"。2014年5月,习近平总书记就加快职业教育发展做出批示,提出"职业教育是国民教育体系和人力资源开发的重要组成部分,是广大青年打开通往成功成才大门的重要途径,肩负着培养多样化人才、传承技术技能、促进就业创业的重要职责,必须高度重视、加快发展"。同年,《国务院关于加快发展现代职业教育的决定》提出"调整完善职业院校区域布局"。教育部等六部门制定的《现代职业教育体系建设规划(2014—2020年)》提出,"深化区域内职业教育合作,率先在京津冀等地推动职业教育院校合作"。2016年3月,国家"十三五"规划纲要强调,"京津冀区域协调发展需优化教育资源布局,鼓励高等学校学科共建、资源共享,推动职业教育统筹发展"。可见,建立职业教育体系,必须强化区域职业教育一体化发展。

二 问题提出

目前,世界各国均高度重视职业教育。一方面,职业教育是人力资源开发的主要途径,担负着为区域经济社会发展提供人力资源支撑以及促进就业的重任。另一方面,区域经济社会发展也会给职业教育发展带来资金支持。职业教育与经济社会发展相辅相成,职业教育一体化发展是京津冀协同发展的应有之义。

首先,京津冀协同发展需要人力资源支撑。2010年以来,我国劳动力占总人口的比例呈逐年下降趋势，农村劳动力向城镇转移的数量也逐年降低，第三次人口生育高峰形成的新增劳动力逐年减少。① 因此，我国经济社会发展必将由依靠"人口优势"逐步转变为依靠"人才优势"。京津冀协同发展需要人力资源支撑，职业教育是人力资源开发的有效途径，京津冀职业教育一体化发展是京津冀协同发展的必要支撑。

其次，京津冀广大民众需要高质量的就业。京津冀协同发展战略的实施必将引发区域经济增长方式发生根本性改变。有学者认为，21世纪头20年（2000—2020年），我国将主要实施党的十六大确定的"更加充分就业"的目标。接下来的十年（2020—2030年）则主要实现"更高质量就业"的目标。② 国务院发展研究中心提出，未来十年我国服务业超过工业，经济增长将表现出依靠要素生产率提升等特征。③ 实施京津冀协同发展战略，必须加快职业教育，提升民众就业能力和劳动生产率。

再次，京津冀协同发展需要积累人力资本存量。资源和资本是支撑区域经济社会发展的两大要素，早在100多年前马克思就确认了教育具有经济效益这一事实，并提出劳动价值理论。④ 舒尔茨（Theodore W. Schultz）认为，在完全竞争的劳动力市场条件下，职业教育能够增加劳动者的工作机会，提高工资收入。⑤ 职业教育作为国民教育体系的重要组成部分，具有"准公共产品"的性质，在为劳动者产生私人效应的同时，还能够实现劳动力再生产、加快科技成果推广。职业教育所有的优势，均为推进京津冀协同发展进程所需。

最后，京津冀协同发展需要提升职业教育服务能力。当前，我国经

---

① 胡鞍钢、杨竺松、鄢一龙：《就业发展"十三五"思路及目标——构建高质量的充分就业型社会》，《北京交通大学学报》（社会科学版）2015年第1期，第1—6页。
② 同上。
③ 国务院发展研究中心"中长期增长"课题组：《中国经济的转型和未来10年展望》，《经济导刊》2015年第7期，第12页。
④ 中共中央马克思、恩格斯、列宁、斯大林著作编译局：《马克思恩格斯全集》，人民出版社1965年版，第241—242页。
⑤ [美]西奥多·舒尔茨：《论人力资源投资》，华夏出版社1990年版，第12页。

济社会发展呈现新特点，企业转型、产业升级明显加快。京津冀作为全国经济社会发展的重要引擎，必然在提升企业科技水平等方面走在全国前列，必须充分挖掘现有人力资源潜力，全面提升劳动者素质。同时，随着京津冀协同发展战略的实施，产业转移、生产要素流动也将成为常态，众多劳动者会发生职业变化或岗位变动，需要通过接受职业教育提升知识与技能水平。实施京津冀协同发展战略，必须不断提升区域职业教育服务能力和服务水平。

综上所述，职业教育一体化发展是实施京津冀协同发展战略的现实任务。然而，以往有关京津冀协同发展的研究多关注区域经济、环境治理以及交通一体化等方面，有关京津冀职业教育一体化的研究较少。开展京津冀职业教育一体化研究，将进一步丰富区域职业教育发展理论，助力京津冀协同发展战略的实施，让广大人民群众共享改革与发展成果。

第二节 研究意义与主要创新

一 研究意义

（一）理论意义

发展经济学理论表明，社会经济资源配置不应以行政区域为疆界，应让市场机制发挥决定性作用。目前，京津冀职业教育资源存在严重失衡现象，教育资源流动存在行政性壁垒和制度性障碍，阻碍了一体化发展进程，影响了职业教育资源利用效率。从京津冀教育事业发展整体考虑，由于民众承受能力的限制，义务教育资源很难在短期内实现共享，而高等教育已经实现了全国范围招生，仅由政府部门调控招生指标即可实现均衡发展。因此，唯有打破各种阻碍，加快推进职业教育一体化发展才能实现。在国家促进现代职业教育发展、京津冀协同发展宏观背景下，本书在分析京津冀三地职业教育资源及其利用现状的基础上，确立职业教育一体化发展的具体目标、实施内容及实践模式、有效机制，可有效丰富和完善区域职业教育一体化发展理论。

(二) 实践意义

京津冀三地具有较强的亲缘、地缘、文缘、物缘关系以及彼此之间存在认同感、亲和力、内聚力等，实现协同发展可获取最大的协同效应。党中央、国务院将京津冀协同发展纳入国家重大发展战略，为三地经济社会发展带来重大机遇。目前，三地政府及相关部门相继推出的京津冀协同发展举措已经取得了初步成效。然而，京津冀协同发展成效最终要落实于、惠及于民众，职业教育一体化发展可让三地民众产生切实感受。本书以职业教育层次布局、学校布局、专业布局为重点研究内容，可为京津冀职业教育一体化提供整体规划支持，部分内容可直接运用于京津冀职业教育一体化发展实践。

二 主要创新

本书采取定性研究与定量研究相结合、宏观研究与微观研究相结合的方法，试图在以下几个方面实现创新。

(一) 确立京津冀职业教育一体化的理论基础与历史渊源

综合运用职业教育管理学、职业教育经济学、职业教育社会学等学科原理，明确京津冀职业教育一体化发展的理论基础，力求达到理论指导实践之效果。通过分析京津冀三地行政区划史、教育发展史等，确定京津冀职业教育一体化的历史渊源，为传承与发展奠定基础。

(二) 明确国内外职业教育一体化发展的经验及借鉴意义

广泛收集国内外已有的区域职业教育一体化发展的研究文献及实践案例，研究发达国家推进区域职业教育一体化发展的具体做法。通过调研我国"长三角""珠三角"等地区职业教育合作机理与机制，确认区域职业教育一体化的主要特征，明确其对推进京津冀职业教育一体化的借鉴意义。

(三) 比较京津冀三地职业教育资源及其利用现状的差异

将职业教育分解为高职教育、中职教育和职技培训三部分，比较"十二五"期间京津冀三地各类职业教育资源及其利用效率、育人能力等变化情况，明确现有职业教育资源存量以及职业教育发展环境的差异及其成因，确定三地职业教育发展优势与劣势以及面临的机遇与挑战等。

（四）确定京津冀职业教育一体化的内外动因及目标内容

调查京津冀部分职业教育机构负责人，确定京津冀职业教育一体化的内外动因及目标定位。分析"十二五"期间京津冀职业教育层次结构与生产力发展水平的关联特征，遵循职业教育专业与产业对接原理，提出京津冀职业教育层次结构和专业结构一体化调整以及职业教育资源一体化共享的策略。

（五）提出京津冀职业教育一体化的阻力因素及动力机制

立足京津冀职业教育一体化发展的现状，面向三地政府教育行政部门和职业教育机构相关负责人，调查京津冀职业教育一体化的阻力因素及阻力强度，明确各阻力因素之间的相互影响及逻辑关系。在此基础上，遵循全要素、全方位原则，构建了京津冀职业教育一体化发展的动力机制。

（六）提出京津冀职业教育一体化的实践模式和推进措施

针对京津冀职业教育一体化发展的现实，构建政府调控与市场调节相结合的京津冀职业教育一体化实践模式，明确各级政府及教育行政主管部门的调控职责，细化职业教育机构及各类社会主体的一体化发展责任。基于政府要求、市场需求、民众诉求，提出推进京津冀职业教育一体化发展的具体措施。

第三节 核心概念的界定

一 职业教育及其实施机构

（一）职业教育

世界各国及国际组织对职业教育的释义不同。1962年，联合国教科文组织（United Nations Educational, Scientific and Cultural Organization, UNESCO）首次将技术和职业教育（TVE）作为通用术语。1974年，联合国教科文组织对技术和职业教育的内涵进行了阐释。1999年，联合国教科文组织发表了《关于技术和职业教育的公约》，对职业教育形式进行了扩展。2001年，联合国教科文组织发布《修订的关于技术和职业教育的建议》，将职业教育和就业培训、在职培训视为一个统一的连续过程，将"技术和职业教育"概念拓展为"职业和技术教育与培训"(TVET),得到多数国家的认可。①

世界各国对职业教育的认知存在一定差异。1996 年,美国职业技术教育协会(Association for Vocational and Technical Education,AVTE)统计了职业教育术语的应用情况,发现与职业教育类似的概念多达 200 多个,且应用极不规范,主要有技术教育、职业技术教育、应用技术教育、生涯教育、劳动力教育和应用教育等。1998 年,美国生涯与技术教育协会(Association for Career and Technical Education,ACTE)投票,决定以"生涯与技术教育"(CTE)作为其名称。随后,联邦政府教育部下属的"职业与技术教育办公室"(Office of Vocational and Technical Education)更名为"生涯与技术教育办公室"(Office of Career and Technical Education)。② 美国颇具影响力的学术期刊《职业技术教育》杂志(Journal of Vocational and Technical Education,JVTE)更名为《生涯与技术教育》(Journal of Career and Technical Education,JCTE)。2005 年,美国参议院通过《卡尔·帕金斯生涯与技术教育 2005 年修正案》,以"生涯与技术教育"取代了使用近一个世纪的"职业技术教育"。③

与美国相反,德国遵循凯兴斯泰纳(Kerschensteiner Georg,1854—1932)思想,恪守"狭义职业教育"概念的职业属性,将其做到极致,成为世界上职业教育最发达的国家。④ 富有特色的"双元制"职业教育模式培养了大批具有熟练技能的优秀技术工人,成为德国在两次世界大战后迅速崛起的秘密武器。"职业教育"(Berufs-bilding)泛指全时制职业学校教育,"职业训练"(Berufss usbilding)指企业和非全时制职业学校的训练。全时制职业教育不仅具有职业准备的教育功能,还具有升学和

---

① 和震:《联合国教科文组织的职业教育政策研究》,《中国职业技术教育》2012 年第 6 期,第 23—29 页。

② Gray K. , "Vocationalism and the American High School: Past, Present, and Future?" *Journal of Industrial Teacher Education*, Vol. 33, No. 2, 1996, pp. 759 – 773.

③ 付雪凌:《STC:21 世纪美国职业技术教育走向》,硕士学位论文,华东师范大学,2005 年。

④ 姜大源:《职业科学:一门新学科的创立及定位——德国职业教育学理论创新追踪与思考》,《教育发展研究》2005 年第 3 期,第 14—19 页。

专业深造的功能,而企业和非全时制职业训练则直接服务于民众就业。[①]澳大利亚根据本国国情,选择了一条由政府主导、行业和企业积极参与、以TAFE学院为主体的公办职业教育道路,[②]将职业教育概念定位于技术与继续教育(Technical and Further Education)。

我国职业教育经历了从实业教育到职业教育,到专业教育,再到职业技术教育与职业教育并用的演变过程。1903年,清政府借鉴日本经验,建立了"实业教育制度",首次提出了"实业教育"一词。辛亥革命之后,随着新文化运动的兴起,当时的政府开始学习美国经验,逐步兴起了"职业教育"的思潮。1922年,国民政府颁布《壬戌学制》,以"职业教育"一词取代了"实业教育"。新中国成立后,我国借鉴苏联经验,用"专业教育"取代了"职业教育"。改革开放后,我国"专业教育"一词的内涵发生了较大变化,其职业教育意义逐步被"职业技术教育"取代,"职业教育"的使用开始复兴,出现了与"职业技术教育"并用的局面。1996年,我国颁布《中华人民共和国职业教育法》,以法律的形式明确了"职业教育"这一称谓。但是,直到现在,"职业教育"和"职业技术教育"仍然存在混用的现象。官方文件多用"职业教育"一词,而学界相关研究则多用"职业技术教育"一词。

本书将职业教育概念界定为培养技术技能人才的教育,包括"学历教育"和"非学历教育"两种形态,"学校教育"和"职业培训"两种类型。按照教育部等六部门编制的《现代职业教育体系建设规划(2014—2020年)》,职业教育包括初等职业教育、中等职业教育、高等职业教育三个层次。其中,初等职业教育指各类职业院校、培训机构和用人单位内部开展的实用技术技能培训,中等职业教育指为初高中毕业生开展的基础性知识、技术和技能教育,高等职业教育指高等职业(专科)教育、应用技术本科教育以及专业学位研究生教育。基于京津冀区域职业教育发展的现状,本书将研究范围界定为高等职业教育(简称

---

① 孟景舟:《职业教育基础概念的历史溯源》,博士学位论文,天津大学,2012年。
② 秦峰:《澳大利亚TAFE及其对当代中国高等职业技术教育的启示》,硕士学位论文,南京师范大学,2006年。

"高职教育")、中等职业技术教育（简称"中职教育"）和职业技术技能培训（简称"职业培训"）三种类型。

（二）职业教育机构

职业教育机构指职业教育的实施机构。基于当前社会认知，本书中的职业教育机构限定为高职院校、中职学校以及职业培训机构三种类型，并将其视为京津冀职业教育一体化发展的实施主体。应用型地方本科院校、实施专业学位研究生教育的高等院校未纳入本书研究的重点。

1. 高职院校

高职院校是高等职业技术院校的简称，是我国高职教育的实施主体，具有学校和学院两类称谓，主要包括职业技术学院、高等技术专科学校、职业大学以及普通高校中设置的职业学院等。[①] 基于高职院校的高等教育属性，我国将高职院校纳入高教机构管理范围，但也认可其属于职业教育系统。

2. 中职学校

中职学校是中等职业技术学校的简称，是我国中职教育的实施主体，主要包括普通中等专业学校（简称"普通中专"）、职业高级中学（简称"职业高中"，包括各地兴办的职业技术教育中心）、技工学校、成人中等专业学校（简称"成人中专"）四种类型。我国教育系统将中职教育视为高中阶段教育，与初中学校（九年义务教育）教育相衔接。基于中职学校的高中阶段教育和职业教育双重属性，教育系统多对其实施单独管理。

3. 培训机构

培训机构是职业技术技能培训机构的简称，是提供非学历教育、以技术技能培训为主兼具就业创业指导的多功能独立办学实体。培训机构的培训内容具有针对性强、时间集中、专业目标明确等特点，在我国职业教育中发挥着重要作用。[②] 按《中国教育统计年鉴》分类，职业技术培训机构含职业技术培训学校（机构）、农村成人文化技术培训学校（机

[①] 刘春生、徐长发：《职业教育学》，教育科学出版社2002年版，第24页。
[②] 朱新生、杨海华：《论职业学校教育与职业培训的并举与融合》，《职教论坛》2011年第25期，第85—87页。

构)、其他培训机构（含社会培训机构）三类。

二　合作、协同与一体化

（一）概念解析

1. 合作

"合作"一词释义众多，《辞海》（上）有两条释义。一是共同创作或共同经营一事；二是社会互动的一种方式，指个人或群体之间为达到某一目标，彼此通过协调而形成的联合行动，具有行为的共同性、目的的一致性等特征。人类社会越发展，合作范围越大。[①]《现代汉语词典》将合作解释为"相互配合做某事或共同完成某项任务"。[②]《韦氏词典》将合作定义为个人或群体之间的共同努力，或为了共同利益，个人或群体之间的联合行动。[③] 综合上述释义，合作是个人或群体之间基于相似的认识，通过协调或配合等方式而采取共同行动，以达到彼此之间的共同目标。

2. 协同

协同本为古希腊语，是协同学（Synergetics）的基本概念，指协调两个或两个以上的不同资源或者个体，一致地完成某一目标的过程。协同不仅包括人与人之间的协同，也包括不同应用系统之间、不同资源之间的协同。通过协同，某一系统各元素在系统发展运行过程中协调与合作，形成拉动效应，共同推动事物前进。推动事物属性互相增强并向积极方向发展，即为"协同性"，研究事物协同性的理论为"协同理论"。西方系统学派创始人巴纳德（Chester I. Barnard，1886—1961）提出，协作系统包含协作意愿、共同目标和信息沟通三个基本要素，"协同"不是简单的"协作配合"，而是系统之间的良好关联。

协同发展是协调与发展的交集，是系统或系统内要素之间在和谐一

[①] 辞海编辑委员会：《辞海》（上），上海辞书出版社2010年版，第1491页。
[②] 中国社科院语言研究所词典编辑室编：《现代汉语词典》（第五版），商务印书馆2005年版，第550页。
[③] 韦氏在线词典，2018年4月5日，（http：//www.merriam-webster.com/dictionary/cooperate）。

致、配合得当、良性循环的基础上由无序到有序的演化过程。① 1973年，德国理论物理学家哈肯（Hermann Haken）提出了"协同学"思想，认为自然界和人类社会的各种事物普遍存在有序、无序的现象，在一定条件下有序和无序会相互转化，无序就是混沌，有序就是协同。协同现象在宇宙中广泛存在。在某系统内，若各子系统（要素）不能协同，则难以发挥整体性功能。相反，若系统中各子系统能够做到配合、协同，会使系统内各要素集聚成整体力量，形成超越原功能总和的协同效应（Synergy Effects）。②

由上述分析可见，协同具有三个层次的含义：一是系统通过相互作用产生协同效应，从无序变为有序，从混沌中产生某种稳定结构；二是强调不同系统的整体功能大于或者小于各子系统功能的简单总和；三是借助子系统之间的协同作用使某一系统形成新的时空结构或功能结构。③以此推导，协同是基于合作的更高级别的行动方式，通过协同将产生新的功能，产生比合作更强的结果。

3. 一体化

仿照周治麟的方法，本书将"一体化"分解为"一体"和"化"两部分。④ 在《现代汉语词典》中，"一体"包含两个意思：一是指关系密切，如同一个整体；二是指全体。根据京津冀协同发展的价值诉求，"一体"应采用"关系密切，如同一个整体"之义，即将"一体"视为由若干相互联系、相互作用的要素所构成的具有特定功能的一个有机体，你中有我，我中有你，互为一体。"化"表示转变成某种性质或状态，如绿化、机械化等。"一体化"强调在复杂的大系统内各子系统的协同行为产生出超越各要素自身功能的独特功能，包括"纵向一体化"和"横向一体化"两种方式，可用于经济、社会等各个领域。显然，京津冀职业教

---

① 曾珍香、张培、王欣菲：《基于复杂系统的区域协调发展——以京津冀为例》，科学出版社2010版，第4页。
② 春红：《协同学》，《齐齐哈尔社会科学》1988年第3—4期，第79—80页。
③ 薛二勇、刘爱玲：《京津冀教育协同发展政策的构建》，《教育研究》2016年第11期，第33—38页。
④ 周治麟：《城乡教育一体化理论与实践探究》，硕士学位论文，湖北大学，2012年。

育一体化为"横向一体化"方式。同时,"化"是事物的发展过程,"一体化"也表示不同部分融为"一体"的过程。以此理解,京津冀职业教育一体化既是京津冀三地职业教育融合的目标,也是一个过程。

(二)关系分析

本书视合作为协同的基础,协同是比合作更高级的阶段。"一体化"既包含"合作",也包括"协同"。一体化作为名词,指合作与协同的结果;一体化作为动词,指合作和协同的过程。[①] 合作发生于小区域(相对)或较少个体之间,协同发生于较小区域(相对)或多个个体之间,一体化发生于某一更大区域,包括若干小区域之间的协同和合作以及多个实体之间的合作。

本书题目确定为"京津冀职业教育一体化研究",既包括京津冀区域初级合作过程,也包括高级协同过程以及实现一体化的最终目标。本书在阐释不同行为时,使用了"合作"、"协同"和"一体化"三个概念,其逻辑关系如图1—1所示,意在表示不同水平的行动(关系)方式。

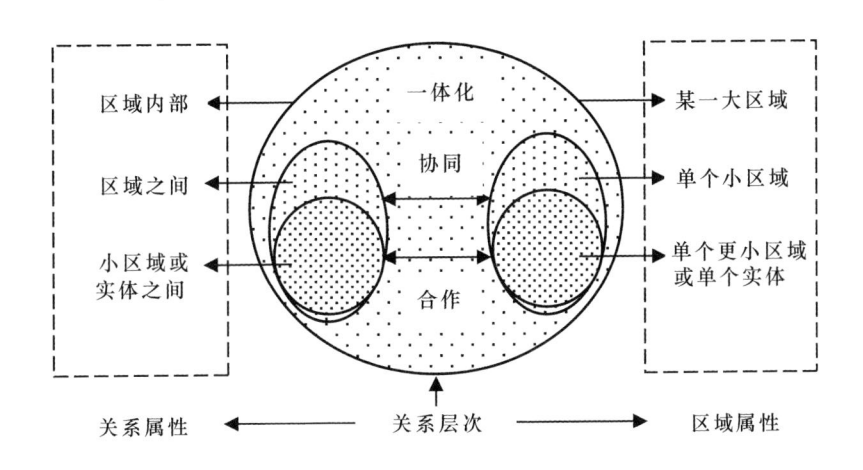

图1—1 合作、协同与一体化逻辑关系图

---

① 张金英:《城乡教育一体化的动力机制及战略研究》,博士学位论文,天津大学,2010年。

（三）应用情况

本书收集了中国知网（CNKI）1990—2016年（共27年）发表的文献（论文）信息，统计了京津冀或职业教育合作、协同、一体化三组词汇的应用情况，具体数量如图1—2、1—3所示。

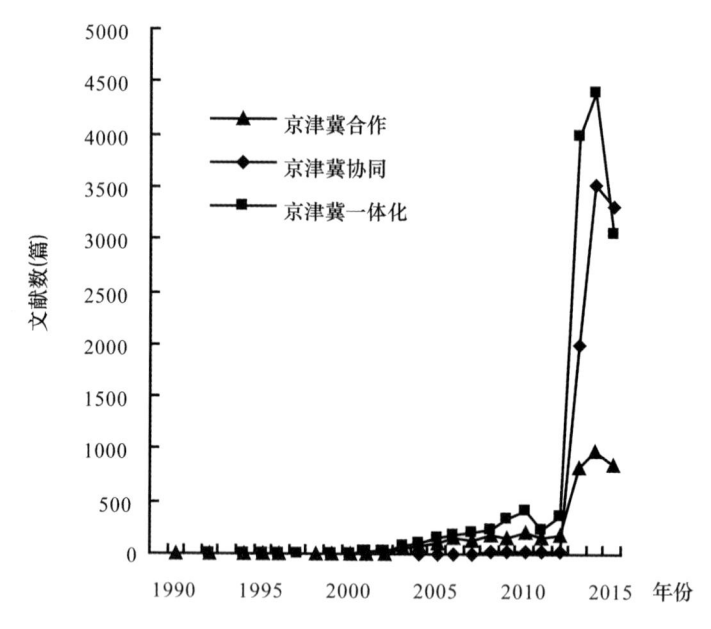

图1—2 1990—2016年以京津冀合作、协同、一体化为题目的文献数量

1. 京津冀合作、协同、一体化

由图1—2可见，到1999年，以京津冀合作为题目的文献年度数量一直保持最多，10年文献总量达到22篇；其次为京津冀一体化，10年文献总量为9篇；未见以京津冀协同为题目的文献。2000—2009年，以京津冀一体化为题目的文献年度数量超过以京津冀合作和京津冀协同为题目的文献。10年间，以京津冀一体化、京津冀合作为题目的文献总量分别达到1014篇、685篇，而以京津冀协同作为题目的文献出现在2002年，到2009年文献总量仅有41篇。2010—2016年，以京津冀一体化、京津冀协同、京津冀合作为题目的文献总量分别达到12776篇、8933篇、

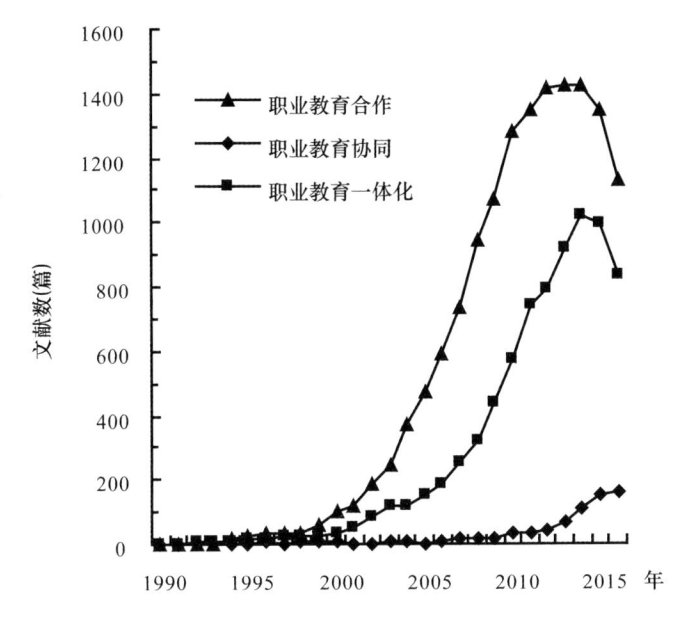

图 1—3　1990—2016 年以职业教育合作、协同、
一体化为题目的文献数量

3370 篇。2013 年前，以京津冀一体化为题目的文献最多，京津冀合作次之，京津冀协同最少。2014 年后，以京津冀协同为题目的文献急剧增加，2014—2016 年文献数量分别为 1988 篇、3512 篇、3310 篇，京津冀一体化分别为 3986 篇、4396 篇、3057 篇，京津冀合作分别为 818 篇、994 篇、863 篇。可见，2016 年以京津冀协同为题目的文献数量超过了京津冀一体化。

2. 职业教育合作、协同、一体化

由图 1—3 可见，1990—2016 年，以职业教育合作为题目的年度文献数量一直保持最多，27 年文献总量达到 14381 篇；其次为职业教育一体化，27 年文献总量为 7749 篇；以职业教育协同为题目的文献最少，仅为 703 篇。进一步分析得知，以职业教育合作为题目的文献主题多为校企合作，以职业教育协同、职业教育一体化为题目的文献研究的多为区域职业教育合作或区域职业教育一体化。

将本书题目确定为京津冀职业教育一体化，旨在解决区域职业教育合作、协同、一体化研究相互割裂的状况。

三 区域合作及职业教育一体化

（一）区域合作

区域合作是区域协同、一体化发展的基础，指区域内、区域之间或跨区域个人或群体等政治行为体之间基于相似认知，为达到彼此认定的目标，通过协调或配合等方式而采取的共同行动。[①] 已有研究表明，区域合作有4个基本特征。

1. 区域具有自由定义性质

区域所规定的地理范围具有不确定性，区域范围可大可小，既可以是不同的行政区域、经济区域，也可以延伸到一个国家之外。区域内合作指某一区域内不同行政区域之间的合作，跨区域合作多指跨行政区域的合作。就某一特定区域而言，合作不仅局限于区域范围内，也有可能超越一个区域，在区域之间或跨区域层次上发生。区域的范围由前置定语确定，如京津冀区域指包括北京市、天津市和河北省的行政区域，京津冀区域合作则指北京市、天津市和河北省作为实施主体的省际合作。"长江三角洲区域"的前置定语为地理范围，长江三角洲区域合作指上海市、江苏省和浙江省作为实施主体的省际合作。而美国、墨西哥、加拿大参与的北美自由贸易区则是相关国家之间的合作。

2. 区域合作主体的多样化

区域合作主体不仅包括政治行为体，还包括国家间组织、全球性组织、社会组织、非政府组织、跨国公司、公民以及各类经济行为主体。不同合作主体具有不同的合作功能，在区域合作中形成不同合作级别、不同身份特征和不同表现形式。按合作层次划分，有民间合作、政府合作、企业合作等；按合作内容划分，有经济合作、教育合作等。在不同领域，区域合作具有不同的特征和发展轨迹。经济领域和文化教育领域的区域合作最容易达成，而政治、安全领域的区域合作远落后于经济领域。近年来，区域合作又出现了一些相对独立的重要内容，如区域环境

---

① 王在亮：《改革开放以来中国区域合作理论研究》，博士学位论文，东北师范大学，2014年。

保护合作等。

3. 区域合作多与竞争并存

区域合作不一定仅有合作行为，也含有竞争或冲突的成分。区域合作"只会在行为体认为它们的政策处于一种实际的或潜在的冲突或竞争的条件下，而不是和谐的条件下才会发生"①。区域合作不应当被看作没有冲突或没有竞争的状态，而应被视为对潜在（或现实）的冲突或竞争的反应。如欧盟的国际合作，法国是欧盟创始国，并起草了《欧盟宪法条约》，但 2005 年《欧盟宪法条约》在法国全民公投中遭到否决，发生了"空椅子危机"。随之，学界对区域合作理论的研究出现了多种结果，如美国的理想主义合作、新制度主义合作，欧洲的传统主义合作、现实主义合作、新功能主义合作等。利益在区域合作中发挥着重要作用，当合作可以实现共赢时，合作就能够发生并持续。当任何一方利益受损或获取的利益不够明显时，就难以发生区域合作。

（二）区域职业教育一体化

区域职业教育一体化强调在不同区域职业教育机构相互依存的状态下和在系统中发生的变化，最终使职业教育机构能够在"合作"与"协同"的作用下形成新的平衡结构，产生新的功能，取得更大的经济效益和社会效应。

本书将区域内、外职业教育机构视为一个整体——职业教育系统，将"一体化发展"追求的目标确定为相关区域统筹谋划，通过体制创新、政策调整以及市场作用优化职业教育资源配置，促进职业教育资源依据市场规则实现合理流动，最终实现区域职业教育均衡、协调、可持续发展，能够为区域经济社会发展提供人力资源支撑。

四 京津冀协同发展

（一）京津冀区域概况

京、津、冀分别为北京市、天津市和河北省的简称，京津冀区域包

---

① ［美］罗伯特·基欧汉：《霸权之后：世界政治经济中的合作与纷争》，苏长和译，上海世纪出版集团 2006 年版，第 53 页。

括北京市、天津市、河北省三个行政区域,总面积约为21.6万平方公里,人口总数约为1.1亿人。京津冀区域以占全国2.3%的土地容纳了全国8%的人口,创造了全国11%的国内生产总值。①

1. 北京市概况

北京市是我国的首都和直辖市,也是我国的中心城市、超大城市,是全国的政治中心、文化中心、国际交往中心、科技创新中心。北京市现辖16个区、147个街道、144个镇、33个乡、5个民族乡。2015年,北京市常住人口为2170.5万人,其中外来常住人口822.6万人。实现地区生产总值22968.6亿元,完成一般公共预算收入4723.9亿元,三次产业增加值分别为140.2亿元、4526.4亿元、18302亿元。按常住人口计算,北京市人均地区生产总值达到10.63万元、人均公共预算收入2.18万元。

2. 天津市概况

天津市也是我国中央政府的直辖市,是中国近代工业发源地,职业教育发展历史久远并积累了宝贵经验。天津市现辖16个区,2015年常住人口1546.95万人,其中外来常住人口500.35万人。2015年,天津市实现国民生产总值16538.19亿元,完成一般公共预算收入2667亿元,三次产业增加值分别为210.51亿元、7723.60亿元、8604.08亿元。按常住人口计算,天津市人均地区生产总值达到10.69万元、人均公共预算收入1.72万元。

3. 河北省概况

河北省环抱京津两市,是我国东部沿海地区人口规模和面积较大的省份。河北省现辖11个地级市,总面积18.85万平方公里。2015年,河北省常住人口7424.92万人,实现地区生产总值达29806.1亿元,完成一般公共预算收入2648.5亿元,三次产业增加值分别为3439.4亿元、14388亿元、11978.7亿元。按常住人口计算,河北省人均地区生产总值为4.01万元、人均公共预算收入为3567元,分别为北京市的37.72%、

---

① 孙久文,原倩:《京津冀协同发展战略的比较和演进重点》,《经济社会体制比较》2014年第5期,第1—11页。

16.36%，天津市的 37.51%、30.74%，经济社会发展与京津两市差距巨大。

（二）京津冀协同发展

20 世纪 80 年代，在国家相应政策的推动下，以广州和深圳为代表的"珠三角"地区通过合作，实现了经济社会的快速发展。20 世纪 90 年代，以上海浦东新区为代表的"长三角"地区开发建设，形成了引领中国经济发展的增长极。与"长三角""珠三角"比较，京津冀地区具有明显的经济社会发展优势，但经济发展活跃度和区域整合收益却落后于"长三角""珠三角"地区，京津冀区域内部也存在着巨大的发展差距。党的十八大以后，习近平总书记专门听取京津冀协同发展工作汇报，京津冀协同发展成为全社会特别是京津冀地方政府关注的焦点。①

第四节 研究目的与内容

一 研究目的

贯彻习近平总书记有关加快京津冀协同发展的一系列指示精神，总结国内外区域职业教育一体化研究与实践现状，解析其理论基础及实践意义，明确区域职业教育一体化发展的总体趋势。在此基础上，分析京津冀职业教育一体化的历史与现状，明确京津冀三地职业教育资源及其利用效率、育人能力等的差异情况及成因，确定京津冀职业教育一体化的目标任务，提出京津冀职业教育层次一体化调整、职业院校一体化布局、职业教育专业一体化设置、职业教育资源一体化共享的具体策略。综合运用职业教育管理学、职业教育经济学、职业教育社会学等学科原理，从职业教育机构内部和外部两个层面，分析京津冀职业教育一体化的阻力因素，构建相应的动力机制，明确相关推进措施，供各级政府教育行政部门及各级各类职业教育机构推进京津冀职业教育一体化发展借鉴，供职业技术教育学及相关学科研究人士参考。

---

① 薄文广，陈飞：《京津冀协同发展：挑战与困境》，《南开学报》（哲学社会科学版）2015 年第 1 期，第 111—118 页。

二　研究内容

（一）区域职业教育一体化基础理论及实践经验研究

1. 基础理论研究

基础理论是众多学者研究结果的归纳，是人类智慧的结晶，可用于指导人类认识自然、改造自然、推动社会进步的具体实践。本书通过中国知网、万方数据库、Springer link 数据库以及北京师范大学、天津大学、河北科技师范学院图书馆等的资源，广泛收集了国内外已有的关于区域职业教育一体化发展研究的文献，系统分析了相关研究成果，试图构建京津冀职业教育一体化发展的理论基础。

2. 实践经验研究

实践经验包括域外经验和国内经验两个方面。其中，域外经验主要通过中国知网、Springer link 数据库等获取相关信息，重点归纳发达国家和地区推进区域职业教育一体化发展的具体做法和主要经验。国内经验主要通过走访"长三角""珠三角"等地区相关职业教育机构获取，辅以相关研究报道分析，明确区域职业教育合作的机理机制，确定其对京津冀职业教育一体化的借鉴意义。

（二）京津冀职业教育一体化的历史渊源与现实研究

1. 历史渊源研究

京津冀地域一体、文化一脉，职业教育（或类似教育）一体化发展具有较强的亲缘、地缘、文缘、物缘基础以及彼此之间的认同感、亲和力、内聚力等。通过分析京津冀三地的行政区划史、教育发展史等文献，探究京津冀职业教育一体化的历史渊源，系统总结京津冀职业教育一体化发展的历史经验，用于指导推进京津冀职业教育一体化的现实行动。

2. 发展现状研究

按高职教育、中职教育和职业培训三种类型，分析京津冀三地职业教育机构学生规模、教师规模以及职业教育机构数量、专业设置等指标状况，比较京津冀三地职业教育资源现状及职业教育发展环境等方面的现实差异。从政治、政策、市场、经济等方面分析三地职业教育发展现状产生差异的主要原因以及经济发展、人口规模等关联特征，确定职业教育一体化发展的必要性及可行性。

(三) 京津冀职业教育一体化的阻力因素与动力机制

1. 阻力因素研究

针对京津冀职业教育一体化进程落后于交通、环境保护、经济产业等领域的现实，选取京津冀三地部分职业教育机构，调查京津冀职业教育一体化发展的阻力因素。运用 DEMATEL（Decision Making Trial and Evaluation Laboratory，决策试验和评价实验室）分析法，确定各阻力因素之间的相互影响及逻辑关系，明确推进京津冀职业教育一体化的工作重点。

2. 动力机制研究

从职业教育机构内部和外部两个方面，确定京津冀职业教育一体化发展的内外动因。在实施阻力因素调查分析，明确京津冀职业教育一体化各阻力因素的影响度、被影响度、原因度和中心度的基础上，遵循全要素、全方位原则，从政治推动、经济拉动、社会联动、合作行动、文化带动等向度，构建加快京津冀职业教育一体化发展的动力机制。

(四) 京津冀职业教育一体化的目标定位与内容研究

1. 目标定位研究

适应京津冀协同发展战略带来的产业转移及人口流动的现实，基于人力资源开发理论，按高职教育、中职教育及职业培训三种类型，确定京津冀职业教育一体化的应有实体形态。以推进区域职业教育资源共享为基础，以满足人民群众对职业教育发展的需求为前提，以服务区域经济社会发展为宗旨，提出推进京津冀职业教育一体化发展的目标任务。

2. 具体内容研究

基于京津冀协同发展战略带来的城市功能结构、社会人口结构、经济产业结构等发生的系列变化，以及职业培训资源重新配置的需要，立足京津冀三地职业教育发展现状，明确京津冀职业教育一体化发展的具体内容，探讨职业教育层次一体化调整、职业院校一体化布局、职业教育专业一体化设置、职业教育资源一体化共享等具体方略。

（五）京津冀职业教育一体化推进措施及保障体系研究

1. 推进措施研究

构建政府调控与市场调节相结合的京津冀职业教育一体化发展推进机制，明确各级政府的政治责任和具体角色，探究市场竞争机制、共同市场机制、资源整合机制和就业服务机制在推进京津冀职业教育一体化进程中的具体作用。从实施主体、政策制度、外部环境以及增强动力、提升效率等方面，明确京津冀职业教育一体化发展的实施路径。

2. 保障体系研究

借鉴国内外先进地区经验，按照"优势互补、互利共赢"的原则，基于职业教育管理学、职业教育社会学、职业教育经济学等相关学科理论，综合运用政府调控机制、市场调节机制以及综合推进机制，从政策制度、主体参与、组织形态、资源环境、经费投入等方面分别实施宏观（顶层设计）、中观（政府落实）和微观（职业教育机构合作）设计，构建京津冀职业教育一体化发展的保障体系。

第五节　研究思路与方法

一　研究思路

京津冀协同发展战略具有丰富的理论内涵和实践价值，职业教育一体化发展是其应有之义。从目前三地教育事业发展的实际看，由于主客观条件及民众承受能力的影响，普通教育资源很难在短期内实现共享，高等教育通过政府部门调整招生计划指标即可实现均等化发展。职业教育具有大众化、普适化等特点，应作为京津冀教育一体化发展的切入点。本书综合运用多种研究方法，将确定京津冀职业教育一体化发展的理论基础，探究世界发达国家以及我国"长三角""珠三角"等先进地区经验对京津冀职业教育一体化的借鉴意义。在此基础上，明确京津冀职业教育一体化发展的历史渊源，分析三地职业教育资源状况的现实差异及其成因。综合运用职业教育管理学、职业教育经济学、职业教育社会学等理论，结合政府要求、市场需求及民众诉求，明确京津冀职业教育一体化发展的目标定位、具体内容、内外动因、推进措施和保障体系等，确保职业教育能够为京津冀协同发展提供重要人力资源支撑。

二 研究方法

（一）文献分析法

通过北京师范大学、天津大学、河北科技师范学院图书馆以及中国知网、Springer link 数据库等，广泛收集国内外有关区域职业教育一体化发展的研究文献，归纳已有研究成果，确定其借鉴意义。同时，广泛收集"长三角""珠三角"以及京津冀三地部分高职学校、中职学校及职业培训机构跨行政区域合作的一手资料，为本书提供案例支持。

（二）比较研究法

一是比较京津冀三地职业教育机构合作与国外先进地区职业教育一体化发展的差异，确定国外先进地区可供借鉴的做法与经验；二是比较京津冀三地职业教育资源的现实状况，明确三地职业教育能力及职业培训资源利用状况的现实差异，比较各地的优势和劣势以及各类职业教育机构面临的机遇和挑战等，提出京津冀职业教育一体化的目标取向和主要内容。

（三）统计分析法

依据"十二五"期间出版的各种年鉴资料，选取职业教育机构数量、专职教师数量、现有设备设施价值以及年毕业生数量、参加技能鉴定考核人数、获取职业资格证书人数等指标，分析京津冀（及全国）职业教育资源及其利用率差异，为三地职业教育层次一体化调整、职业院校一体化布局、职业教育专业一体化设置、职业教育资源一体化共享提供依据。

（四）访谈调查法

针对区域人力资源市场管理、区域职业教育发展以及区域产业发展等重点内容，走访京津冀部分职业教育机构，获取相关负责人对京津冀职业教育一体化的要求、意见、看法等，了解其在推进跨行政区域合作办学过程中遇到的具体问题。结合问卷调查、统计分析等研究方法，明确京津冀职业教育一体化发展存在的阻力因素，为提出相关动力机制、推进措施和保障体系奠定基础。

（五）实证研究法

调查京津冀部分职业教育机构实施跨行政区域合作的典型案例，深入剖析合作动因、合作过程及合作效果等，论证京津冀职业教育一体化发展的必然性、可行性和有效性，明确京津冀职业教育一体化的阻力因素，构建京津冀职业教育一体化发展的动力机制。同时，确立京津冀职业教育一体化的目标任务及主要内容，为制定相应的推进措施及保障体系提供案例支持。

（六）综合分析法

借鉴国内外先进地区经验，综合运用职业教育管理学、职业教育经济学、职业教育社会学等学科理论，结合政府要求、市场需求及民众诉求，明确京津冀职业教育一体化发展的目标定位、具体内容、内外动因、推进措施及保障体系等。在此基础上，对京津冀职业教育一体化发展的美好前景做出前瞻，焕发各类主体积极参与京津冀职业教育一体化的热情。

第 二 章

区域职业教育一体化理论与实践

全球化和区域一体化是当今世界经济发展的两个基本向度,区域经济一体化渐成主导。[①] 顺应世界经济发展潮流,我国积极推进区域经济一体化进程,先后提出了"长三角""珠三角"、京津冀等重点发展区域,取得了良好的效果。国内外实践证明,职业教育与经济发展关系最为密切,区域职业教育一体化是区域经济一体化的应有之义。但是,目前学界有关区域职业教育一体化的研究依然较少,难以满足实践需求。本章系统梳理了国内外区域职业教育一体化发展的理论形成过程以及主要实践取向,旨在为推进京津冀区域职业教育一体化进程提供理论支撑和实践借鉴。

第一节 区域职业教育一体化理论的发展

区域职业教育一体化理论源于区域科学的兴起,呈现出研究内容逐步具体、研究指向逐步明确等趋势。尽管区域科学经历了由兴到衰的历史过程,逐步被区域地理学、区域经济学所取代,但区域科学主要内容对区域职业教育一体化理论仍具有奠基作用。按不同时期学界的关注点,可将区域职业教育一体化理论的形成过程分为 4 个阶段。

---

① 全毅:《全球区域经济一体化发展趋势及中国的对策》,《经济学家》2015 年第 1 期,第 94—104 页。

一 关注区域科学阶段

区域科学起源于20世纪50年代,经历了明显的盛衰过程。[①] Isard认为,区域科学因不满新生的区域经济分析方法而产生,采用的分析性研究和经验式研究相结合的办法带有浓厚的实用主义色彩。[②] 然而,尽管学界对区域科学褒贬不一,相关研究仍取得了较多的成果。如Taaffe的"区域间经济联系强度与其人口成正比,与其距离的平方成反比"[③] 的研究结论就受到学界的高度重视。众多学者也研究了区域科学的弊端,如Hager-strand认为,区域科学关注的内容不应该仅仅是区域经济,有关人的科学、人的生活质量也应该纳入其研究范畴,加强经济行为人在市场体系中的决策过程以及区域创新、技术扩散、企业及劳动者适应性、小企业文化和形象特征等方面的研究。[④] Beckman也指出,区域科学不应该仅侧重于宏观层次的人的行为分析,也应该注重微观层面的人的行为研究,即经济人行为的最优化问题。[⑤]

虽然目前区域科学这门学科已不复存在,但区域科学研究所形成的系列理论并没有消亡。有学者认为,区域科学作为一门学科失败的原因主要在于其是纯区域科学(Pure regional science),其研究范式为方法驱动(Method-driven)和理论驱动(Theory-driven),而非问题驱动(Problem-driven)。但是很多学者也承认,在当前注重问题驱动的应用科学领域,区域科学理论依然表现出强大的生命力,[⑥] 区域科学

[①] Boyce, D., "A short history of the field of regional science", *Regional Science*, Vol. 83, 2004, pp. 31 – 57.

[②] Isard, W., *Methods of regional an analysis: An introduction to regional science*, Cambridge: The MIT Press, 1960, p. 265.

[③] Taaffe, E. J., "The City Hierarchy: The Demarcation of An A P Flows", *Economic Geography*, No. 2, 1962, pp. 1 – 14.

[④] Hager-strand, T., "What about people in regional science?" *Uboaoers if the Regional Science Association*, No. 2, 1970, pp. 7 – 21.

[⑤] Beckman, M., "Remarks", *Papers of the Regional Science Association*, Vol. 57, 1985, pp. 3 – 5.

[⑥] Isserman, A. M., "The history, status, and future of regional science: A American perspective", *International Regional Science Review*, No. 3, 1995, pp. 249 – 296.

虽然消亡，但区域科学所形成的理论并没有消亡，而是以分化的形式继续存在于其他学科之中，并在推动相关学科发展方面发挥了重要作用。

二 关注区域经济一体化阶段

有学者认为，新经济地理学的最大功绩在于为区域差距以及差异分析提供了主流经济学研究范式，提出了区域经济一体化这一概念。事实上，这种认识存在着一定的误区。因为在关注区域科学阶段，Tinbergen 就提出了区域经济一体化的概念，并将其分为"消极一体化"和"积极一体化"两种类型，[①] 认为凡是消除歧视和管制制度，引入经济变量自由化的区域经济一体化就是"消极一体化"；运用政府或其他强制力量改变现状，建立新的自由化政策和制度的区域经济一体化就是"积极一体化"。当然，后期新经济地理学研究者逐步完善和发展了区域经济一体化研究。Balassa 认为，一体化既是一种状态，也是一个过程，主要标志是区域内产品和生产要素的转移不受政府任何歧视和限制。[②] Lindert 认为，区域经济一体化是通过相同的产品市场、协同的生产要素市场或者两者的结合，使区域内获得均等的生产要素价格。[③] 诺思认为，区域经济一体化是市场结构性失效所引发的理性选择，即当潜在利润大于制度变革带来的预期成本时，区域成员就会采取合作的方式将旧制度安排的利润内部化，实现帕累托最优。[④] Krugman 创建了"中心—边缘理论"，认为在区域经济一体化初期，两个合作区域的福利水平会保持同幅增长。随着不同区域经济水平非对称均衡现象的出现，区际会产生差异并且差异将持续扩大。当一体化达到某一临界值时，区际差异又会逐步缩小，核心

---

① Tinbergen, *International Economic Integration Amsterdam*, Elsevier, 1954, p. 26.
② Balassa, B., *The Theory of Economic Integration*, Homewood Irwin, 1961, p. 12.
③ Peter H. Lindert, "Unequal English Wealth since 1670", *The Journal of Political Economy*, Vol. 94, No. 6, 1986, pp. 1127 – 1129.
④ ［美］道格拉斯·C. 诺思：《经济史中的结构与变迁》，陈郁、罗华平译，上海三联书店、上海人民出版社1994年版，第122页。

区和边缘区的民众福利水平会逐步趋同。① 以此推断，区域经济一体化的形成必然会促使职业教育供给水平呈现出逐步趋同趋势。

三 关注府际协议阶段

实现区域经济一体化，首先需要地方（不同行政区域）政府之间达成相关合作协议。为体现区域合作协议与普通商业协议的区别，学界多将这种协议称为"府际协议"。府际协议可以是不同国家政府之间的，也可以是同一国家平行级别政府之间的，还可以是非同一地域不同级别政府之间的，目的在于消除区域政策性壁垒和制度性障碍。可见，府际协议实质上是政府之间合作的"代名词"。在美国，府际协议指由两个或者两个以上州政府之间协商达成，并经联邦议会同意的协议，缔约州政府受协议条款和联邦宪法"契约"条款共同拘束，府际协议具有强大的法律效力。府际协议使州与州之间通过协议而非科层权威实现合作，用以解决州与州之间的争端或通过合作行动解决跨界问题，形成区域合作治理的公共管理关系，促进州际经济一体化发展。② 府际协议是区域经济一体化发展的基础，Jones 等认为，在资本富裕的社会环境中，府际协议能够促进州际信息和机会互惠，协议各方可就共同关心的问题充分协商，有利于降低机会主义风险，促进不同行政区域政府之间形成一系列彼此包容的偏好。③ Thurmaier 等认为，府际协议涉及到大量的共同活动和特定的参与组织，集中反映了不同行政区域地方政府之间在经济社会发展方面的"互惠形式"。④ Lynn 指出，府际协议激励主要决策者和关键决策者共享信息和知识，推进了嵌入在组织内部以及组织

---

① Krugman, P. R., Venables A J., "Globalization and the in-equality of nations", *Quarterly Journal of Economics*, Vol. 110, No. 4, 1995, pp. 857-880.

② Zimmerman, Francs, J., *Interstate Relation: The Neglected Dimension of Federalism*, Westport CT Praeger, 1996, p. 120.

③ Jones, Candace, William S., Hesterly, et al., "A general theory of network governance: exchange conditions and social mechanisms", *Academy of Management Review*, Vol. 22, No. 4, 1997, pp. 911—945.

④ Thurmaier, K., Wood C., "Interlocal agreements as overlapping social networks: picket-fence regionalism in metropolitan kansas city", *Public Administration Review*, Vol. 62, No. 5, 2002, pp. 585—598.

之间社会资本的积累，拓展了不同行政区域间的合作路径。① Feiock 运用集体行动理论阐释了地方政府开展合作的双重动机，认为一方面府际协议提升了公共产品供给效率，实现了规模经济和集体收益；另一方面地方政府通过合作也追求了各自的选择性收益，实现了资本积累，提升了社会影响。② Lefevre 提出了合并理论，认为通过突破行政管辖区边界，建立起更权威的合并政府，是解决行政辖区与功能区不匹配问题的有效途径。③

四　关注区域职业教育合作阶段

区域经济一体化必然带来产业转移和人员流动，推动职业教育一体化发展。区域合作多为经济合作先行，而后才是职业教育合作。这种现象给学界带来诸多困惑，因为无论是哪些方面的合作，首先应该是人的合作，实现人力资本共享。Scholz 等尝试解释这一现象，认为科教文化领域难以实现合作的主要原因在于其公共产品属性，合作结果的不确定性极强，地方政府为了避免发生不确定性现象，往往会选择不积极合作的"推卸责任"态度。④

众多学者解释了区域职业教育合作的功能。Allison 等认为，职业教育合作功能体现在 7 个方面，分别是传递知识和技能，开拓区域教育和学习路径，支持企业发展，促进区域产业链生成和延长，调动社会和其他各种形式的资本，增进公民参与社会发展的能力，运用技术与方法改

---

① Lynn, Phil, "Mutual aid: multijurisdictional partnerships for meeting regional threats", US Department of Justice, Office of Justice Program, Bureau of Justice Assistance, 2005.

② Feiock, Richard C., "Rational choice and regional governance", Journal of Urban Affairs, Vol. 29, No. 1, 2007, pp. 47–63.

③ Lefevre, Christian, "Metropolitan Government and Governance in Western Countries: A Critical Review", International Journal of Urban and Regional Research, Vol. 22, No. 1, 1998, pp. 9–25.

④ Scholz, John, Feiock C R, "Self-organizing federalism: voluntary coordination in metropolitan areas", Paper prepared for the Workshop on Networks and Coordination of Fragmented Authority: The Challenge of Institutional Collective Action in Metropolitan Areas, Devoe Moore Center, Florida State University, Tallahassee, FL, 2007.

革和创新区域发展。① Kearns 等认为，区域职业教育合作具有培养个体创新能力尤其是解决问题的能力、创造力和创业能力，监控和评估区域创新与职业教育的相关性，适当发展与新设备和技术供应商的关系，通过技能开发协助工业界、公司企业等创新，加强行业内或企业与相关研究/开发组织合作等作用。②

第二节　区域职业教育一体化理论的应用

追寻区域职业教育一体化理论的形成与发展过程，分析已有部分研究成果可直接为京津冀职业教育一体化发展提供理论支撑。相关理论虽然属于不同的学科领域，但其内涵及原理对京津冀职业教育一体化具有指导作用。在京津冀职业教育一体化发展实践中，应高度重视和灵活运用以下6项理论研究成果。

一　协同发展理论

1971年，哈肯（Haken）提出了协同理论（Synergetics），亦称"协同学"或"协和学"。协同指系统内部各要素之间彼此协作、有机整合的状态，强调在系统存在差异的基础上实现各要素的协调，最终产生协同效应。不同行政区域社会经济实现协同发展，要求系统内各要素具有高度的协调性和整合度，在相互协作、相互促进中实现整体推进。区域协同发展关键在于打破区域行政界限，消除市场壁垒，进而推动区域内部各要素的合理流动。

其他国家的实践表明，在区域经济一体化发展过程中，资本、劳动力、土地等要素缺一不可，劳动力因素最为重要。职业教育是提高国民素质的教育，承担着为区域经济社会发展提供技术技能型人才支持的重要任务。根据协同发展理论，推进京津冀职业教育协同发展，不仅能够

---

① Allison, Gorringe, Lacey, "Building learning communities: Partnerships, social capital and VET performance" (http//www.ncver.edu.au).

② Kearns, P., Bowman, K., Garlick, S., "The double helix of vocational education and training and regional development" (http//www.ncver.edu.au).

有效应对京津冀协同发展所带来的产业转移及结构优化,还能促使三地各类职业教育资源的整合,提升京津冀职业教育整体实力,形成具有较大社会影响力的职业教育品牌,促进京津冀协同发展。

二 梯度发展理论

基于前人研究成果,20世纪下半叶克鲁莫(Krunnnc)和海特(Hayonn)等建立了区域梯度发展理论。[①] 该理论认为,不同地区的经济发展水平和技术水平存在差异,应根据梯度高低制定区域开发战略,让条件优越的地区优先发展"先进技术",并将"中间技术""传统技术"向条件较差的地带转移,进而缩小区域发展差距。梯次性是区域合作内生动力的源泉,各地区可通过合理分工以及技术转移实现区域协调发展。

京津冀职业教育发展具有明显的梯次性,为三地合作提供了基础。在三地职业教育合作中,京津两市分别处于梯度发展高层和中间层,职业教育资源较为丰富;河北省处于梯度发展底层,职业教育资源短缺。根据梯度发展理论,打破三地职业教育资源流动壁垒,通过市场优化职业教育资源,促进先进技术等向弱势地区转移,可实现缩小京津冀职业教育发展差异的目标。

三 地域分工理论

现代经济学的主要创立者亚当·斯密(Adam Smith)的地域分工理论指一国或某地区按资源优势实行专业化生产,这是社会劳动分工在地域上的表现形式。该理论强调因地制宜,扬长避短,发挥优势,合理分工。地域分工分为绝对地域分工和相对地域分工等两种情形,前者指由于自然条件和社会条件的限制,某地区不能生产某种产品,必须由其他地区输入;后者指某地区能够生产某种产品,但生产耗资大,收效小,

---

① 顾炜现:《协同创新的理论模式及区域经济协同发展分析》,《理论探讨》2013年第5期,第95—98页。

以输入为好。① 地域资源与条件的差异是地域分工的物质基础，合理的地域分工有利于区域资源的优势互补。

京津冀职业教育资源具有较强的互补性和差异性。依据地域分工理论，为实现区域整体利益最大化，京津两市需要河北省人力资源的输入，而河北省则需借用京津两市的先进科学技术与国际化市场增强自身职业教育发展的竞争力。京津冀三地职业教育机构完全可以打破行政区划界限，充分发挥本地资源优势，实现分工合作、扬长避短的一体化发展。②

四　府际关系理论

前述区域一体化理论已经阐释了府际协议的重要性。20 世纪 30 年代，美国高度重视府际关系的作用。一方面，联邦体制赋予地方政府较大的自主权和自治权，导致地方各自为政问题日益严重；另一方面，地方公共问题影响范围日益扩大，而地方政府对跨行政区划问题束手无策，必须在更大的行政区划范围内解决地方政府之间的公共问题。③ 众多学者针对中央和地方关系的研究形成了两种主流思想：一是以罗德斯（Rhodes）为代表的"双重政治"思想，强调中央对地方的控制；④ 二是强调府际关系中隐含的互动性和依赖性，强调分权与地方自主性。⑤ 在分权思想的影响下，府际关系研究经历了从纵向的中央与地方关系逐步转移到横向的平级政府关系方面。

我国政府具有较强的行政干预能力，主导着不同行政区域的职业教育合作，府际关系的作用不容小觑。将府际关系理论运用于京津冀职业

---

① 吴小舜：《近域港口城市整合研究》，博士学位论文，东北师范大学，2013 年。
② 王慧、史同广：《劳动地域分工理论在区域开发规划中的作用》，《地域研究与开发》1996 年第 2 期，第 10—13 页。
③ Dell, S. W., "Understanding Intergovernment Relation Relation", *Classic of Public administration*, No. 5, 1996, pp. 578–594.
④ Rhodes, R. A., "Theory and methods in British public administration: the view from political science", *Political Studies*, Vol. 39, 1991, pp. 33–54.
⑤ Goetz, K. H., "National Governance and European Integreation: Intergovernmental Relations in Germany", *Journal of Common Market Studies*, Vol. 33, No. 1, pp. 91–116.

教育合作，可纵向下放三地职业教育的管理权限，实现横向政府间的分工协作、相互配合，实现优势互补，共同发展。

五 教育关系理论

20世纪80年代，我国厦门大学潘懋元教授提出了教育的两条基本规律，即教育内部关系规律和教育外部关系规律。前者指教育自身系统内部各组成要素或各个子系统之间相互关系的规律，后者包括两方面的含义：一是教育受社会政治、经济、文化发展水平制约；二是教育要为社会政治、经济、文化服务。[1]

京津冀职业教育合作取决于三地政治、经济、文化等外部环境的协调程度，外部环境的合作状态是京津冀职业教育一体化发展的保障。目前，京津冀正积极推进交通、生态环境保护、产业转移等合作，为京津冀职业教育一体化发展奠定了基础。此外，服务区域经济发展是京津冀职业教育合作遵循教育外部关系规律的集中体现，在"新常态"的宏观经济政策引领下，三地职业教育合作也可为区域政治、经济、文化等建设提供人力资源支撑。

六 正和博弈理论

由于不同行政区域代表了不同群体的利益，在资源有限的条件下必然会产生竞争博弈。正和博弈指通过建立合作机制将博弈双方纳入沟通、谈判和协商平台，化解零和博弈的负面结果。[2] 正和博弈的理论逻辑在于妥协，即博弈者在竞争中遵循事先制定的有约束力的规定，通过竞争主体之间的讨价还价，发掘、建立和完善良性互动的合作机制，从而达成共识进行合作。[3] 可见，正和博弈强调相互配合，追求互惠互利原则。

依据正和博弈理论实现京津冀职业教育一体化发展的实践逻辑在于：

---

[1] 刘小强：《关系思维与高等教育研究——纪念"教育外部关系规律、教育内部关系规律"提出三十周年》，《中国高等教育评论》2011年第12期，第385—399页。

[2] 肖本军：《博弈论及其运用》，上海三联书店2004年版，第122页。

[3] 林克松，朱德全：《从零和博弈到正和博弈：城乡职业教育协同发展的理念变革》，《教育与职业》2012年第5期，第5—7页。

尽管京津冀三地职业教育机构在争取有限资源利益最大化方面存在着冲突，但各方发展目标一致，且在信息资源共享方面具有极强的互补性。如果京津冀职业教育合作发展，可有效避免各方人才、资源、技术等方面的闲置和剩余，实现单个决策主体得益的最优解和三方利益均衡，最终实现整体利益的最大化。

第三节 京津冀职业教育一体化研究现状

目前，我国关于京津冀合作、协同、一体化等概念处于共用状态，其内涵基本一致。京津冀"合作"最早出现于1991年的京津冀城市发展协调会，强调区域内城市的发展与合作。[①]"协同"最早出现于2006年京津冀三地社科联与河北工业大学联合主办的"京津冀协同发展论坛"，旨在推进破解都市圈发展难题，创新、整合和协调各方资源，促进京津冀都市圈成为引领我国发展的第三增长极。[②]"一体化"最早出现于1995年召开的京津冀联合与发展研讨会，贺成全递交的会议论文以"一体化"一词表述了京津冀旅游产业发展的总体思路。[③] 查阅中国知网得知，无论是京津冀"协同""合作"研究还是"一体化"研究，均在2014年后出现了爆发式增长。

一 关于区域合作机制

目前，我国有关区域合作机制的研究涉及不同国家之间、同一国家不同行政区域之间的合作。曹阳等对区域合作模式进行了分类，[④] 基于区域合作主体，分为政府主导模式、企业主导模式；基于合作关系结构，

[①] 廉仲：《进一步探讨区域内的城市发展与合作——在京津冀城市发展协调会上的讲话》，《城市》1991年第4期，第11—12页。

[②] 张贵：《"京津冀协同发展"部分观点概述》，《天津经济》2007年第2期，第62—63页。

[③] 贺成全：《略论京津冀旅游一体化的思路》，《理论与现代化》1995年第2期，第41—42页。

[④] 曹阳、王亮：《区域合作模式与类型的分析框架研究》，《经济问题探索》2007年第5期，第48—52页。

分为产权型合作模式、联盟型合作模式、松散型合作模式；基于一体化平台及行为方式，分为大通道（包括交通、通信、能源通道等）模式、互通认证模式、联合行动模式、信息共享模式等；基于合作空间结构，分为圈层辐射开放合作模式、轴带合作模式等。王再文等认为，区域合作中存在着"集体行动"困境、"囚徒博弈"困境、"公地悲剧"困境，主张采用多层治理方式。①杨龙等指出，区域合作需要地方政府积极努力，通过地方政府之间的平等交流、协商形成合作机制。②李燕认为，京津冀一体化进程中，地方政府行为始终呈现出双重性：政府发挥着促进市场经济发展的作用，但又有许多来自于政府的障碍；政府在积极贯彻落实党和国家各项方针、政策，推动区域经济高速发展的同时，又作为区域经济的利益主体，追求自身利益的最大化。京津冀政府合作机制的构成要件至少涉及指导思想、合作原则、合作组织形式、合作平台及运行机制等。③郝兴国认为，构建京津冀政府协调机制有利于解决横向合作问题，也是实现科学发展的内在要求。京津冀政府协调机制应包括多目标利益分享机制、运转和反馈机制、资源共享和信息传导机制，以此体现三地利益纽带、资源互补、经济关联和市场联动等特点。④吴玫研究了京津冀一体化背景下的产学研合作机制，认为区域产学研合作受各主体、区域创新网络特征、区域经济结构及区域社会、政策环境的影响。顺应京津冀地区产业结构调整和经济发展要求，应完善政策环境，建立组织协调机制，加强京津冀产学研资源共享机制建设，改进京津冀信息网络建设。⑤张雪等认为，京津冀区域正处于区域发展和人才开发的重要时期，推进京津冀人才开发合作已成为优化配置人才资源和区域协调发展

---

① 王再文、李刚：《区域合作的协调机制：多层治理理论与欧盟经验》，《当代经济管理》2009年第9期，第48—53页。
② 杨龙、戴扬：《地方政府合作在区域合作中的作用》，《西北师大学报》2009年第5期，第57—63页。
③ 李燕：《京津冀区域合作机制研究——基于政府制度创新视角》，《城市》2010年第1期，第21—25页。
④ 郝兴国：《京津冀区域经济合作的政府协调机制研究》，《环渤海经济瞭望》2011年第7期，第21—25页。
⑤ 吴玫：《京津冀一体化背景下的产学研合作机制研究》，《河北工业大学学报》（社会科学版）2013年第4期，第7—12页。

的重要保证。基于京津冀经济发展水平和人才结构上的差异，需要建立区域统一的人才开发合作机制，确立统筹协调的人才发展规划、共享互补的人才开发路径、开放互通的人才服务体系、互惠补偿的人才合作机制、协同优化的人才发展环境。① 薛立强认为，京津冀协同发展的过程也是一个构建并逐步完善府际合作网络的过程，相关主体应认真借鉴和应用改革开放以来形成的本土化、创新型的府际合作机制，准确把握府际合作内涵，树立府际合作观念，构建一体化政策机制和市场机制，探索多中心治理机制和组织间网络机制，充分发挥府际合作协议、区域合作论坛、府际联席会议等机制的作用。② 贺璇等认为，京津冀现有合作机制因利益联结匮乏、激励和监督缺失等管理困境而难以持续，加剧了区域不平衡现象，应从合作组织、利益协调、有效激励、政策执行、多元参与等方面实现制度完善与机制创新。③

二 关于区域教育合作

孔永生等认为，区域教育合作具有政策性、市场性、广泛性、灵活性、区域性等特点，区域教育合作是提高学生质量、稳定和扩大生源的必然选择，是提高学校社会效益和经济效益的重要途径，可有效解决学校自身矛盾。④ 刘利民认为，区域教育合作发展有助于整合优势资源，实现教育水平的整体提升；有助于形成区域教育品牌，提升教育服务品质；有助于区域教育"一体化"，合力攻克共有难题，应建立以政府为主导、各科研机构及社会力量广泛参与的教育合作模式。⑤ 马树强提出，区域教育合作存在由教育合作主体自身内在需求而形成的内生牵引力和来自于

---

① 张雪、李爽、张靖轩：《京津冀区域人才开发合作机制》，《河北联合大学学报》（社会科学版）2014年第6期，第28—32页。

② 薛立强：《府际合作机制创新及其在京津冀协同发展中的应用》，《西北师大学报》2015年第4期，第100—106页。

③ 贺璇、王冰：《京津冀大气污染治理模式演进：构建一种可持续合作机制》，《东北大学学报》（社会科学版）2016年第1期，第56—62页。

④ 孔永生、王满新、王艳玲：《加强区域教育合作，提高高校办学质量和效益》，《教育理论与实践》2004年第5期，第13—16页。

⑤ 刘利民：《区域联动打造教育发展共同体》，《北京教育》2009年第9期，第4—5页。

政府的要求、安排或鼓励的外生推动力等动力机制,当区域教育合作的内生动力大于合作阻力或外生推动力大于合作阻力时,会实现区域教育合作。① 易金生认为,京津冀高等教育具有广泛的合作空间,其合作发展必须遵循区域高等教育理论,立足京津冀高等教育各自的特点,遵循优势发展、协调发展、梯度推进和多元驱动的原则,建立高等教育主管部门协调工作机制,加强高等教育要素培育与组合,不断完善京津冀高等教育发展机制,逐步扩大高等教育发展空间和辐射能力②。张雪等基于大学联盟视角,研究了京津冀区域高等教育合作问题,认为合作是京津冀区域高等教育统筹、均衡与协调发展的方向,是优化配置人才结构与经济结构耦合,最大限度地发挥人力资源整体优势的重要保障。建立京津冀高校联盟,应注意明确目标、创新形式、平等互惠、加强自律。③ 田汉族认为,目前京津冀高等教育合作表现为府际合作、府校合作、高校联盟三种形态,由于制度创新动力不足、属地管理制度惯性、合作治理制度缺失,三地高等教育合作动力不足、深度不够、效果不佳。促进京津冀高等教育合作,需要明确京津冀高等教育合作的管理组织与政府职能,制定正当、合理的区域合作战略、制度与策略,创新京津冀高等教育合作机制,优化京津冀高等教育合作的制度环境。④

三 关于区域职业教育合作

已有区域职业教育合作研究集中于东西部、"长三角""珠三角"、城乡区域以及国际职业教育合作办学方面。杨飞认为,东西部教育资源实现互补,应借助东部地区充裕的教育资源优势,整合东西部职业教育资

---

① 马树强:《区域教育合作探析:模式、动力机制、过程模型》,《国家教育行政学院学报》2010年第7期,第3—7页。
② 易金生:《京津冀高等教育合作发展探究》,《天津市教科院学报》2012年第4期,第27—19页。
③ 张雪、静丽贤、孙晖等:《基于大学联盟视角的京津冀区域高等教育合作》,《河北联合大学学报》(社会科学版)2015年第3期,第88—91页。
④ 田汉族、王超:《京津冀高等教育合作困境的制度分析》,《首都师范大学学报》(社会科学版)2016年第5期,第122—130页。

源市场。① 陈欢等认为，职业教育城乡合作办学，为人才流动提供了有效途径，促进了劳动力转移，为西部及农村欠发达地区学生学习提供了便利条件。② 胡秀锦认为，区域职业教育合作主要基于政府主导、基于市场主导和基于人脉关系形成3种途径，提出了基于服务、资源、发展、战略的合作模式等。③ 胡秀锦提出，区域职业教育合作发展的核心是教育资源的"跨界"流动，目的在于提升区域职业教育综合竞争力。"长三角"地区职业教育合作经历了基于人脉推动的市场孕育、基于政府主导的多元参与两个阶段，目前已经进入基于观念认同的职业教育一体化发展阶段，政府和市场成为推动区域职业教育合作的主导力量。④ 郑若玲研究了闽南与台湾高职教育合作问题，认为台湾省是亚太地区高职教育发展成功的代表，但需面对生源不足问题。而闽南地区高职教育资源不足，加强两岸高职院校合作，可实现两岸高职教育的多赢发展。⑤ 蓝洁等研究了广西与东盟国家职业教育合作交流现状，认为联合培养成为合作办学主轴，但存在宣传力度不足、各方对体制了解不充分、协议落实不到位、专业领域欠均衡等具体问题。⑥ 赵志群以中德合作为例，研究了国际职业教育合作质量与效益，认为服务企业"走出去"是职业教育发展的新任务。国际职教合作项目必须从理念和战略角度进行可行性、实施和评价研究，需要基本数据、"最佳实践"经验和技术支持。⑦ 贾敏认为，区域职业教育合作应以需求为根本，以供给为支撑。一方面，区域工业化、

---

① 杨飞：《东西部职业教育合作模式的初步实践》，《职教论坛》2004年第25期，第16—18页。
② 陈欢、徐朔：《我国职业教育城乡合作与跨区域服务政策分析》，《职教通讯》2007年第7期，第36—38页。
③ 胡秀锦：《区域职业教育合作模式与实现机制研究》，《教育发展研究》2012年第19期，第45—49页。
④ 胡秀锦：《长三角地区职业教育合作发展机制探析——基于历史和现状的考察》，《职教论坛》2013年第4期，第77—81页。
⑤ 郑若玲：《闽南与台湾地区高等职业教育合作探析》，《集美大学学报》2013年第1期，第43—48页。
⑥ 蓝洁、唐锡海：《广西与东盟国家职业教育合作交流的现状及前景》，《南宁职业技术学院学报》2016年第2期，第30—33页。
⑦ 赵志群：《国际职业教育合作的质量与效益——以中德合作为例》，《中国职业技术教育》2016年第30期，第5—10页。

政府、企业、职业学校、民众从不同的角度对职业教育合作发展模式、内容、形式、程度提出了要求,各利益相关方目的不同,职业教育合作必须形成动态发展的稳定机制。另一方面,在形成区域职业教育合作完整体系之前,需要社会各方供给、区域经济、政府政策、民众支持等作为支撑。[①] 胡秀锦考察了上海、"珠三角"两大区域职业教育合作,认为职业教育区域合作既是党中央推进"基本公共服务均等化"、战略解决区域共生问题的重要环节之一,也是国家建设现代职业教育体系的重要战略举措。上海与"珠三角"在合作中处于不同层次,公共政策的示范效应也呈现出差异性,应进一步完善区域职业教育合作的政策和法制环境,构建互动供给政策网络,形成激励和约束机制,保障区域职业教育合作政策的有效实施。[②]

四 关于京津冀教育合作

(一)教育合作环境的研究

李汉邦等研究了京津冀教育合作的基础条件,认为京津冀教育资源配置存在不均衡现象:[③] 马涛认为,京津冀三地教育发展的法律环境、市场环境、人文环境等均具有一定的相似性,京津冀教育合作环境具有共生性与互补性等特征。[④] 薛二勇等认为,京津冀职业教育协同发展存在专业设置同本地区产业结构的契合度不高,专业设置与京津冀城市功能定位不相适应等问题。解决这些问题,需要成立"京津冀教育协同发展领导小组",加强顶层设计;立足京津冀产业发展定位,促进三地职业教育互补发展;创新体制机制,建立京津冀教育协同发展的保障性

[①] 贾敏、胡秀锦、郭燕妮:《区域职业教育合作发展的影响因素》,《职教论坛》2016年第28期,第10—13页。

[②] 胡秀锦:《职业教育区域合作政策的分析与思考——基于上海、珠三角两大区域合作样本的典型考察》,《教育发展研究》2016年第13—14期,第113—119页。

[③] 李汉邦、李少华、黄侃:《论京津冀高等教育区域合作》,《北京教育(高教)》2012年第6期,第13—15页。

[④] 马涛、赵宏:《环渤海高等教育合作机制研究》,2013 3rd International Conference on Education and Education Management, Singapor. 。

制度。①

(二) 教育合作的目的与内涵

黄立志认为，京津冀协调发展应根据区域产业特色培养与本地区产业结构相适应的高素质应用型人才。② 王世斌提出，京津冀教育协调发展是为了实现教育资源的优化配置、有序生成与高效流动，是为了共享智力资源和教育成果，达到教育效益倍增和最大化。③ 徐践认为，京津冀迎来难得的发展机遇期，职业教育迎来重大发展的关键期。京津冀职业教育一体化是实现京津冀教育一体化，乃至京津冀各方面一体化的突破口。京津冀职业教育一体化的内容应包括招生制度、学分互认、学籍管理、学生资助、实训基地、数字资源、质量评价和就业平台等 8 个方面的一体化。④

(三) 教育合作策略的研究

帅全峰等认为，京津冀高等教育合作应充分发挥政府的宏观调控作用，建立统筹协调机制。高校之间应在多个领域加强合作，建立合作共赢机制，并应根据自身实际，建立效能评估机制。⑤ 高兵认为，京津冀区域教育发展要打造跨地区教育发展轴，规划网状职业教育发展带，储备技能型人才。"京津双核"应凸显两市教育强项，集中优势科研教学力量，实现弱势教育领域的外迁。⑥ 侯兴蜀认为，京津冀职业教育协同发展有空间可为、有动力可驱，但也存在着政策细则不明朗、合作动力不均衡和缺乏统筹机制等障碍。推进京津冀职业教育协同发展，应在战略上把握好阶段性、流动性和协同性，协商制定促进工作进展的各项政策和

---

① 薛二勇、刘爱玲:《京津冀教育协同发展政策的构建》,《教育研究》2016 年第 11 期,第 33—38 页。

② 黄立志:《环渤海经济圈背景下河北省高职教育战略研究》,《职教通讯》2012 年第 19 期,第 52—55 页。

③ 王世斌:《关于京津冀教育协同发展的思考》,《天津市教科院学报》2014 年第 3 期,第 5—6 页。

④ 徐践:《推进京津冀职业教育一体化》,《北京观察》2016 年第 9 期,第 28—29 页。

⑤ 帅全锋、高菲:《高等教育与京津冀区域协同发展的对策分析》,《石家庄职业技术学院学报》2012 年第 1 期,第 38—40 页。

⑥ 高兵:《京津冀区域教育空间布局构想》,《北京教育 (高教)》2014 年第 6 期,第 14—17 页。

措施。①

第四节 区域职业教育一体化的实践现状

区域职业教育一体化对经济一体化的推动与支撑作用引起世界各国的广泛重视，相关实践不限于国内各区域，也延伸到国际合作。其中，欧盟职业教育一体化堪称国际合作的典范，美国区域职业教育一体化也取得明显成效。进入21世纪以来，我国区域职业教育一体化发展也开始起步，并逐步向更宽领域和更深层次拓展。

一 欧盟职业教育与培训一体化

欧盟职业教育与培训（Vocational education and training，VET）一体化是指欧盟各成员国为了提升职业教育与培训的地位，跨越现有国家、宪政和经济边界，以自愿的方式进行职业教育与培训合作的过程。在充分尊重各国职业教育传统和办学风格的同时，采用统一标准，使用各成员国均认可的职业教育与培训文凭、证书等。2002年11月，欧盟委员会发表了《哥本哈根宣言》，标志着欧洲职业教育与培训一体化的开始。该宣言实施了欧洲鉴定和认证非正规、非正式学习的共同原则，欧洲通行证，欧洲职业资格框架，欧洲职业教育与培训学分体系，欧洲质量保证参考框架等5个统一的"欧洲工具"，提出了加强欧盟职业教育与培训合作过程中的优先领域，加强职业教育机构与培训机构之间、职业教育机构与社会合作者之间以及各成员国之间的合作，以此提升欧盟职业教育与培训的国际形象，促进各国之间职业能力和资格的互认。② 此后，欧盟每两年召开一次职业教育与培训合作会议，针对各成员国职业教育遇到的具体问题进行商讨，并以公报形式发表，作为各成员国职业教育合作

---

① 侯兴蜀：《京津冀职业教育协同发展政策研究》，《中国职业技术教育》2016年第36期，第17—24页。

② The European Commission，"The Bordeaux Communiquéon Enhanced European Cooperation in Vocational Educationand Training"（http：//www.eua.be/fileadmin/userupload/files/Newsletternew/Bordea uxCommuniqueEN.pdf）.

的府际协议。2004年12月欧盟通过了《马斯特里赫特公报》，进一步阐述和拓展了《哥本哈根宣言》中所涉及的优先发展领域；2006年12月通过了《赫尔辛基公报》，将职业教育与培训政策的重点转移到提高教育质量和吸引力方面；2008年11月通过了《波尔多公报》，提出了2008—2020年职业教育发展优先领域，强调实施职业教育与培训学分转换体系，加强初始和继续职业教育培训以及普通教育与职业教育的相互衔接工作；[①] 2010年12月正式通过了关于增强欧盟职业教育与培训合作的《布鲁日公报》，制定了2011—2020年职业教育与培训发展目标[②]，确保了各项政策措施的连贯性。

二 大巴黎区域教育资源的整合

法国大巴黎地区由传统意义上的巴黎市区、近郊三省及远郊四省组成。长期以来，巴黎作为核心城市与周边郊区处于分隔状态，导致城区与郊区教育公共服务存在较大差距。随着"大巴黎计划"的实施，区域教育资源得到整合。首先，以法律的形式将全国划分为若干个招生片，每片涵盖居民5000—6000人，高中阶段学校布局至少10个招生片为一个联片（District）。将城区、近郊及远郊作为区域整体，根据招生需求调整并新建学校，根据学校位置及当地经济发展特色形成联片，使区域教育布局更趋合理。其次，在郊区和乡村设立若干个教育优先区，由政府给予资源方面的支持，赋予地方政府更多的教育管理自主权，有效地改善了边缘郊区学校教学环境和配套硬件设施，缩小大巴黎区域教育发展差距。在改善教学质量方面，大巴黎区域通过加强教职人员培训、提高薄弱地区教师待遇等措施推动了教师流动，保证了教育质量实现均衡发展。[③]

---

① 吴雪萍、张科丽：《促进欧洲职业教育一体化的〈波尔多公报〉述评》，《外国教育研究》2009年第7期，第45—47页。

② 邱平静：《欧盟职业教育跨区域合作启示》，《教育与职业》2014年第2期，第98—99页。

③ 胡森、刘双佳：《巴黎郊区化进程中教育资源配置策略探析》，《比较教育研究》2014年第7期，第46—50页。

三 美国区域教育合作

(一) 基础教育学区制度

美国基础教育学区制度由学区教育委员会、督学、学区教育局和基层学校4个部分组成,打破了行政界限,具有区域性、自主性、多样性等特点。学区管理以空间地域范围为界,以地域内所有教育机构和教育资源为管理单元,强调学区体系内部的纵横联系和结构优化,整合了人、财、物等教育资源。根据当地学生和居民需求设置和调整教学内容及课程活动,体现了跨行政区域学区教育特色。为实施统一教育质量标准,学区建立了区域性教育网络,为教师、学生及社区居民提供教育信息与服务。利用数据库搭建了学区教育数据应用体系和教学质量监控中心,实现了教育管理和教学资源的整合。①

(二) 区域高等教育联盟

美国区域高等教育联盟是以州为基本单位的高校合作实体,具有地缘邻近性与成员学校构成异质化、较高程度内部合作性与组织融合性、联盟与区域之间密切互动性等特征。区域高等教育联盟分为自愿联盟与法定联盟两个类别,以自愿联盟为主,成员学校多为5—10个。联盟实行理事会管理制度,下设执行主任与项目委员会,具体负责日常运行工作。联盟收入来源除成员缴费外,还接受外部伙伴——政府、公共事业部门、地方基金会、企业等提供的经费支持。② 联盟通过建立区域资源共享机制,加强了各高校之间、高校与社会之间的互动。

(三) 职业教育区域合作

美国职业教育区域合作源于合作教育,具有100多年的发展史,逐步形成了校企合作、区域职业技术中心、集团化办学等模式,实现了企

---

① 王芳:《美国学区制度研究》,硕士学位论文,华东理工大学,2010年。
② Todd S. Rose, "The Associated Colleges of the South: A case study chronicling program development at the consortium and the significance of consortium membership through the experiences of presidents of member institutions", Southern Mississippi: University of Southern Mississippi, 2008.

业与职业教育跨区域的成功对接。① 校企合作模式是指职业院校和相关企业实施跨区域合作,充分利用各方资源,共同实施职业教育与培训。区域职业技术中心由各学区在国家法律规定内签订协议,集合区域人力、财力、物力等资源共同建立,已达2000多所。集团化办学是在政府统筹指导下,各区域职业学校、社区学院、高等院校以及各类职业培训机构、私立教育机构等共同签订协议,整合各类职业教育资源形成的集团化办学模式。

为保障区域职业教育合作取得理想效果,美国联邦政府还专门成立了职业教育跨区域合作指导机构,统筹协调全国职业教育区域合作事宜。职业院校、培训机构以及企业等也设有专门的负责部门,配备专业人员具体负责区域合作事项协调工作。可见,美国区域职业教育合作的成功是政府、企业、职业院校等各司其职、各尽其责、相互配合的结果。

四 我国区域职业教育一体化

21世纪初,党的十六大首次提出了"加强区域合作"的战略部署,各省市掀起合作发展热潮。2007年,党的十七大再次提出"开展区域合作""实施自由贸易区"等战略,推动不同行政区域乃至国际合作更加深入。此后,国务院先后批复了《2008—2020年珠江三角洲改革发展规划纲要》和《长江三角洲区域经济发展与规划》等,将我国区域职业教育合作推向新阶段。

(一)长江三角洲职业教育一体化

长江三角洲职业教育合作主要经历了3个阶段。② 一是人脉推动的市场孕育阶段。为适应区域经济一体化需要,"长三角"职业学校之间、职业学校与企业之间开始通过人脉关系实施合作发展,为企业培养适用人才。二是政府主导的多元参与阶段。2009年,苏浙沪三地教育行政部门

---

① 田相林:《聚焦美国职业教育跨区域合作》,《教育与职业》2014年第3期,第106—107页。

② 胡秀锦:《长三角地区职业教育合作发展机制探析》,《职教论坛》2013年第4期,第77—81页。

举办首届"长三角"教育联动发展研讨会,签订了《关于建立"长三角"地区教育协作发展会商机制的协议书》,确定了首批教育联动项目,"长三角"教育合作由民间主导、自由开展逐步朝行政化和制度化方向发展。2010年,"长三角"各省市成立了教育联动协调领导小组,签订了《长江三角洲地区中等职业教育实训基地共享框架协议》。2011年,苏浙沪达成了长江三角洲高等教育专家资源共享、高等学校仪器设施共享、建立高校图书联盟、高校学分互认等7项协议。2012年,苏浙沪签订《长江三角洲地区中等职业学校校长、专业负责人交流挂职框架协议》,使职业教育合作进入实质性阶段。三是观念认同的职业教育一体化发展阶段。随着区域职业教育合作的逐步深化,苏浙沪逐步形成了"大职业教育"观,将教育规划、学生培养等视野拓展到更大区域,产生了巨大的叠加效应。

(二)"泛珠三角"教育合作

"泛珠三角"不同行政区域包括职业教育在内的各类教育资源存在较大差异。2004年,"9+2"省区政府签订了《泛珠三角区域合作框架协议》,建立了区域省区行政首长联席会议制度、政府秘书长协调制度、部门衔接制度等。同年,教育部与香港教育统筹局签订了《内地与香港关于相互承认高等教育学位证书的备忘录》,粤港澳签订了《关于粤港澳三地学校缔结姐妹学校事宜的框架协议》,加强了教研和教学等方面的交流与合作。2005年,相关省区签订了《关于加强"泛珠三角"区域教育交流合作的框架协议》等6项合作协议,教育合作制度逐步规范。2006年,相关省区联合制定了《泛珠三角区域合作发展规划纲要(2006—2020年)》,推动"泛珠三角"教育合作形成热潮[1]。

(三)粤台职业教育合作

粤台两地经济紧密联系,职业教育发展存在一定差异但互补性强。台湾省职业教育资源优质,但学生数量较少;广东省人力资源丰富,需

---

[1] 黄崴、孟卫青:《泛珠三角区域教育发展合作的背景、现状与机制》,《教育研究》2007年第10期,第67—72页。

要借助台湾职业教育发展经验。以经济发展需求为主导，粤台职业教育合作取得丰硕成果。2010年广东省制定了《广东省中长期教育改革和发展规划纲要（2010—2020年）》，提出"积极创新粤台教育交流合作机制，拓展交流渠道，广泛开展粤台人才培养合作和学术交流"。2005—2013年，广东省与台湾省联合举办了八届海峡两岸（粤台）高等教育论坛，成立了由职业院校和应用大学共同参与的粤台职业教育联盟，设立了由教育行政部门、教育学术社团负责人以及职业院校、大学校长组成的粤台职业教育联盟领导小组，负责制定职业教育合作政策；下设联合办公室，具体负责合作项目的规划与运作。[①] 此外，粤台还各自推荐一位总召集人，负责合作协调及意见反馈工作。通过建立粤台职业教育园区，促进产学研协同发展。

（四）京津冀职业教育一体化

随着京津冀协同发展战略的实施，京津冀职业教育合作日趋活跃，涉及组建集团或联盟、校长挂职、师资研修、学生联合培养、专业共建、实训基地共享、科研教研等若干领域。仅2015年，河北省教育行政部门和职业院校共与京津两地签订协同发展协议133项，建立教育教学、科研信息、教师交流等各种交流平台831个，联合办学招生人数达9586人。

1. 政策体系逐步健全

2014年6月以来，除《京津冀协同发展纲要》《京津冀协同发展规划纲要分工方案》等文件外，京津冀三地还分别制定了《河北省人民政府关于加快发展现代职业教育的实施意见》《北京市人民政府关于加快发展现代职业教育的实施意见》《天津市人民政府关于加快发展现代职业教育的意见》等规范性文件，构成了京津冀职业教育协同发展政策的主体框架，相关内容如表2—1所述。

---

① 张耀荣：《加快推进粤台高等教育合作步伐》，《高教探索》2014年第2期，第172—176页。

表 2—1　　　　京津冀促进职业教育一体化发展的相关政策

区域	文件日期	主要内容
北京	2015年11月24日	引导东城区、西城区中等职业学校向郊区疏解；支持其他有条件的职业院校通过搬迁、办分校、联合办学等方式向外疏解。探索建立京津冀职业教育集团，适应产业链分工合作的需要，支持职业院校跨区域合作培养人才、合作开发课程、共享数字化教学资源、共享实习实训基地、共享教学科研成果。加强与河北省张家口市职业院校的对接协作，为2022年冬奥会培养培训更多的技术技能人才。
天津	2016年3月17日	突出重点领域，构建和完善京津冀协同发展装备制造业、现代服务业、新能源、民族文化技能传承等现代职业教育产教对接平台，形成京津冀协同发展职业教育对话交流合作机制、项目协同创新机制、校企合作联动机制，建立共研、共建、共享、共用、共赢的协同机制和交流平台。推动环渤海职业教育和成人教育协同发展。
河北	2014年7月17日	支持河北省优质职业院校与京津优质职业院校共建共享实习实训平台、数字化教学资源等，开展多种形式的合作办学。鼓励河北省优质中等职业学校与京津高等职业院校探索开展中高职衔接试点，探索开展河北省与京津职业院校校长和管理干部交流挂职，以及专业教师交流访学工作。鼓励京津行业、企业、科研机构与职业院校组建跨区域的职业教育集团、专业教学联盟等。

注：表中内容选自《北京市人民政府关于加快发展现代职业教育的实施意见》《天津市人民政府关于加快发展现代职业教育的意见》《河北省人民政府关于加快发展现代职业教育的实施意见》。

2. 合作行动初见成效

通过成立京津冀职业教育教学协同发展联盟，进一步加强了三地职业教育合作与交流，全面提升了职业院校的人才培养质量和建设水平。[①] 京津冀省级和部分地市级教育行政部门共同或分别签署了职业教育战略合作协议，河北省石家庄、唐山、张家口、邯郸等市级（设区市）政府教育局组织职业院校校长和教师赴京津两市担任"影子校长"或参加研

[①] 施剑松：《京津冀成立职业教育教学协同发展联盟》，《中国教育报》2016年10月29日，第2版。

修班。同时，交通、卫生、艺术、外事服务、城市建设与管理等行业相继组建了京津冀职业教育集团或联盟。2015年始至2016年6月，超过20所北京市职业院校与津冀两地职业院校实现了紧密合作，内容涉及联合办学、专业共建、技能比赛、管理人员和师资培训交流等多个领域。北京市职业院校物流专业共享实训基地面向津冀地区职业院校免费开放。京津冀职业教育协同发展研究中心、教师教育协同发展研究中心先后成立，聚集三地科研力量，协同探索有中国特色的京津冀现代职业教育发展思路。[1]

第五节 区域职业教育一体化的实践特征

区域职业教育一体化理论的形成奠定了区域职业教育一体化实践的基础。目前，发达国家均对区域职业教育一体化发展达成共识，并采取相关措施实施整体推进。总体来看，虽然实施范围不一，既有同一国家不同省份之间的合作，也有不同国家之间的合作，但均呈现出一些共同特征。

一 合作政策统领化

区域职业教育一体化得以顺利实施的前提是政府政策支持。为推进职业教育一体化发展，各国政府职业教育政策的涉及面逐步扩大，开始由"地方"转向"区域"，表现出明显的合作意向。欧盟针对各成员国职业教育发展遇到的问题，通过签订一系列协议和宣言、公报等，形成了比较完善的区域职业教育一体化政策体系。通过建立相关组织，根据各国各时期情况及时对相关政策进行评估、补充和完善，为欧洲职业教育一体化提供了政策保障。各成员国通过建立开放性协调机制，使教育政策与其他国家实现了有机衔接。法国"大巴黎计划"实施后，法国政府立即出台了相关政策，支持区域教育资源整合。美国学区制具有较强的

---

[1] 侯兴蜀：《京津冀职业教育协同发展政策研究》，《中国职业技术教育》2016年第36期，第17—24页。

独立性,"学区委员会"可根据自身实际情况制定学区教育政策,统筹推进区域职业教育合作。职业教育跨区域合作不仅具有完善的法律体系保障,联邦政府还成立了专门机构,统筹区域职业教育合作项目。

我国区域职业教育合作也得益于各级政府的政策支持。首先,国家层面制定了一系列区域合作政策,从宏观层面营造了职业教育跨行政区域合作的环境。在具体区域指向方面,国务院先后提出了《关于进一步推进长江三角洲地区改革开放和经济社会发展的指导意见》、《珠江三角洲地区改革发展规划纲要》,有效促进了区域职业教育合作。其次,在地方政府层面,通过签订府际协议使相关政策制定顾及整个经济区域。"泛珠三角"地区政治、文化差异较大,但广东省先后颁布了相关区域职业教育合作政策,为粤台职业教育联盟建设提供了支持。

二 合作区域特色化

区域职业教育特色化是职业教育合作的基础。欧盟各成员国政治、文化多样,职业教育发展各具优势,但各成员国均认识到只有加强区域合作才能使本国职业教育优势得以充分发挥,劣势得以弥补,职业教育形成了极强的吸收、包容和接纳能力。大巴黎区域教育整合的特色在于教育公平和资源整合,目的在于帮助边缘郊区缓解教育发展不均衡的状况。美国学区制教学内容及课程活动均根据当地学生、居民、企业的实际设置,既充分考虑当地学生、居民、企业的需求,又注重随经济领域的扩张而拓展,具有浓厚的区域特色。跨区域校企合作立足不同区域经济发展基础,促进了人力资源的流动,保障了企业发展需求。同时,由于员工来自四面八方,也为企业产品销售拓展了渠道,促进了企业发展。区域高等教育联盟被称为"多目的"联盟,地缘邻近的特质决定了合作内容的广度与宽度。跨区域职业教育合作打破了行政区域的局限性,将不同地区职业院校、企业等职业教育资源整合在一起,在区域职业教育原有优势的基础上再造了新优势。

我国长江三角洲地区职业教育合作也基于相关省市职业教育特色实施。浙江省在机械制造、模具生产以及服装加工等专业具有一定优势,上海市则在职业教育办学理念、师资队伍建设等方面具有优势,而江苏省职业院校在实习实训基地建设方面独具特色。区域职业教育合作将这些特色凝聚在一起，促进了区域经济发展。"泛珠三角"地区玩具和珠宝企业众多，广东省番禺职业技术学院率先设置了珠宝玩具设计与制造专业、技术与管理专业，所培养人才能够直接为区域经济发展服务，毕业生就业率极高。顺德市是"泛珠三角"地区重要的新兴工业区，顺德职业技术学院设置了家具设计制造专业，培养具有鲜明特色的技术技能人才。粤台职业教育合作注重知识、技术的开发应用与生产实践性，也体现了区域合作特色。

三 合作行为自主化

自主自愿原则是实现区域职业教育合作的重要保障。欧盟职业教育一体化虽跨越国家、宪政和经济边界，但仍坚持自愿方式进行合作。在办学标准上，充分尊重各成员国职业教育传统和办学风格，调动了各成员国合作的积极性。"大巴黎计划"是巴黎城区为缓解人口、教育、经济发展等方面的压力实施的区域发展规划，处于主导地位的巴黎城区主动调整区域教育布局，调动了边远地区合作的积极性。美国各学区在自愿的基础上主动寻找合作伙伴，实现了教育资源的共享。区域高等教育联盟充分利用地缘临近的优势进行资源整合，解决教育资源短缺问题；职业教育跨区域合作在实施区域校际合作的同时，还积极推动学校与企业的合作以及跨区域合作。职业教育集团也建立在成员自主自愿基础之上，各职业教育机构能够充分利用地区经济发展差异，主动寻找合作伙伴。多目的（Multi-purpose）职业教育联盟的成立，也使职业教育合作内容、合作领域达到空前广度与深度。

实际上，我国"长三角""泛珠三角"地区初期的职业教育合作均是在区域经济一体化的推动下形成的自发行为，而后过渡到自觉行为。"长三角"地区初期的职业教育合作完全依靠民间力量，经历了自发到自觉、自愿到自主的过程。"泛珠三角"地区职业教育合作的自主性表现得更为突出，主要依靠九省二市共同协商、自主参与，合作动力源于区域经济一体化对各类技术技能人才的需求。粤台职业教育合作更无任何政治强制性，由两地职业学校和应用大学自主参与，部分台商发挥了积极推动作用。

四　合作目的市场化

国内外实践表明，职业教育合作多基于区域经济合作，合作主体多为利益相关者，合作行为多遵循市场规则，合作目标多定位于获取更大的经济效益。人力资本是重要的经济资本，必然会依据市场规则流动。欧盟职业教育与培训一体化之基在于欧洲形成了产品和生产要素统一市场，大巴黎教育资源整合也来自于经济快速发展对中心城市的压力。美国学区划分在一定程度上也是经济区域的划分，区域职业教育合作使毕业生摆脱了行政地域限制，更好地适应了区域经济发展对多样化人才的需求。区域高等教育联盟促进了各成员之间教育资源的高度共享，降低了办学成本。职业教育集团多元主体参与，使区域人力、物力、财力等职业教育资源实现了有效整合和综合利用，达到了市场化运营状态。

我国区域职业教育合作也具有明显的市场化取向。"长三角"随着经济的快速发展，人才短缺成为制约企业经营的关键因素，激发了各地职业教育合作的积极性，使职业教育合作带有明显的市场需求痕迹。"泛珠三角"职业教育合作也基于经济发展对中、高级技能人才的需要，人力资源市场在推动区域职业教育合作中发挥了重要作用。粤台职业教育合作主要依赖于台资企业的发展，职业教育合作的价值取向定位于为两地经济贸易服务。在"利益引导"下，各利益相关者主动寻求合作，推动职业教育优势资源共享，实现多方共赢。

五　合作协议法制化

在区域职业教育合作过程中，政府的主要功能在于通过"有形的手"提供合理有效的制度安排，引导、规范、调整市场主体行为。府际协议是实现区域职业教育合作的必要前提，目标在于实现互利共赢。府际协议就像是一部法律制度，规范着各方的合作行为。同时，府际协议的达成也是一个不断协商的过程，具有阶段性、目标性等明显特点。美国经过100多年的发展，逐步完善了职业教育跨区域合作的相关法律制度及激励政策，充分调动了学校、企业及其他社会力量参与跨区域职业教育合作的积极性。

我国区域职业教育合作也具有明显的法制化趋势。教育部等六部门制定的《现代职业教育体系建设规划（2014—2020年）》明确提出，"各级政府加强发展战略、规划、政策、标准等制定和实施，统筹区域职业教育发展"。鼓励各地打破行政区划限制，引导各级各类职业教育机构、相关企业及其他社会力量开展跨区域合作。党的十八届四中全会做出了《关于全面推进依法治国若干重大问题的决定》，提出了"建设中国特色社会主义法治体系，建设社会主义法治国家"的总体目标。我们相信，我国区域职业教育合作的府际协议必将得到全面执行，相关法律制度体系建设也将逐步完善。

第三章

京津冀职业教育一体化的历史渊源

我国经历了长期的封建社会，在皇权政治格局下，为完成公共性目标、维护政权稳定及实现财政收入的最大化，政府一直参与经济运行。但是，由于受传统的"重农抑商"思想影响，农业始终是国家经济中最重要的部分，工商业发展迟缓。1840年鸦片战争以后，我国沦为半殖民地半封建社会，传统农业经济开始解体，民族工业和官宦工商业逐步兴起，促生了实业教育（职业教育）并逐步走向兴旺。在迄今近180年的历程中，京津冀一直是我国职业（实业）教育较为发达的地区之一。本章系统分析了京津冀三地行政区划史、教育史、职业教育史等文献，明确了京津冀职业教育一体化发展的历史渊源，以期为推动京津冀职业教育一体化发展提供参考。

第一节　京津冀职业教育一体化的历史基础

潘懋元提出，教育发展遵循内部关系和外部关系两条基本的规律。[①]职业教育作为教育的一种特殊类型，与区域经济发展、产业发展以及地方人文习俗状况等具有密切联系，区域社会、经济、政治、文化的一体化必然引发职业教育的一体化。反过来，职业教育一体化必将促进区域社会、经济、政治、文化的一体化。目前，京津冀行政区域虽然处于各自独立治理的状态，但其地缘、物缘、文缘、亲缘等社会、文化因素使

---

① 潘懋元：《新编高等教育学》，北京师范大学出版社2003年版，第12—13页。

得三地之间具有较强的认同感、亲和力和内聚力,为职业教育的一体化发展奠定了坚实的基础。

一 一体化地缘

(一) 地域一体

河北省地域特征独特,是全国唯一兼具海洋、平原、丘陵、山地和高原的省份。① 京津两市镶嵌于河北省版图之内,与河北省紧密相连。历史上,京津冀本为一地,西汉时期属于幽州刺史部。隋朝时期,京津冀区域轮廓在河北省诸郡县布局下逐渐显现。明清时期,河北省成为"直隶州"受中央统一管辖,天津市在河北省管辖之内,北京市(京城)外限于城垣。此后,天津市基于独特的地理位置,逐步成为京津冀区域乃至内陆区域海运、河运物资运转地以及重要的船运枢纽。北京市(京师)成为全国的政治中心,以"政治职能"对津冀两地发展施加影响,逐步呈现出消费性城市的特征。京津冀地域一体,为实施经济社会以及职业教育一体化发展提供了天然条件。

(二) 交通互联

近代以来,北京市作为国家的政治中心,交通发展水平一直高于其他地区。晚清时期形成的铁路、公路体系,均以北京市为中心呈放射状延伸,天津市与河北省则逐步成为北京市的出入门户。进入 20 世纪以后,我国北方以北京市、天津市为中心,兴起了铁路建设高潮。1912 年,津浦铁路建成通车;此后,京张、汴洛铁路也逐步延展。彼此交叉的铁路及其设施构筑了京津冀区域近代交通运输网络。当代,随着京津冀协同发展战略的实施,历史上遗留的一些"断头路"相继连接,城际铁路开始运行,公共交通"一卡通"也逐步推广应用。特别是京津冀高速铁路等的建设与发展,促进京津冀区域交通网络达到国内先进水平。

(三) 经济互动

近代以来,北京市吸引了大量高端人才,形成人口聚集区域,产生

---

① 郭康:《从旅游地理角度看京津冀旅游协作的重要性》,《河北省科学院学报》1988 年第 2 期,第 39—43 页。

了巨大的消费能力。天津作为"海河联运"的重要港口，发展为京津冀区域经济贸易往来的重要口岸，为北京市提供境外商品与远途商品，逐步成为北方地区的商贸中心与工业基地。河北省逐步成为能源与农业主产区域，对京津两地的商品供给发挥着重要作用。三地之间形成"三向互动"的经济发展模式，催生了一批以需求为导向的工商企业。洋务运动时期，受北京市政治资本的帮扶，天津市成为近代工业发展的"黄金岭"，聚集了大批军事工业、民办工业和官宦工业。北京市封建官僚通过政治便利获取了契合自身的经济利益，使京津冀区域成为中国经济较为发达的区域。当代，北京市经济社会快速发展，天津市也在沿海开发中逐步兴起。河北省作为北京市的"后花园"，为京津两市经济发展做出巨大贡献。

二 一体化物缘

（一）物资生产与消费

战国时期，京津冀三地物资生产与消费形成了密切联系。北京市时称"蓟"，为燕国首都。河北省邯郸市时称"邯郸城"，为赵国首都。燕国与赵国交往甚密，社会经济发展水平相差无几。此后，经历了一千多年的历史变革，京津冀始终处于一体化发展之中。明清时期，北京市作为皇权贵族的聚集地，成为畿辅[①]的消费主体。畿辅成为生产性区域和物资供应基地，也是皇家官僚贵族进行政治投资的"后花园"。一些宫廷传统手工产品通过天津港出口到周边国家与地区，境外的"洋物件"也通过天津港口流入北京。为维护封建统治，皇权贵族在畿辅开办了大批军工业工厂与各类商业组织，兴建实业学堂培养技术技能人才。官僚阶层为巩固自身经济实力，也纷纷在畿辅投资建厂，兴办了一批具有近代职业教育色彩的实业学校，使京津冀区域成为全国较为发达的地区之一。

（二）物资流通与贸易

早在明朝，外国传教士就意识到了天津运河对朝廷外交的重要性，

---

① 畿辅：畿代表京畿，辅代表其附近的地区。畿辅泛指北京城及其附近的地区，地理范围限定在清代直隶省。

开始通过天津港口发展对华贸易，使天津市很快成为全国商品的集散中心。天津开埠后，在运河贸易的推动下，京津冀逐步成为承担各自功能的流通枢纽城市、商业市镇和农村集市，密切了与其他地区的经济和贸易往来。畿辅商品资源的输送与供给加速了京师商品集中地的形成，丰富的资源不仅供本地消费使用，还分销到西北、内蒙古、俄罗斯等地，使北京成为物品流通的枢纽城市。[1] 天津市成为"京师之喉"，以其港口及海运、河运优势影响着北京市及河北省的贸易往来，促进了农业人口"转业"和外来人口的聚集。[2] 随之，河北省成为农副产品出口的重要产地和消费域外先进工业产品的另一主体，传统"重农抑商"的观念逐步被打破，自给自足的农业经济逐渐解体，工商业逐步发达。关外秦皇岛和口外张家口逐步成为京津冀地区与外界贸易往来的交通要道，域外农林特产与工业商品均通过张家口、秦皇岛两个交通要道输入。

三　一体化文缘

（一）文化同源性

京畿文化是京津冀区域文化的共同根脉，对华夏文明形成与繁荣做出了巨大贡献。京畿文化的形成可追溯到上古时期，先秦时期（夏、商、周至春秋和战国）各类人文活动趋向频繁和活跃，河北省冀州市成为"九州之首"。隋、唐、宋时期，冀域版图基本固定，逐步形成了京畿文化体系。元、明、清时期，北京城市体系逐步完善，逐步形成了以城墙为标志性界线的京城文化圈，以原属顺天府、今属北京市郊县为主要区域的京郊文化圈，以天津、保定为中心城市的冀中、冀东地区京畿文化圈，[3] 宫廷文化、士大夫文化与民俗文化多向互动，成为京畿地区的文化特色。基于北京市的都城地位，京畿文化与契丹、女真、蒙古、满族等北方民族的相融互促，共同创造、发展了华夏文明。可见，京津冀三地

---

[1] 许檀：《明清时期城乡市场网络体系的形成及意义》，《中国社会科学》2000年第3期，第191—207页。

[2] 罗澎伟：《近代天津城市史》，中国社会科学出版社1993版，第120页。

[3] 赵世瑜：《京畿文化："大北京"建设的历史文化基础》，《北京师范大学学报》（社会科学版）2004年第1期，第112—120页。

文化的形成具有历史同源性，奠定了职业教育一体化发展的基础。

（二）文化剥离性

经历长时期的演变，京津冀三地人口素质逐步产生差异，京畿文化逐渐丧失了区域文化的主导性，地域文化渐成"三足鼎立"之势。[①] 北京市具有悠久的都城历史，积淀了深厚的"都城文化""皇家文化"和"士大夫文化"，凸显了"大雅"特点。都城人逐步形成了盲目自大的心理和相对封闭的文化心态，与外界文化的差异逐步明显。天津市因明朝筑城设卫也逐渐与京畿文化渐行渐远，形成了具有区位特色的商业文化。清代，天津市商业发展达到繁荣鼎盛期，逐步形成了"大俗"特点。受漕运及居民多为明代屯兵后裔人口影响，天津市码头习气、行武之遗风至今尚存。河北省被定位于保卫京师畿辅之地，长期依附京津文化，逐渐形成了趋于保守心态以及小富即安思想。京津两地文化发展所产生的"回波效应"吸纳了河北省大量的人力资源，[②] 三地教育事业发展差异越来越大。

四 一体化亲缘

（一）亲缘效应

传统意义上的亲缘指人与人之间具有某种血统（包括夫妻）关系，现泛指人与人之间具有一定的亲属关系。中华民族自古以来就重亲缘、讲孝道，形成了人情（亲缘）文化。秦汉之际，《礼运》就提及人情"非学即能"。《韩非子·难言》提到，"激意近亲，探知人情，则见以为潜而不让"。人情既蕴含了血缘层面的情感关系，也具有情感性、功利性与复杂性。亲缘具有血缘性与社会共存性，以血缘关系为纽带形成的"宗法制"与"分封制"，就是血缘关系的结果。随着社会制度及社会形态的变迁，亲缘关系表现为"家"的概念，逐步成为人与人交际的中心。亲缘关系（包括婚姻关系）的扩大或缩小，直接影响人们社会交往的范

[①] 王宝林：《京津冀文化的历史演变与文化产业协同发展略论》，《河北工业大学学报》（社会科学版）2014年第2期，第13—18页。

[②] 回波效应指资本、人才、技术等生产要素受收益差异影响，由落后地区向发达地区流动的现象。

围。京津冀三地本为一体,人与人之间存在稳固的亲缘关系,自然会拉近彼此之间的距离,在京津冀一体化发展中表现出"软效应"。① 由地缘关系产生的"老乡情"和由亲缘关系产生的"家族情"等相互交织,会直接或间接地影响社会存在。② 亲缘关系会促进民众交往,深刻地影响三地合作意愿和合作效应。

(二) 亲缘基础

京津冀民众存在的亲缘将有力推动职业教育一体化发展。从三地人口普查统计数据"外来人口情况"分析,京津外来人口中河北籍占比最高,河北外出人口45%流向北京,22%流向天津。2000年、2010年北京市外来人口中河北省籍人口分别占外来人口总量的22.53%、22.13%;天津市外来人口中河北省籍人口分别占外来人口总量的27.58%、25.22%。③ 可见,京津冀人口往来极为密切,三地居民"投亲靠友"、外出务工、上学以及联姻等行为极为广泛,且呈总人数逐步增多的趋势。亲缘效应在各领域均不断扩大与增强,人们利用亲缘关系实施各类合作已成为常态。

第二节 近代京津冀区域行政区划的变迁

京津冀历史上本为"一体",近代以来逐步分为3个行政区域。元明时期,将京师直接管辖地域称为"直隶",设置了"南直隶"与"北直隶"两个行政区域。"南直隶"指现在江苏省大部分区域,"北直隶"指现在河北省大部分地区。④ 此后,"北直隶"行政区域逐步扩大,涵盖京津冀大部分地区,清朝时直接称"直隶"。中华人民共和国成立后,京津冀区域行政区划经历了合与分、分与合等多次调整。北京(原顺天府)

---

① 汤华臻:《协同发展要重视人文一家亲》,《北京日报》2017年1月26日,第9版。
② 涂碧:《试论中国的人情文化与社会效应》,《山东社会科学》1987年第4期,第69—74页。
③ 王春蕊:《京津冀协同发展战略下人口流动的影响及对策研究》,《经济研究参考》2016年第64期,第46—50页。
④ 王晓易:《京津冀三地的历史地理沿革与学术观察》,《北京青年报》2015年4月17日,第B10版。

和天津（原天津府）两个区域先后从河北省分离出来成为直辖市，河北省行政区域逐步由大到小，北京、天津行政区域则逐步由小变大。然而，京津两地镶嵌在河北省版图内，共同拥有背靠高山、南临平原、东临渤海的自然环境，同属华北最大的海河流域生态圈，具有自然形成的区域社会经济一体化发展基础。

一 北京市行政区划的变迁

北京市具有3000多年的建城史和800多年的建都史。明朝朱棣夺得政权后，迁都北京（一度称"京师"），1928年改称北平，1949年再改为北京。明朝时期，"北直隶"辖宣府镇、延庆州、美峪所三地。清代设置直隶省，行政区域在原"北直隶"的基础上增加了口北三厅、承德府、宣化府、顺天府、遵化州、永平府、易州、保定府、正定府、定州府、深州、河间府、天津府、广平府、大名府、威县府，覆盖现在的河北省大部分区域以及京津全部区域、河南部分区域、内蒙古南部与东南部以及辽宁西部区域。1913年，各府、州均改为县。北京因京师所在，特置顺天府，隶属直隶省管理，辖大兴、宛平、良乡、固安、永清、东安、香河、通州、三河、武清、宝坻、宁河、昌平州、顺义、怀柔、密云、霸州、文安、大城、保定、涿州、房山、蓟州、平谷24县，采用"顺直兼辖区域"即顺天府尹与直隶总督的共管体制。① 除北京城垣内，目前的京津冀区域均为原直隶省辖区域。

中华民国时期，北京不再是全国的政治中心，改称为北平，辖宛平、大兴两个东西城区及朝阳、海淀、门头沟、石景山、大兴、长辛店等郊区。1937年北平又改称北京，1945年后又改回北平。平津战役结束后，人民解放军进驻北平郊区，同时划定东至通州，西至门头沟，南至黄村，西南至长辛店，北至沙河为军事管制区。中华人民共和国成立后，中央人民政府将军事管制区划归为1949年1月组建的北平市人民政府。同年9月，中国人民政治协商会议第一届全体会议通过《关于中华人民共和国国都、纪年、国歌、国旗的决议》，再次将北平更名为北京。此后，基于

---

① 王洪兵：《清代顺天府与京畿社会治理研究》，博士学位论文，南开大学，2009年。

首都发展需要，1956年2月、1957年9月先后将河北省的昌平县、大兴县新建乡划归北京市管辖，1958年3月、10月先后将河北省通县、顺义、大兴、良乡、房山、怀柔、密云、平谷、延庆9个县和通州市划归北京市管辖，形成北京市现有的行政区域。

二 天津市行政区划的变迁

天津是海河五大支流北运河、子牙河、大清河、永定河、南运河的交汇处，具有明显的建城优势和重要的军事地位。1404年12月，明成祖朱棣在三岔河口西南的小直沽一带，开始筑城设卫，并赐名"天津"，意为"天子车驾渡河之处"，此后增设天津左卫和天津右卫。1652年，天津卫、天津左卫和天津右卫"三卫合一"，统称为"天津卫"，并设置民政、盐运、税收和军事等管理机构。1725年，天津卫升格为天津州。1731年，天津州升格为天津府，辖六县一州，正式成为一行政区域。清末，天津作为直隶总督署的驻地，成为李鸿章和袁世凯等兴办洋务和发展北洋势力的基地。1860年，英、法联军占领天津，世界列强开始设立租界。1928年，南京国民政府将天津设立为特别市。1930年6月，国民政府行政院将天津特别市改为直辖市。同年11月，河北省省会由北平迁至天津，天津又由直辖市改为省辖市，隶属于河北省政府管理。1935年，河北省省会迁往保定，天津市由省辖市又改为行政院直辖市。

1949年1月天津解放，延续了中央直辖市的地位。1958年2月，中央人民政府将天津市由直辖市改为省辖市，划归河北省管理，河北省省会再次由保定市迁往天津市。1966年，河北省省会又从天津市迁回保定市，天津市被降格为县级市。1967年1月，国务院决定将天津市再次转为直辖市。1973年，国务院决定将河北省天津地区的蓟县、宝坻、武清、静海、宁河5个县划归天津市，原河北省的天津地区改为廊坊地区，廊坊地区行政公署驻地由天津市迁到廊坊镇。

由于船运经济具有较高的经济效益，天津的地理位置始终受到高度重视。北京市对船运物资供给的依赖度逐步增强，使京津冀区域紧密地联系在一起，为实施一体化发展奠定了基础。河北省省会驻地天津期间，河北省将教育投入的重点区域放在了天津市，为航运业、商贸业发展提供了人力资源支撑。

三 河北省行政区划的变迁

清末，直隶省辖12府、7直隶州、3直隶厅，范围包括现在的河北省大部分地区，北京市、天津市以及辽宁省西部、内蒙古自治区及河南省、山东省的部分地区，总督署（省会）设在保定市。1902年，直隶总督署由保定市移至天津市。1912年3月，直隶省废除总督制，设都督府和行政公署。1928年10月，南京国民政府实行省、县两级行政区划体制，将直隶省改称为河北省，原京兆特别区域所辖20县也划归河北省管理，省会迁至北平。此后，南京国民政府将察哈尔、热河两个特别区改建为察哈尔省和热河省，将河北省行政区域限定在长城以南，原属河北的10县划归察哈尔省管理。1930年河北省省会从北平市迁至天津市，1935年又由天津市迁至保定市。1937年日军占领保定，河北省政府成为流亡政府。1945年9月河北省政府在西安成立，11月再次迁至北平。1948年5月，国民政府决定撤销河北省政府第12、第14和第15行政督察区所属各县，分设11个行政督察区、1个行政区、2个省辖市。

1949年1月北平和平解放后，当年8月成立河北省人民政府，省会设在保定。此后，河北省行政区划历经多次调整。[①] 1952年11月，河北省恩县、夏津、武威、馆陶、临清5县和临清镇划归山东省管辖；山东省庆云、盐山、宁津、吴桥、南皮、东光6县划归河北省管辖。撤销察哈尔省建制，原察哈尔省所属10县及张家口市、宣化市和察北6县划归河北省管辖。河北省宛平县划归北京市，辽西省山海关市划归河北省。1955年撤销热河省建制，所属8县和承德市划归河北省管辖；1956年3月，河北省昌平县和通县部分区域划归北京市管辖。1958年2月，第一届全国人大第五次会议决定，天津市由中央直辖市改为河北省省辖市。同年3月，河北省通县、顺义县、大兴县、良乡县、房山县和通州市划归北京市管辖。同年4月，河北省省会由保定市迁至天津市。同年10月，

---

① 张肇俊：《1952—1965年河北省行政区划变化大事记》，《党史博采（纪实）》2012年第12期，第53—57页。

河北省怀柔县、密云县、平谷县、延庆县划归北京市管辖。1962 年 3 月，河北省商都县划归内蒙古自治区管辖。同年 8 月，河北省阳原县部分区域划归山西省管辖。同年 10 月，河北省汉沽市行政区域划归天津市管辖。同年 12 月，河北省黄骅县部分区域及静海县划归天津市管辖。1963 年河北省商都县划归内蒙古自治区管辖。1965 年山东省馆陶县及临清县、武城县、无棣县部分行政区域划归河北省管辖，河北省的宁津县、庆云县、吴桥县及东光县、盐山县、故城县部分行政区域划归山东省管辖。1968 年 2 月，河北省省会由保定市迁至石家庄市。在此后的几十年发展过程中，京津冀三地形成了鲜明的社会经济空间发展格局，河北省职业教育发展规模与速度与京津地区的差距越来越大。

第三节 京津冀职业教育一体化的历史变迁

一 洋务运动时期

（一）新式教育的兴起

我国新式教育的兴起具有浓厚的政治、经济和社会背景。

政治背景方面：1861—1900 年，鸦片战争迫使清政府签订了《南京条约》等一系列不平等条约，统治阶级意识到我国在军事、工业等方面与西方列强的差距。清廷内部逐渐出现了一批"洋务派"人士，提出了"实业救国"思想，主张"向西方学习，师夷长技以制夷"。[1] 在社会有识之士的推动下，全国各地相继兴办了一批洋务学堂，促进了新式教育的逐步兴起。

经济背景方面：民族工商业的发展迫切需要新式教育支撑。1862 年，成立京师同文馆，成为我国近代学校教育的代表。1864 年，广州成立同文馆，开始实施文科职业教育。1866 年，清廷筹建的海军造船厂内部开办了"堂艺局"，培育熟知造船与驾驶的技术技能人才。1898 年，中日甲午战争爆发，北洋水师全面溃败，人们更加认识到科学技术的重要性，"裁汰冗员、废八股、开学堂、练新军、满汉平"等呼声高涨，中西合并

---

[1] 李蔺田：《中国职业技术教育史》，高等教育出版社 1994 版，第 121 页。

学堂建设进程逐步加快。

社会背景方面：清廷名臣张之洞（1837—1909）提出了"中学为体，西学为用"的教育发展思想，促进了新式教育制度和新式学堂的发展。特别是洋务运动时期开办的"新学"，为废除科举制度、加快发展新式教育奠定了基础，也培育了一批具有先进思想、掌握现代科学技术的专业人才。

（二）实业教育的思潮

受新式教育兴起的引领以及西方实用主义思想的影响，近代启蒙思想家严复（1854—1921）针对当时我国社会经济发展实际，提出了"教育救国"主张，强调从教育出发，"鼓民力""新民德""开民智"。认为"实业教育乃专门之教育也""是与他种教育有不同者，以其人毕生所从事，皆在切实可见工程，如矿，如路，如一切制造"，是"生利之民"的教育。在课程设置方面，主张开设自然科学课程与普通基础课程，将实用知识融入课程，实施实用教育。在教学方法方面，主张在实际中学习，强调学堂教育与实业实践相结合，注重理论教育与实践教育相结合。洋务派代表人物张之洞（1837—1909）主张兴办各类实业学堂，培养社会经济发展所需的技术技能型人才。认为"晚近来，惟士有学，若农、若工、若商无专门之学，遂无专门之材。不如西洋各国之事事设学，处处设学"，大力发展"专门之学"。1897 年，张之洞创办的储才学堂分设交涉、农政、工艺、商务四类科目。[1] 著名实业教育家周学熙（1865—1947）倡导"边工边学"，认为"兴学"为"振兴工商业之兴的理念"，[2] 相继设立了北洋工艺学堂、直隶初高等工业学堂、女医传习所、艺徒学堂等各类实业学堂，开设木工、刺绣、电镀、机器制造等专业，培养了大批实用性人才。[3]

（三）京津冀实业教育的兴起

1866 年，清廷建立福州船政学堂，开启了职业学校发展的新纪元。

---

[1] 冯天瑜、何晓明：《张之洞评传》，南京大学出版社1996 版，第97 页。
[2] 周小鹃：《周学熙传集汇编》甘肃文化出版社1997 版，第101 页。
[3] 李楠夫：《周学熙实业教育活动述论》，《历史教学》2000 年第8 期，第19—21 页。

1880年，李鸿章上奏朝廷在天津建立北洋电报学堂，聘请国外电信公司技师担任讲师，培养了300余名专业技术人才，为我国电报事业的发展做出了突出贡献。[①] 1885年，李鸿章聘请德国枪炮技术的专业人员担任讲师，在天津创办了陆军武备学堂，成为我国第一所新式陆军学堂。1894年，李鸿章意识到"兴建西医学堂，造就人才实为当务之急"，按照西方医学院的标准，在天津建立了天津医学堂，成为在医学领域的第一所新式医学学堂。1913年，天津医学堂更名为直隶医学专门学校。之后，又在山海关成立了山海关铁路学堂，使京津冀地区洋务学堂发展进入了鼎盛时期，总量达到了全国的一半。

二 清末新政时期

（一）新政的推行

1900年，八国联军侵华给清政府再次带来了沉重的打击。面对财政亏空与局势动荡，1901年清政府正式颁布了"新政"，在经济、教育、文化等领域实施一系列改革措施，部分有志人士逐渐形成了"实业救国"的思想。1902年，袁世凯向清廷提出了"振兴实业""增强军备"的主张，建议清政府扩张"新政"实施领域，通过废科举、除八股、禁鸦片、兴学堂、建实业等措施，不断丰富了新政的内容。然而，1908年光绪去世后，由于立宪派要求的"开议会、制宪法、组内阁"等具有明显的资产阶级色彩，开始与维新派产生矛盾。1911年，辛亥革命爆发，我国数千年来的封建统治被顷刻推翻，为借鉴发达国家经验、发展职业教育带来了历史机遇。

（二）职业教育思潮

19世纪末，我国实业教育家盛宣怀（1844—1916）通过管理洋务企业，深刻领悟到技术技能人才的重要性，驳斥了企业"皆取材于不通文理，不解测算之匠徒"之说。1892年，盛宣怀与其他社会贤达筹建了北洋大学，实现了"自强之道，以作育人才之本，求才之道，由以设立学

---

① 闫志军：《京津冀区域一体化视阈下河北省高等教育发展战略研究》，社会科学出版社2016版，第33页。

堂为先"的目的。1901 年，盛宣怀请奏清廷设立商务学堂，认为"商务为富强之本""必须广商学以植其材，联商会以通其气，定专律以为商市，方能特开曹部以振起商战，足国足民"。[①] 1902 年，袁世凯提出"设立直隶保定师范学堂"，认为"中国士子向囿于章句帖括之习，于各种新学多未讲求，自难膺教习之选。各州县虽筹办学堂，而教习无人，课程未定，各为设学，实乃虚应故事，造就师范成为刻不容缓"。[②] 次年，袁世凯聘请西洋教师，广建师范学堂，培养师资队伍，并派遣优秀学生到美国、日本等教育发达国家进行学习。[③] 1905 年，袁世凯提出"普之胜法、日之胜俄，识者皆归其功于小学校教师。其他文明之邦，强盛之源，亦孰不基于学校""科举一日不停，士人皆有侥幸得第之心"，[④] 强力推进废除科举制度。同时，对直隶的教育进行了大幅度改革，拓宽了直隶学堂的种类与领域。

(三) 实业教育学制

清朝末期，清廷颁布了壬寅学制（《钦定学堂章程》），详细规定了各级各类学堂的目标、性质、年限、入学条件、课程设置及相互衔接关系等。1903 年，清廷以日本学制为蓝本，重新拟订了癸卯学制（《奏定学堂章程》），包括《奏定实业学堂通则》《奏定中等农工商实业学堂章程》《奏定艺徒学堂章程》和《奏定实业教员讲习所章程》等多项实业教育体系建设内容。在办学形式方面，癸卯学制将实业教员讲习所、工业学堂、商业学堂、商船学堂等以及实业补习普通学堂、艺徒学堂等均纳入国家教育体系。在办学目的方面，强调"真行农工商各项实业，为富国裕民之本计"。[⑤] 在办学宗旨方面，强调"以忠孝为本，以中国经史文学为基，俾学生心术壹归于纯正，而后以西学瀹其知识，练其艺能，务期他日成

[①] 盛宣怀：《商务事宜详细开局清单/愚斋存稿》，台北文海出版社 1983 年版，第 20 页。
[②] 璩鑫圭、童富勇：《中国近代教育史资料汇编（实业教育师范教育）》，上海教育出版社 1994 版，第 628—629 页。
[③] 吴洪成、宋云青：《袁世凯与清末民初的教育述论》，《保定学院学报》2012 年第 5 期，第 92—98 页。
[④] 廖一中、罗真存：《袁世凯奏议》，天津古籍出版社 1987 年版，第 564 页。
[⑤] 璩鑫圭、唐良炎：《中国近代教育史资料汇编（学制演变）》，上海教育出版社 2007 版，第 478 页。

才，各适实用"。在专业设置方面，强调中等农业学堂、中等工业学堂与中等商业学堂实施分科设置，通过建立从中央到地方的教育行政机构与管理制度，强化实业教育的重要地位。

（四）京津冀实业学堂的发展

1903年时任直隶总督袁世凯在保定设立警务局，开办了警务学堂。设立了法政学堂和胥吏学堂，以开"官智"，培养新政人才。同年，清政府仿照日本工业专门学校，设立北京工业专业学堂、北洋工艺学堂（次年更名为直隶高等工业学堂），[①] 增设化学科、化学专科、机器专科等。1904年又在保定设立了直隶农务学堂（后更名为直隶高等农业学堂），成为我国最早的高等农业学校，后又更名为直隶公立农业专业学校、直隶甲种农业学校等。1906年设立了天津中等商业学堂，后更名为天津公立甲种商业学校，成为我国最早的商业学堂之一。1909年建立省立补习学堂，成为当时京津冀区域唯一一所中等工科专业学校。1912年更名为直隶甲种工业学校。此后，保定实业学堂、保定府公立中等商业学堂、保定艺徒学堂与保定实业补习学堂等也相继建立，使京津冀成为全国职业教育最为发达的地区。

三 北洋军阀时期

（一）实业教育改革

辛亥革命结束了我国数千年的封建帝制，也解放了人民的思想。1911年，我国教育家陆费逵（1886—1941）提出，"吾国今日，函宜注意者有三。国民教育，一也。职业教育，二也。人才教育，三也"。1912年，孙中山（1866—1925）出任中华民国临时大总统，制定了符合资本主义发展需求的教育制度。1914年，陆费逵再次提出，"职业教育以一技之长可谋生活为主，所以使中人之资者，各尽所长，以期地无弃利，国富民裕也"，主张"职业教育"应与"国民教育"并重。1917年5月我国近代史上第一个以研究、示范、推广职业教育为主的教育社团——中华职业教育社成立，发布了《中华职业教育社宣言书》，创建了《中华教

[①] 王金霞：《河北与中国教育早期现代化》，河北人民出版社2009年版，第27页。

育界》《中华妇女届》《中华学生届》等刊物,出版了《新女子职业教育》《德、美、英、法四国职业教育》等多部著作。此间,陶行知(1891—1946)提出了"生利主义"职业教育思想,开始倡导与实践乡村教育、普及教育、平民教育等。此后,我国发生军阀混战,教育活动受阻。直至1927年,各地职业学校才恢复办学。受杜威"实用主义"思想的影响,黄炎培(1878—1965)提出我国教育存在"今之学子,往往受学校教育之岁月愈深,所得于学校教育堪以实地运用"等问题,认为"实业教育已经不能符合社会分工的需要,不能解决社会国家最困难的升级问题",① 主张将实业教育改为职业教育。胡适(1891—1962)、庄俞(1876—1938)等也相继提出我国大力发展职业教育的重要性。

(二)职业教育学制

1912年,南京国民政府颁布了《壬子学制》和《学校系统令》,划定了初等教育、中等教育、大学和师范学校、大学本科、大学院、专门学校等的学制期,提出甲种实业学校实行普通教育,乙种实业学校入学年龄须为12岁以上。1913年,南京国民政府教育部再次发布《实业学校规程》和《实业学校令》,提出"实业学校以教授农、工、商业必需之知识技能为目的",将实业学校划分为农业学校、工业学校、商业学校与商船学校以及实业补习学校,将原来的高等实业学堂改为专门学校,对各类学校的课程、师资以及入学资格、教职员任用、经费及领导管理等均提出了具体规定与要求。同年,南京国民政府再次颁布了《壬子癸丑学制》,将学堂更名为学校,并实行男女同校制度。1922年,为迎合民族资产阶级发展的需要,南京国民政府再次发布《学校系统改革案》(又称《壬戌学制》),规定"高级中学分普通、农、工、商、师范、家事等科,依旧制设立之甲种实业学校,酌改为职业学校或高级中学农工商科"。②将实业教育改称为职业教育,实业学堂改称为职业学校,以职业学校或高级中学的工、农、商科代替原来的甲种实业学校,将各种职业科取代

---

① 李蔺田:《中国职业技术教育史》,高等教育出版社1994版,第22页。
② 璩鑫圭、唐良炎:《中国近代教育史资料汇编(学制演变)》,上海教育出版社1991年版,第1010—1011页。

乙种实业学校并设于普通中学,加强了职业教育与普通教育的联系与沟通。与清末的实业教育相比,民国时期的职业教育更加侧重于建立在初等普通教育基础之上的专业知识与技能教育。

(三) 京津冀职业教育发展

南京国民政府制定的《壬子癸丑学制》《壬戌学制》等,为京津冀区域职业教育发展提供了有力支持。部分社会贤达持续推动职业教育发展,京津冀区域新办(扩办)的职业学校有"河北省立女子职业学校"和"河北省立水产专门学校"。其中,"河北省立女子职业学校"源于1913年成立的"直隶妇女职业传习所","以传授妇女实用工艺并浅近学科,谋本省妇女职业发达",招收15—30岁具有高小毕业或同等学力的妇女,促进了以雇佣女工为主的实业经济发展。[①] "河北省立水产专门学校"源于1910年成立的"天津水产讲习所",1911年更名为"天津水产学校",1914年更名为"河北省立水产专门学校",也是全国开办最早的水产学校。[②] 该校师资多为留日归国的专业人才或国内知名高校的毕业生,学校格外重视实践教学,实验实习设备较为齐全,为当时京津冀区域水产业的发展培养了大批技术技能人才。

四 国民政府时期

(一) 发展背景

国民政府时期是我国近代职业教育发展的曲折阶段,经历了军阀混战和十四年抗战。1926年,南京国民政府成立,北伐军击败各系军阀,结束了北洋军阀政府统治。1928年12月,张学良(1901—2001)宣布"东北易帜",实现了全国统一。同年,南京国民政府为制造对外"自主"形象,发起了"改订新约"运动,围绕关税自主及废除领事裁判权等条约与相关国家进行谈判,恢复了我国部分主权,增强了与西方国家的交流,在一定程度上促进了民族工商业和职业教育的发展。1931年9月,

---

[①] 杨娟、张学礼:《民国时期河北职业教育研究及启示——以河北省立水产专科学校为例》,《科教文汇》2017年第1期,第83—84页。

[②] 张震东:《我国早期的水产教育》,《中国水产》1981年第1期,第25—26页。

日本关东军突袭沈阳，开始了侵华战争。南京国民政府认为内乱不已、财政困难，无力与日本全面开战，必须大力促进经济发展，视职业教育为救亡图存的催化剂。1937年，随着全国性抗日救亡运动的兴起，我国有志之士更加重视职业教育的地位和作用。

(二) 思想变迁

此期，我国民主主义教育家黄炎培 (1878—1965) 认为，当时的中国职业教育制度存在诸多弊端，难以解决学以致用问题。发展职业教育不能只局限于职业学校，而应该采取多种形式。同时，职业道德也应该是纳入职业教育的重要内容之一。受黄炎培的影响，20世纪20年代后期兴起了"使无业者有业，使有业者乐业"的职业教育发展理念。同期，北京大学校长蔡元培 (1868—1940) 结合国外职业教育发展的相关理论，论述了职业教育的地位、功能及作用，提出了"职业与教育合一"的理想和"实利主义"主张，提倡重视学生自然科学知识与实用技术的培养，[1] 鼓励农、工、商教育面向实业，成为"有用之学"。曾任中华民国行政院副院长、教育部部长的朱家骅 (1893—1963) 提出，"应重于单科专设，不嫌其细而务求其专，使其易臻切实，并注重适应地方需要使其因地制宜。训练更应严密注意于道德培养，团结习惯，公民常识诸事"，认为职业教育是培养国民职业技能的有效途径，有助于国民经济及国家产业的发展。[2]

(三) 制度变革

1928年，南京国民政府开始对职业教育制度实施改革，先后制定了《专科学校组织法》《修订专科学校规程》《职业学校法》《职业学校规程》等法律规制，实行分区辅导职业教育、奖励职业教育等制度，[3] 并将职业教育划分为专科职业技术教育、中等职业技术教育与初等职业技术教育三个层次。

---

[1] 史重庆：《蔡元培职业教育思想探析》，《西北成人教育学报》2011年第1期，第18—19页。

[2] 阎国华、李国钧、王炳照：《中国教育通史》，北京师范大学出版社2013版，第29页。

[3] 刘国有、刘桂芳、徐瑞娴：《北洋法政学堂创办的历史考辨——为北洋法政学堂成立105周年而作》，《天津法学》2012年第2期，第107—113页。

专科职业技术教育以培养高级技术技能人才为主。1912 年，南京国民政府教育部发布了《专门学校令》，规定了专门学校的性质与办学宗旨，将专门学校定位于"以教授高等学术、养成专门人才并培养应用型人才为宗旨"。1929 年，南京国民政府发布《中华民国教育宗旨及其实施方针》，提出"大学及专门教育必须重视实用科学，充实学科内容，养成专门知识技能，并切实陶融为国家社会服务之健全品格"。后又颁布了《专科学校组织法》，将"专门学校"改为"专科学校"。1938 年，国民党第一次临时全国代表大会提出，专科学校"训练各种专门技术人员，予以适当之分配，以应抗战之需要"。

中等职业技术教育注重解决学生就业问题。1933 年，南京国民政府颁布《职业教育规程》，从学校设置、学科设置、课程与教学、师资队伍以及行政管理等层面对职业教育进行了系统规定。1934 年，南京国民政府教育部发布《职业学校各科课程表、教材大纲、设备概要汇编》，统一了课程、教材以及设施设备配置的标准，并将职业学校划分为初级职业学校与高级职业学校。1936 年开始设立国立职业学校，以期帮助学生更好地适应未来的职业需求。[①]

初级职业技术教育主要任务是提高从业人员的基本生产知识技能，包括职业补习教育、初级实用职业学校、职业短培班与技工培训等教育类型。1933 年南京国民政府教育部颁布《职业补习学校规程》，允许大学、职业学校、专科学校以及乡村师范学校兴办职业补习教育。1935 年颁布《短期职业训练班办法》，将短期职业培训分为甲、乙两类。1938 年发布《创设县市初级实用职业学校实施办法》，要求初级实用职业学校开设满足民众职业需求的专业课程。1939 年，国民政府教育部专门设立了技工训练处，开始实施"特别技工训练""普通技工训练"以及"速成技工训练"。1943 年南京国民政府教育部制定专门办法，督促各类职业学校开展职业教育补习工作。

同时，为推动全国职业教育的发展，国民政府还实施了分区辅导与建教合作制度。1938 年提出了"九省农工职业教育计划"，将陕、甘、

---

① 邹颖：《民国中期中等职业教育实践研究》，硕士学位论文，陕西师范大学，2015 年。

宁、青、川、康（西康省）、云、贵、桂设为职业教育区。之后颁布了《各省市实施分区辅导职业学校办法》，要求"各省市依照省内职业、物产、交流、文化及已设与拟设各科职业学校分布情形，划分职业学校区。各省市教育厅颁布辅导各区职业学校教学实习之改进，并商请有关之生产建设、军事工业机关协同辅导；各公私立大学专科学校及生产建设、军事工业机关应将辅导职业学校之改进列为主要工作之一"。[1] 1938年，国民政府教育部成立"中央建教合作委员会"，旨在加强职业学校与厂矿工商企业的联系与合作。[2]

（四）京津冀职业学校发展

1927年南京国民政府建立后，将天津"提县立市"，直隶省改称河北省。1928年河北省颁布《县立中学校暂行规定》，提出"初级中学实施普通教育，视地方需要兼设各种职业科""高级中学设普通师范、农业、工业、商业、家事务科"，[3] 扩大了中等职业教育规模，促进了河北省农业、工商业的发展。尽管此期津冀两地在行政区划上经历了分合，但两地职业教育人才培养模式基本一致。1937年"七七事变"爆发，河北省职业教育陷入停滞状态。此期，河北省较有影响的职业学校有河北省立女子师范学院、河北省立法商学院。河北省立女子师范学院前身为北洋女子师范学堂，创建于1906年，是我国创办最早的女子师范教育学校。国民政府成立后，该校更名为"河北省第一女子师范学校"，成为当时全国最负盛名的女子师范学府。[4] 1937年"七七事变"后，学校迁址陕西，并与北平大学、北平师范大学等合并，称为西安临时大学，后更名为西北联合大学。[5] 1946年抗日战争结束后再次从西北联合大学分离出来，迁移至天津市办学。河北省立法商学院建于1906年，前身为北洋法政学堂。

---

[1] 于述胜：《中国教育通史》（中华民国卷下），北京师范大学出版社2013版，第122页。
[2] 张晓东：《民国时期建教合作职业教育研究》，《职教论坛》2010年第10期，第91—96页。
[3] 周治华、钟毅：《河北教育大事记》，河北人民出版社1994年版，第88页。
[4] 王金生：《百年树人——河北师范大学简史》，河北教育出版社2002年版，第226—236页。
[5] 王淑红、邓明立：《河北省立女子师范学院西迁并入国立西安临时大学史略》，《西北大学学报》（哲学社会科学版）2012年第3期，第31—37页。

1930 年该校甲种商业班更名为中等商业科，并设高级中学部。1933 年增设初、高两级商科职业班。[1] 1937 年因战争停办，1947 年后复校，并恢复招生。1949 年，天津市军管会撤销河北省立法商学院并将学生转移至南开大学。

五 新中国改革开放前

1949 年中华人民共和国宣告成立，结束了帝国主义、封建主义与官僚资本主义的统治，开始进入社会主义建设的新时期。在教育战线，我国开始对旧的教育方针、政策、体系进行改造、调整、建立新的学校教育体系。

（一）发展背景

自 1950 年开始，为解决发展经济、增加就业等社会问题，我国开始大量兴办技工学校，促进了职业教育的快速发展。1952 年中央人民政府政务院发布《关于整顿和发展中等技术教育的指示》，规定了中等技术学校的招生对象以及学制要求。同年 9 月，教育部发布《关于统一中等技术学校（包括专业学校）名称的规定》，取消了"职业学校"称谓。1953 年我国开始借鉴苏联教育经验，制定和完善了中等专业教育制度和技工教育制度。1956 年中共八大确认我国社会的主要矛盾是人民对于经济文化迅速发展的需要同当前经济文化不能满足人民需要状况之间的矛盾，更加注重技术技能人才的培养。1958 年 9 月，《中共中央、国务院关于教育工作的指示》明确提出，"党的教育工作方针是教育为无产阶级的政治服务，教育与生产劳动结合"。1961 年中共八届九中全会针对"大跃进"运动导致职业教育发展出现的混乱局面，提出了"调整、巩固、充实、提高"的八字方针。1966 年"文化大革命"开始，多数职业学校被撤销停办，职业教育遭到了严重破坏。1970 年 6 月，国务院成立科教组着手恢复对教育事业的行政领导，开始恢复职业教育。

---

[1] 刘桂芳：《河北省立法商学院文献研究》，《天津法学》2012 年第 4 期，第 106—111 页。

(二) 京津冀职业教育发展

1. 整顿改造初建期（1949—1956年）

1949年中华人民共和国成立初期，天津市及时恢复了中等职业教育与技工教育，在全国率先建成了产学研组织——"生产教养院"。1949年8月，河北省人民政府设立河北省教育厅，开始着手各级各类学校的接管工作。1951年，河北省将工农干部学校和各类训练班纳入正规教育系统并实行新学制。同年，北京市成立中医进修学校，开始对京津冀区域中医从业人员进行职业培训。1952年，天津市对3所公立、9所私立职业学校进行了整顿、改造工作，将本地区职业学校均转为中等职业学校。各工矿企业采用学徒制形式，大力培养企业技术工人。到1952年底，河北省初等学校中工农子女已达96%，中等学校中工农子女已达84%。

2. 调整计划发展期（1956—1966年）

1957年天津市拥有各类职业技术学校31所，在校生达到1.71万人。其中，全日制中等专业学校达到18所，在校生达到13600人；全日制技工学校达到13所，在校生达到3500人。1958年5月，天津国棉一厂成立了全国第一所"半工半读"学校。此后，天津市响应国家"大跃进"与"向文化、技术革命大进军"的号召，职业教育规模迅速扩大，各级各类职业学校达到131所。到1966年，天津市共开设6所半工半读师范院校与大专班，尽管受到"文化大革命"的影响，这些学校在办学方向、教学内容等方面出现了一系列问题，但其形成的"产学融合""校企合作"办学模式均对后期的职业教育发展产生了一定的影响。[①] 同时，北京市部分职业教育机构因政治需要也发生了较大变化。如前身为焦作路矿学堂的北京矿业学院（今中国矿业大学）1966年停止招生，并发动师生到农村、厂矿开展"教育革命实践"等。

3. 徘徊停滞时期（1966—1969年）

此期，京津冀区域各级各类职业机构开展了大规模的"停课闹革命""全国大串联""军工宣传进学校"等政治活动，直接影响了职业教育的

---

① 黄立志：《新中国天津市职业教育史》，《高等职业教育》（天津职业大学学报）2010年第4期，第92—97页。

正常运行。据统计,"文化大革命"十年中,天津市建立的半工半读学校与职业中学全部停止招生,职业学校在校生只占高中阶段教育在校学生总数的1.16%。河北省很多职业教育机构也受到了"五反""四清"等运动的影响,开始了迁校运动,如山海关北洋铁路官学堂改建的唐山铁路学院(今西南交通大学)迁往四川办学等。多数职业教育机构成立了"红卫兵联络站""红卫兵司令部"等机构,专业教学活动停滞。北京市89所职业教育机构全部停止了课业活动,约计2.1万名学生投身到"文化大革命"运动之中。

4. 逐渐恢复时期(1970—1976年)

在经历了"文化大革命"之后,京津冀区域社会各界与企业相关人士意识到职业教育与技术技能培训对促进社会经济发展的重要作用,逐步恢复了部分职业教育机构。以天津市中职教育为例,1971—1976年中职学校数量与学生人数虽呈波动式发展,但1976年中职学校数量与在校生人数均比1971年增加了两倍以上,基本恢复到"文化大革命"以前的水平。京冀两地职业教育机构也恢复办学,在校生数量实现了逐步增长。但是,受当时政策影响,职业院校学生(学员)多为各地革命委员会推荐,强调"政治挂帅""又红又专",学生(学员)文化基础素质较差,职业教育质量较低。

六 改革开放以后

1978年12月,中国共产党召开十一届三中全会,决定结束"文化大革命",实行"对内改革、对外开放"的基本政策。同年,邓小平(1904—1997)在全国教育工作会议上提出,扩大农业中学、中等农业学校、技工学校的招生比例,对中等教育结构进行改革。此后,中共中央、国务院及教育部等相关部门相继制定了大力发展职业教育的一系列政策措施。到2010年,我国已成为世界上职业教育规模最大的国家。

(一)政策背景

1977年,我国恢复了包括中职教育在内的高考制度。但由于当时教育结构单一、资源短缺,招生人数较少。1980年初中毕业生考入高中的比例仅为28%,高中毕业生考入高等学校(含专科)的比例仅为5%。

同年，国务院批转《关于中等教育结构改革的报告》，提出"逐步建立起一个从初级到高级、行业配套、结构合理又能与普通教育相互沟通的职业技术教育体系"。1985 年中共中央做出了《关于教育体制改革的决定》，提出"调整中等教育结构，大力发展职业技术教育"。1991 年国务院做出了《关于大力发展职业教育的决定》，提出"初步建立有中国特色的，从初级到高级、行业配套、结构合理、形式多样，又能与其他教育相互沟通、协调发展的职业技术教育体系的基本框架"。1993 年中共中央、国务院印发《中国教育改革和发展纲要》，强调"各级政府要高度重视，统筹规划，贯彻积极发展的方针，充分调动各部门、企事业单位和社会各界的积极性，形成全社会兴办多形式、多层次职业技术教育的局面"。1996 年 5 月，全国人大通过我国第一部职业教育法——《中华人民共和国职业教育法》，对职业教育体系、职业教育实施、职业教育保障等均做了具体的规定。2002 年国务院发布《关于大力推进职业教育改革与发展的决定》，强调"初步建立起适应社会主义市场经济体制，与市场需求和劳动就业紧密结合，结构合理、灵活开放、特色鲜明、自主发展的现代职业教育体系"。2005 年国务院再次提出要建立"与市场需求和劳动就业紧密结合，校企合作、工学结合，结构合理、形式多样，灵活开放、自主发展，有中国特色的现代职业教育体系"。[1] 此后，国务院及相关部委先后发布了《关于进一步加强职业教育工作的若干意见》《关于大力发展职业教育的决定》《中等职业教育改革创新行动计划（2010—2012 年）》《国家中长期教育改革和发展规划纲要（2010—2020 年）》等，2010 年全国中职学校达到 1.39 万所，招生人数达到 870.42 万人，占高中阶段教育招生总数的 50.94%；在校生达到 2238.50 万人，占高中阶段教育在校生总数的 47.78%；专任教师达到 84.89 万人。高职（含专科）院校 1246 所，在校生达到 735.64 万人。职业技术培训机构 12.94 万所，专任教师达到 24.23 万人[2]。

---

[1] 胡泊、宁锐：《以现代职业教育体系建设，推动职业教育转型发展的几点思考》，《中国职业技术教育》2012 年第 30 期，第 8—11 页。

[2] 《2010 年全国教育事业发展统计公报》（http://www.moe.gov.cn/srcsite/A03/s180/moe_633/201203/t20120321_132634.html）

(二) 京津冀职业教育发展

1. 北京市

改革开放后,北京市职业教育形成了中、高等并举,学历教育与职业培训共同发展的新格局。特别是"八五"至"九五"期间,北京市中职教育规模迅速增加,受教育者由1991年的13万人增加到2000年的28万人。职业教育实施开放办学,不断优化专业、课程和生源结构,毕业生就业率逐步提升,也为普及高中阶段教育做出了突出贡献。[①] 由于北京生源较少,部分中职学校开始招收非京籍学生。与此同时,北京市高职教育规模也逐步扩大。1985年,仅有北京工业大学和北京联合大学以及部分成人高校举办高职班,在校生仅1000人。1996年,北京市选择了一批试点学校兴办高职教育,当年招生4400人。此后,相继组建了北京轻工职业技术学院、北京工业职业技术学院以及部分民办高职院校。到2000年,全市共有20多所普通高校、11所独立设置的高职院校、10所民办高职院校、5所大学郊区分校实施高职教育,在校生达7万余人。

2. 天津市

改革开放后,天津市中职教育与技工教育发展较快,在全国产生了一定的影响。但是,随着高校扩招政策的实施,天津市中职教育生源出现了日趋紧张的局面。在这种情况下,天津市开始加快发展高职教育。1978年,天津市利用世界银行贷款,建设了天津职业大学(高职),办学规模逐步扩大。到1990年,在校生达到826人。同期,中职学校在校生为9.77万人,中专学校、职(农)业中学、技工学校在校生分别占中职学校在校生总量的24%、33%、43%[②]。1991年后,天津市不断深化"产教结合""校企合作"制度,推进职业教育多元化发展,形成了政府办学、部门办学与联合办学等多种办学类型。1998年天津市制定专门政策,鼓励职业院校、成人高校与普通高校联合办学,将职业教育发展重点转向建设高标准职业教育体系建设方面。到2000年,全市拥有80所普

---

① 姜丽萍:《北京市中等职业技术教育发展的分析与思考》,《教育科学研究》2005年第4期,第12—15页。

② 曲维富:《天津职业技术教育的现状与发展》,《职业教育与研究》1993年第2期,第12—14页。

通中专学校，在校生近9万人。统筹职业教育与成人教育资源，将22所职业院校减少至8所，校均规模由1040人提升到3000人。民办职业教育得到快速发展，全市45所民办高中（职专）在校生达到1.5万人，占全市职业高中在校生总量的36%。[1]

3. 河北省

"文化大革命"结束后，河北省逐步恢复了职业院校招生。1980年全省职业（含农业）学校达到231所，在校学生达到2.6万人。1985年12月，河北省制定了《河北省发展职业技术教育暂行条例》。同年，河北省决定将青龙满族自治县确定为河北省农村职业教育试点县，实施了系列改革措施。1986年河北省人民政府决定，进一步扩大农村职业教育改革实验区范围，将南宫县（现南宫市）、丰南县（现丰南区）、获鹿县（现鹿泉市）、安平县、藁城县（现藁城区）、任邱县（现任邱市）、三河县（现三河市）、丰宁县等9个县增列为农村教育改革试验县。到1986年底，全省中等专业学校在校学生达到8.2万人；技工学校在校生达到2.08万人；农村职业中学在校生达到10.2万人，各类职业学校在校生占高中阶段在校生人数的比例上升到38.6%。[2] 1991年4月，河北省人民政府下发《关于发展中等职业技术教育事业的通知》，要"把发展职业技术教育作为振兴河北的一项重要战略措施来抓"，[3] 要求一个县要集中力量办好一所"综合职业技术学校"或"职业技术教育中心"。[4] 同年下发《关于集中力量办好一批职业技术教育中心的通知》，首批安排建设60所"综合职业技术学校"或"职业技术教育中心"。仅用一年的时间，全省首批60所"综合职业技术学校"或"职业技术教育中心"全部落成。此后，又分别于1993—1994年、1994—1995年进行了第二批、第三批"职业技术教育中心"建设。截止到1995年底，全省基本实现了每个县

---

[1] 赵宝琪：《天津教育年鉴（2001）》，天津社会科学院出版社2001年版，第136、143页。
[2] 庞少召：《县级职教中心职能研究》，硕士学位论文，河北师范大学，2009年。
[3] 《职业技术教育：县级职教中心的中国版本一》（http：//www.hvae.com.cn/Article/showAeticleas? ArticleID=190）。
[4] 张志增：《对新时期进一步办好县级职教中心的若干思考》，《教育与职业》2003年第23期，第17—19页。

（市）建有一所"职业技术教育中心"的目标。[①] 此后，随着国家高等教育扩招政策的实施，中职教育生源数量逐年下降。到 2000 年，河北省中职学校数量由 1999 年的 1187 所减少至 991 所，招生数由 31.77 万减少至 22.78 万，招生人数所占高中阶段的招生比例由 58% 降至 46%。与此同时，各地市相继将原来部分实力较强的中职学校改建为高职院校，促进了高职教育发展。

第四节　京津冀职业教育一体化的历史特点

历史上，京津冀区域始终是我国职业教育发展最为发达的地区，职业教育一体化状况随行政区划变化而变化，经历了从合到分、由分到合，再由合到分的过程。目前，京津冀三地职业教育发展现状表现出较大的差异，根本原因在于行政区划的调整，同时也与三地人口变化、区域社会经济发展状况密切相关。基于职业教育与社会经济发展的互动性，立足三地自然形成的地缘、物缘、文缘等，推进京津冀职业教育一体化乃人心所向、大势所趋。

一　区域职业教育发展受行政区划调整的影响

（一）行政区划调整影响了职业教育资源分配

京津冀区域职业教育发展不平衡的"行政化"原因极为浓厚，行政区划的变动导致河北省从全国职业教育发达省份变为相对落后省份。直隶省时期，河北职业教育水平位居全国前列。此后，北京市区管辖规模逐步扩大，并由政治中心转变为政治、经济等多中心，产生的"虹吸效应"吸引了河北省教育资源。天津市作为河北省省会也一直是河北省职业教育投资的重点区域，恢复直辖市后留存了河北省大部分职业教育资源。查询北京、天津两地的高等学校网站发现，原直隶省、河北省大量的职业教育资源通过行政手段已经完全归属京津两地。以北京市

[①] 陈国平：《县级职教中心建设的经验及存在的主要问题》，《中等职业教育》2005 年第 2 期，第 20—38 页。

为例，1921年河北唐山工业专门学校迁出河北，并入现在的北京交通大学。华北电力大学源于1958年建校的北京电力学院，1969年迁至河北，经过近40年的建设后又迁回北京。现在著名的中央音乐学院也是1958年由河北省省会天津市迁至北京的。再以天津为例，天津大学的前身就是建立在河北省（时称直隶省）的北洋大学，且1951年9月兼并了河北工学院。1906年建校的北洋女子师范学堂，在经历了河北师范学院、河北天津师范学院、河北艺术师范学院、河北美术学院建设之后，最终也更名为天津美术学院。1958年成立的河北财经学院也于1969年划归天津市，更名为天津财经学院。天津体育学院也是1958年8月国家体委、教育部决定在当时的河北省省会建设的。河北省唯一一所"211工程"高校——河北工业大学仍坐落在天津市。可见，京津冀行政区划的分与合、合与分，为京津两地保留了雄厚的职业教育基础，促进了京津两地的经济发展，河北与京津两地的职业教育发展差距越来越大。然而，北京市在聚集效应作用下逐步发展为超大城市，解决系列"城市病"已刻不容缓。

（二）行政区划分割影响了职业教育一体化现实

改革开放以后，河北省作为京津两地发展的"后花园"，为京津两地社会经济的发展做出了巨大贡献。目前，京津两地均制定了一系列促进京津冀一体化发展的政策，但这些政策未能体现出对河北省的"反哺"效应。河北省仅成为京津两地疏解资源冗余，解决人口与环境等问题的关注对象，在京津冀一体化发展进程中仍处于弱势。北京作为我国首都，对教育、人才、产业的吸引力极强。天津则凭借自身的区位优势，在国家系列政策、资金的扶持下，经济社会发展规模与速度远远高于河北省。河北省经济社会发展速度落后于京津两地，其主要原因在于人力资本的弱化，行政区划的变化致使职业教育资源流失。应该认识到，河北省职业教育的发展是京津两地经济社会发展的保障，京津两地对河北职业教育发展实施"反哺"与"回馈"，是历史赋予两地的重要责任，更是保证京津冀协同发展战略的实施基础。

二 区域职业教育的发展需要完整的理念支撑

（一）历史职业教育发展理念的作用

京津冀区域职业教育一体化发展的历史表明，区域职业教育发展始终受到当时的社会经济发展理念和政府政策的影响。洋务运动时期，有识之士主张"向西方学习，师夷长技以制夷"，促进了新式教育的兴起，支撑了民族工商业发展。京津冀作为北方经济的发展中心，兴办了一批工艺学堂、农务学堂、商业学堂、艺徒学堂等，成为全国职业教育最为发达的地区。清末新政时期，有识之士提出了实业救国的指导思想，清政府建立了从中央到地方的教育行政机构与管理制度，为现代学校发展奠定了基础。同时，也促使直隶学堂的种类增多，专业领域得到了拓展，继续保持了全国职业教育的领先地位。此后，《壬戌学制》等为职业教育发展提供了支持，并建立了中华职教社等社会组织，先后兴办了"河北省立女子职业学校""河北省立水产专门学校"等职业教育机构，形成了较大的社会影响。随着抗日救亡运动的兴起，有志之士更加重视职业教育，河北省立女子师范学院、河北省立法商学院等职业教育机构在困境中实现了持续发展。

（二）现实职业教育发展理念的作用

新中国建立后，借鉴苏联经验，制定了一系列促进职业教育发展的方针政策。在经历整顿改造初建期、调整计划发展期后，京津冀职业教育发展达到了新的水平。但是，由于"文化大革命"的影响，京津冀职业教育发展进程也一度处于停滞状态。"文化大革命"末期，京津冀职业教育逐步得到恢复。改革开放以后，我国逐步完善了职业教育发展政策，恢复和建立了一大批农业中学、中等农业学校、技工学校等，使我国逐步成为世界职业教育规模最大的国家。2010年，我国提出"到2020年，形成适应经济发展方式转变和产业结构调整要求、体现终身教育理念、中等和高等职业教育协调发展的现代职业教育体系"，职业教育发展再次形成热潮。然而，与"长三角""珠三角"比较，京津冀区域整体经济实力仍显薄弱，职业教育服务社会的能力尚未全面呈现，推进京津冀职业教育一体化发展已经成为当代重任。

三 职业教育发展需要政府与社会的共同推动

历史证明,区域职业教育发展需要在政府统筹下,由行业、企业等相关主体乃至社会个体共同推动。

(一) 政府推动

洋务运动时期,政府推动的实业教育奠定了我国近代职业教育发展的基础,京津冀洋务学堂的建立开启了我国职业教育的先河。清末新政时期,实业教育规模的逐步扩大,政府先后提出《奏定实业学堂通则》等多项规制,促进了实业教育逐步实现规范化发展。南京政府颁布的《壬子学制》等一系列规制,使实业教育逐步转变为职业教育。新中国成立后,借鉴苏联经验,逐步形成了中等专业教育制度和技工教育制度。改革开放以后,我国相继出台了一系列政策措施,并颁布实施了《职业教育法》,明确了职业教育的法律地位,促进职业教育发展进入了"快车道"。进入21世纪,我国社会主义市场经济体制逐步完善,构建适应市场需求和劳动者就业需求、结构合理、灵活开放、特色鲜明、自主发展的现代职业教育体系逐步提上议事议程,现代职业教育发展由理念逐步变为现实。

(二) 社会推动

有学者研究表明,近代职业教育思想伴随着教育救国而兴盛,滥觞于20世纪初传入中国的杜威(J. Dewey)、克伯屈(W. H. Kilpatrick)等为代表的实用主义教育思想[1]。蔡元培(1868—1940)在考察了西方职业教育后,提出了《对于教育方针之意见》。蔡元培的学生黄炎培(1878—1965)在深入研究、极力倡导实用主义教育思想的同时,深入各省份进行实地调查研究,推动了实用主义教学践履。陶行知(1891—1946)正式提出了职业教育的定义。张之洞(1837—1909)等洋务派代表人物先后创办了自强学堂、三江师范学堂、湖北农务学堂、湖北武昌蒙养院、湖北工艺学堂、慈恩学堂(现南皮县第一中学)、广雅书院等职业教育机

---

[1] 赵峰:《试论近代职业教育的发展轨迹与办学特点》,《郑州大学学报》(社会科学版) 2010年第5期,第170—173页。

构。在京津冀区域，齐国梁（1884—1968）留学日本和美国后，1916年回国任直隶第一女子师范学校校长，为京津冀地区乃至全国培养了大批优秀的教师。徐克达（1890—1960）于1916年出任天津公立甲种商业学校校长实施商业职业教育，魏元光（1894—1958）在获得美国赛罗科斯大学理科硕士学位后，1924年回国担任直隶高等工业学堂化学教员，1926年升任校长，为京津冀培养了大批中、高级工程技术人才。陈宝泉（1874—1937）1903年赴日本留学，1904年回国创办北京高等师范学校。可见，社会有识之士是推动区域职业教育发展的重要力量。

（三）企业推动

从另一个角度看，职业教育发展也依赖于经济社会发展对技术技能人才的需求。我国传统学徒制的职业教育方式难以满足近代洋务企业与民族工业采用机器生产的需要，焕发了企业参与职业教育的热情。政府投资或利用外资形成的洋务派企业，以及社会资本投资形成的民族工商企业，均成为推动近代职业教育发展的强大动力。立足当代京津冀职业教育发展的现实状况，动员行业企业乃至社会个体参与现代职业教育体系建设，促进现代职业教育发展成为历史之必然。持续推进国有企业混合所有制改造，大力推行职业教育发展PPP（Public Private Partnership，公共私营合作制）模式[1]，是推动职业教育发展的有效形式。2017年12月，国务院提出《关于深化产教融合的若干意见》，进一步强化了企业发展职业教育的主体作用，也为京津冀区域开展校企合作、推进职业教育一体化发展开辟了新路径。

---

[1] 闫志利、邵会婷、张帅：《职业教育PPP模式：域外经验与我国实践》，《当代职业教育》2016年第7期，第9—14页。

第四章

京津冀职业教育发展现状及其差异

按教育部等六部门制定的《现代职业教育体系建设规划（2014—2020年）》[①]，职业教育包括初等职业教育、中等职业教育和高等职业教育三个层次，以及基于终身教育的职业辅导教育、职业继续教育和劳动者终身学习，涉及政府办学、企业办学和社会办学，全日制职业教育与非全日制职业教育，以及学历职业教育与非学历职业教育等多种类型。本书将职业教育分为高职教育、中职教育和职业培训三部分，分析了京津冀三地"十二五"期间（2011—2015年）职业教育发展现状，比较三地职业教育资源存量及其利用情况，旨在明确推进京津冀职业教育一体化的必要性及可行性。

第一节 京津冀高职教育资源及利用现状

一 资源现状

根据2011—2015年《中国教育统计年鉴》《中国教育经费统计年鉴》等资料，选取京津冀三地及全国高职院校数量、教育经费投入等指标进行比较，发现京津冀高职教育发展现状存在较大差异。

（一）高职院校数量

京津冀三地2011—2015年高职院校数量变化情况如表4—1所示。由

[①]《教育部等六部门关于印发〈现代职业教育体系建设规划（2014—2020年）〉的通知》（http://www.jyb.cn/info/jyzck/201406/t20140624_587369.html）。

表可见,北京市和天津市高职院校数量总体平稳,河北省呈现增加趋势。北京市2011年拥有高职院校25所,2012年、2013年增至26所(两年数量相同),2014年又减少至25所,2015年未变;天津市5年间高职院校数量一直保持26所;河北省2011—2012年高职院校数量均为58所,2013年增至61所,2014年又减少至60所,2015年保持不变。

表4—1 　　2011—2015年京津冀高职学校数量变化情况　　(单位:所)

地　区	2011年	2012年	2013年	2014年	2015年
北京市	25	26	26	25	25
天津市	26	26	26	26	26
河北省	58	58	61	60	60

资料来源:《中国教育统计年鉴》《中国教育经费统计年鉴》等。

由表4—2可见,2015年河北省拥有高职院校60所,为三地之最。天津市次之,拥有高职院校26所。北京市最少,拥有高职院校25所。按当年人口数量计算,天津市每百万人口拥有高职院校1.68所,比北京市高46.09%、比河北省高107.41%,比全国平均水平高71.43%;北京市每百万人口拥有高职院校1.15所,比河北省高41.98%,比全国平均水平高17.35%;河北省每百万人口拥有高职院校0.81所,低于京津两地及全国平均水平。

表4—2 　　京津冀三地及全国2015年人均高职院校相关指标情况

地区	人口数(万人)	学校数 总量(所)	学校数 百万人均(所)	财政性经费投入 总量(亿元)	财政性经费投入 人均(元)	高职毕业生数量 总量(万人)	高职毕业生数量 千人均(人)
北京	2171	25	1.15	37.61	173.24	7.83	3.61
天津	1547	26	1.68	29.34	189.66	7.28	4.71
河北	7425	60	0.81	25.80	34.75	22.33	3.01
全国	137462	1341	0.98	909.58	66.17	462.30	3.36

资料来源:《中国教育统计年鉴》《中国教育经费统计年鉴》等。

(二) 财政性教育经费

《中国教育经费统计年鉴》财政性教育经费投入仅公布到2014年，本书将京津冀三地2010—2014年高职院校财政性教育经费投入变化整理为表4—3。可见，北京市和天津市2010—2014年高职院校财政性经费投入均呈波动变化趋势，河北省呈"先增后减"趋势。北京市2010年高职院校财政性教育经费投入为20.45亿元，2012年达到31.94亿元，2013年略有减少，2014年又增至37.61亿元；天津市2010年高职院校财政性教育经费投入为10.74亿元，2011年达到34.81亿元，2012年、2013年分别减至33.24亿元、19.77亿元，2014年又增至29.34亿元；河北省2010年高职院校财政性教育经费投入为15.94亿元，2012年增至31.39亿元，2013年、2014年分别减至29.99亿元、25.8亿元。2014年，天津市万人高职院校财政性教育经费投入达到189.66万元，为三地之最，是全国、北京市和河北省平均水平的2.87倍、1.09倍和5.46倍；北京市次之，万人高职院校财政性教育经费投入为173.24万元，是全国和河北省平均水平的2.62倍、4.99倍；河北省最少，万人高职院校财政性教育经费投入为34.75万元，比全国平均水平低47.48%。

表4—3　　　京津冀三地2010—2014年高职院校财政性
教育经费投入变化　　　　　　（单位：亿元）

地　　区	2010年	2011年	2012年	2013年	2014年
北京市	20.45	24.31	31.94	31.32	37.61
天津市	10.74	34.81	33.24	19.77	29.34
河北省	15.94	22.11	31.39	29.99	25.80

二　育人能力

各类统计年鉴未将高职院校数据和普通高校（本科）数据分开，依据数据的可获得性，本书在探讨京津冀三地高职教育育人能力时仅以高职院校毕业生数量实施分析。

将京津冀2011—2015年高职院校毕业生数量变化情况整理为表4—4。由表可见，北京市、天津市2011—2015年高职院校毕业生数量均呈

"先减后增"趋势。其中,北京市 2011 年高职院校毕业生为 8.99 万人,2014 年仅为 7.58 万人,4 年间毕业生人数减少了 1.41 万人,减幅为 15.68%,2015 年毕业生人数有所增加,增至 7.83 万人;天津市 2011 年高职院校毕业生为 6.76 万人,2012 年减少至 6.53 万人,此后逐年增加,2015 年增至 7.28 万人;河北省 2011—2015 年高职院校毕业生数量呈"先减后增再减"的趋势,2012 年、2015 年为减少年份,2013 年、2014 年为增加年份,2011 年高职院校毕业生为 23.24 万人,2012 年减至 22.69 万人,2014 年增至 24.53 万人,2015 年又减至 22.33 万人。2015 年,天津市每千人口拥有高职院校毕业生 4.71 人,比北京市高 30.47%、比河北省高 56.48%,比全国平均水平高 40.18%;北京市每千人口拥有高职院校毕业生 3.61 人,比河北省高 19.93%,比全国平均水平高 7.44%;河北省最少,每千人口拥有高职院校毕业生 3.01 人,比全国平均水平低 10.42%。

表4—4　　　　　京津冀三地 2011—2015 年高等职业
院校毕业生数量变化　　　　（单位:万人）

地　区	2011 年	2012 年	2013 年	2014 年	2015 年
北京市	8.99	8.69	7.98	7.58	7.83
天津市	6.76	6.53	6.71	6.75	7.28
河北省	23.24	22.69	23.17	24.53	22.33

三　资源利用

教育资源是指教育活动赖以持续进行的各种条件的总和,包括人力资源、财力资源、物力资源和其他无形资产(如学校声誉)等。[1] 基于数据的可获取性,本书以高职院校数量、财政性教育经费两项指标表达"教育资源"情况,以毕业生数量对资源利用情况进行分析。

（一）高职教育资源利用效率

高职教育资源利用率也称高职学校育人能力。本书假设京津冀乃至

---

[1] 胡赤弟、蔡简建:《市场机制下高校教师人力资源配置探究》,《宁波大学学报》(教育科学版) 2008 年第 3 期,第 57—61 页。

全国高职院校均达到了国家规定的基本建设标准,全部完成了基础设施建设投入,以"高职院校数量"表达区域高职教育投入指标,以高职院校"毕业生人数"表达区域高职教育产出指标。

将计算获取的 2011—2015 年高职教育资源利用效率(即高职学校育人能力)整理为表 4—5。由表可见,2011—2015 年河北省平均每所高职院校毕业生为 3904.38 人,分别比天津市、北京市多出 49.15%、20.73%;北京市平均每所高职院校毕业生人数为 3233.86 人,比天津市多出 23.54%;天津市平均每所高职院校毕业生仅为 2617.69 人。LSD 检验结果表明,2011—2015 年天津市高职教育资源利用率与北京市、河北省差异显著($P<0.05$),河北省与北京市无显著差异($P>0.05$)。

表 4—5　　京津冀三地 2011—2015 年高职教育资源利用状况

地区	高职院校资源利用率 (毕业生人数/高职院校数量)	财政性教育经费利用率 (财政性教育经费/毕业生人数)
北京	3233.86 a	35458.97a
天津	2617.69 b	37584.48a
河北	3904.38 a	10802.00 b

注:1. 不同小写字母表示各组数据差异达到显著差异水平($P<0.05$)。2. 财政性教育经费利用率对应年份为 2010—2014 年。

(二)高职教育经费利用效率

教育经费投入在一定程度上反映了高职院校对人才培养的投入状况,也直接影响到高职教育质量。本书以毕业生数量、财政性教育经费投入总额两项指标求得 2010—2014 年京津冀高职院校毕业生生均财政性教育经费状况如表 4—5 所示。可见,2010—2014 年天津市高职院校毕业生生均财政性教育经费投入最高,5 年平均为 37584.48 元,比北京市高出 5.99%,是河北省的 3.48 倍;北京市高职院校毕业生生均财政性教育经费投入 35458.97 元,是河北省的 3.28 倍;河北省高职院校毕业生生均财政性教育经费投入仅为 10802 元。LSD 检验结果表明,2010—2014 年河北省高职院校毕业生生均财政性教育经费(教育经费利用率)与天津市、河北省存在显著差异（P<0.05）。

第二节 京津冀中职教育资源及利用现状

一 资源现状

依据2011—2015年《中国教育统计年鉴》《中国教育经费统计年鉴》等资料，选取京津冀三地及全国中职学校数量、专任教师数量、仪器设备资产总值、财政性教育经费4项指标，比较了京津冀中职教育资源的差异状况。

（一）中职学校数量

京津冀三地2011—2015年中职学校数量变化情况如表4—6所示。可见，5年间三地中职学校数量均呈"逐年减少"趋势。天津市2011年拥有中职学校89所，2015年减至79所，5年间总计减少了10所；河北省2011年拥有中职学校696所，2015年减至628所，5年间总计减少了68所；北京市2011年拥有中职学校102所，2015年减至93所，5年间共减少了9所。

2015年京津冀及全国中职学校数量状况如表4—7所示。按当年人口数量计算，河北省每百万人口平均拥有中职学校8.46所，比天津市高65.56%、比北京市高97.66%，比全国平均水平（6.30所）高34.29%；天津市每百万人口平均拥有中职学校5.11所，比全国平均水平低18.89%，比北京市高19.39%；北京市每百万人口平均拥有中职学校4.28所，比全国平均水平低32.06%。

表4—6　　京津冀三地2011—2015年中职学校数量变化　　（单位：所）

地区	2011年	2012年	2013年	2014年	2015年
北京	102	96	97	94	93
天津	89	88	83	80	79
河北	696	663	636	631	628

表4—7　　京津冀三地及全国2015年中职教育资源相关指标情况

地区	人口数（万人）	学校数 总量（所）	学校数 百万人均（所）	中职教师数量 总量（万人）	中职教师数量 万人均（人）	仪器设备资产总值 总量（亿元）	仪器设备资产总值 人均（元）	财政性经费 总量（亿元）	财政性经费 人均（元）
北京	2171	93	4.28	0.70	3.22	24.16	111.28	60.08	276.74
天津	1547	79	5.11	0.65	4.20	7.74	50.03	23.60	152.55
河北	7425	628	8.46	4.39	5.91	26.35	35.49	60.85	81.95
全国	137462	8657	6.30	65.24	4.75	652.85	47.49	1647.33	119.84

（二）专任教师数量

京津冀三地2011—2015年中职学校专任教师数量变化情况如表4—8所示。可见，5年间三地中职学校专任教师数量均呈"逐年减少"趋势。天津市2011年拥有专任教师0.74万人，2015年减至0.65万人；北京市2011年拥有专任教师0.78万人，2015年减至0.7万人；河北省2011年拥有专任教师4.83万人，2015年减至4.39万人。

表4—8　　京津冀三地2011—2015年中职教师数量变化情况　（单位：万人）

地区	2011年	2012年	2013年	2014年	2015年
北京	0.78	0.73	0.72	0.72	0.70
天津	0.74	0.74	0.69	0.67	0.65
河北	4.83	4.57	4.42	4.42	4.39

由表4—7可见，2015年河北省拥有专任教师4.39万人，为三地之最，北京市次之，天津市最少。按当年人口数量计算，河北省每万人口平均拥有中职教师5.91人，比天津市高40.71%、比北京市高83.54%，比全国平均水平高24.42%。天津市每万人口平均拥有中职教师4.2人，比北京市高30.43%，比全国平均水平低11.58%。北京市每万人口平均拥有专任教师数量仅为3.22人，比全国平均水平低32.21%。

（三）仪器设备资产总值

京津冀三地2011—2015年中职学校仪器设备资产总值变化如表4—9

所示。可见，5年间三地中职学校仪器设备资产总值均呈"逐年增加"趋势。北京市2011年中职学校仪器设备资产总值为13.38亿元，2015年达到24.16亿元；河北省2011年中职学校仪器设备资产总值为20.84亿元，2015年达到26.35亿元；天津市2011年中职学校仪器设备资产总值为6.2亿元，2015年达到7.74亿元。

表4—9 京津冀三地2011—2015年中职学校仪器设备资产总值变化情况 （单位：亿元）

地区	2011年	2012年	2013年	2014年	2015年
北京	13.38	14.36	17.19	19.55	24.16
天津	6.20	6.24	6.53	7.41	7.74
河北	20.84	21.66	24.35	25.39	26.35

由表4—7可见，按2015年当年人口数量计算，北京市人均拥有中职教育仪器设备资产总值111.28元，为三地之最，分别是全国、河北省和天津市平均水平的2.34倍、3.14倍和2.22倍；天津市次之，人均拥有中职教育仪器设备资产总值50.03元，比全国平均水平高5.35%；河北省最少，人均拥有中职教育仪器设备资产总值35.49元，比全国平均水平低25.27%。

（四）财政性教育经费

京津冀三地2010—2014年中职教育财政性教育经费变化如表4—10所示。北京市2010—2014年中职教育财政性教育经费呈"波动上升"趋势，2010年为35.88亿元，2012年为57.77亿元，2013年减至56.39亿元，2014年又增至60.08亿元；天津市2010—2014年中职教育财政性教育经费呈"先增后减"趋势，2010—2013年逐年增加，2010年为17.53亿元，2013年增至28.65亿元，2014年又减至23.6亿元；河北省2010—2014年中职教育财政性教育经费呈"先增后减"趋势，2010—2012年逐年增加，2010年为46.44亿元，2012年增至65.17亿元，2013年减至62.92亿元，2014年降至60.85亿元。

表4—10　京津冀三地2010—2014年中职教育财政性经费变化（单位：亿元）

地　区	2010年	2011年	2012年	2013年	2014年
北京市	35.88	43.04	57.77	56.39	60.08
天津市	17.53	18.70	25.36	28.65	23.60
河北省	46.44	54.29	65.17	62.92	60.85

由表4—7可见，按2014年人口数量计算，北京市人均中职教育财政性经费投入最高，达到了276.74元，是天津市和河北省的1.81倍和3.38倍，是全国人均水平的2.31倍；天津市次之，人均中职教育财政性经费投入为152.55元，是河北省的1.86倍，是全国平均水平的1.27倍；河北省最少，人均中职教育财政性经费投入仅为81.95元，低于全国平均水平31.62%。

二　育人能力

中职学校育人能力主要体现在培养合格毕业生数量方面，也反映了中职教育资源利用率状况。本书以"毕业生数量"指标表达中职学校的育人能力。同时，基于目前京津冀三地均要求中职学校毕业生获取"双证"（毕业证、职业资格证）的实际情况，对中职学校毕业生获取职业资格证书状况也进行了数量分析。

（一）毕业生数量

京津冀三地2011—2015年各年度中职学校毕业生数量变化情况如表4—11所示。北京市2011—2015年中职学校毕业生数量呈"先增后减"趋势，2011年毕业生为5.11万人，2013增至7.56万人，2013—2015年呈减少趋势，2014年毕业生为6.7万人，2015年毕业生为4.14万人；天津市2011—2015年中职学校毕业生数量呈"先减、后增、再减"趋势，2011年毕业生为4.04万人，2012年减至3.71万人，2013年毕业生为3.93万人，2015年毕业生为3.06万人；河北省2011—2015年中职学校毕业生呈"先增后减"趋势，2011年毕业生为35.58万人，2012年增至38.86万人，此后各年度毕业生均呈减少趋势，2015年毕业生数减至25.41万人。

表 4—11　　　京津冀三地 2011—2015 年中职学校毕业生
数量变化情况　　　　　　　（单位：万人）

地区	2011 年	2012 年	2013 年	2014 年	2015 年
北京	5.11	5.89	7.56	6.70	4.14
天津	4.04	3.71	3.93	3.32	3.06
河北	35.58	38.86	33.71	29.77	25.41

依据 2015 年京津冀三地及全国人口总量，求得 2015 年京津冀三地及全国每万人口中当年中职毕业生数量（即应届中职毕业生数量）如表 4—12 所示。可见，2015 年河北省每万人口平均拥有应届中职毕业生 34.22 人，分别比北京市、天津市高出 79.44%、73%，比全国平均水平低 0.61%；天津市每万人口平均拥有应届中职毕业生 19.78 人，比北京市高 3.72%，比全国平均水平低 42.55%；北京市每万人口平均拥有应届中职毕业生 19.07 人，为全国平均水平的 55.39%。

表 4—12　　　京津冀三地及全国 2015 年每万人口平均拥有
应届中职毕业生数量状况

地区	人口数（万人）	毕业生数量 总量（万人）	毕业生数量 万人口平均（人）	获取职业资格证书人数 总量（万人）	获取职业资格证书人数 万人口平均（人）
北京	2171	4.14	19.07	2.83	13.04
天津	1547	3.06	19.78	2.46	15.90
河北	7425	25.41	34.22	19.31	26.01
全国	137462	473.27	34.43	381.33	27.74

注：中职学校毕业生总量中数据含全日制及非全日制毕业生数。

（二）获取职业资格证书学生数量

京津冀三地 2011—2015 年中职毕业生获取职业资格证书数量变化情况如表 4—13 所示。北京市 2011—2015 年获取职业资格证书毕业生数量呈"先增后减"趋势，2011 年 2.84 万人，2013 增至 6.06 万人。2013—

2015年呈减少趋势，2014年为3.73万人，2015年为2.83万人；天津市2011—2015年获取职业资格证书毕业生数量呈"先减后增再减"趋势。2011—2012年获取职业资格证书毕业生数量减少，2013年有所增加，后又有所减少，5年间年获取职业资格证书毕业生数量增长了32.26%；河北省2011—2015年获取职业资格证书毕业生数量呈"先减后增再减"趋势，其中，2011—2012年获取职业资格证书毕业生数量减少，2013年有所增加，后又有所减少，5年间年获取职业资格证书毕业生数量增长了6.86%。

表4—13　　　　京津冀2011—2015年中职毕业生
获取职业资格证书情况　　　　（单位：万人）

地　区	2011年	2012年	2013年	2014年	2015年
北京市	2.84	3.36	6.06	3.73	2.83
天津市	1.86	1.83	3.19	2.89	2.46
河北省	18.07	17.64	23.35	20.93	19.31

依据2015年京津冀三地及全国人口总量，求得2015年京津冀三地及全国每万人口中当年中职教育获取职业资格证书学生人数（即应届中职毕业生获取职业资格证书数量）如表4—12所示。可见，2015年河北省每万人口平均拥有获得职业资格证书的应届中职毕业生人数最多，天津市次之，北京市最少。河北省每万人口平均拥有获得职业资格证书的应届中职毕业生人数达到26.01人，分别高出天津市、北京市63.54%、99.46%，低于全国平均水平6.24%；天津市每万人口平均拥有获得职业资格证书的应届中职毕业生人数达到15.9人，高出北京市21.93%，低于全国平均水平42.68%。北京市每万人口平均拥有获得职业资格证书的应届中职毕业生人数仅为13.04人，低于全国平均水平52.99%。

三　资源利用

本书以中职学校数量、教师数量、仪器设备总值、财政性教育经费4项指标衡量"投入"情况，以中职学校毕业生数、毕业生获取职业资格证书人数两项指标衡量"产出"情况，分析了京津冀中职教育资源利用效率差异状况。

（一）中职学校利用效率

中职学校利用效率也称为中职学校育人能力，经计算得到的京津冀三地2011—2015年中等职业学校利用效率如表4—14所示。

表4—14　　京津冀三地2011—2015年中职教育资源利用状况

项　目	地区	中职学校资源利用率（人数/中职学校）	设备设施资产利用效率（人数/万元设备设施资产）
毕业生人数	北京	445.16 a	0.17 a
	天津	387.34 b	0.40 b
	河北	404.62ab	0.96 c
获取技能证书人数	北京	304.30a	0.12 a
	天津	311.40 a	0.32 b
	河北	307.48 a	0.73 c

由表4—14可见，2011—2015年北京市平均每所中职学校年毕业生445.16人，比天津市多出14.98%；河北省平均每所中职学校年毕业生为404.62人，天津市平均每所中职学校年毕业生仅有387.34人。LSD检验结果表明，北京市与天津市呈显著差异（$P<0.05$），河北省与北京市、天津市无显著差异（$P>0.05$）。2011—2015年天津市平均每所中职学校获取技能证书毕业生为311.4人，分别高出河北省、北京市1.23%、2.33%；河北省平均每所中职学校获取技能证书毕业生为307.48人，北京市为304.3人。LSD检验结果表明，北京市、天津市、河北省三地平均每所中职学校获取技能证书毕业生数量无显著差异（$P>0.05$）。

（二）仪器设备利用效率

根据职业教育效率与效益的概念，本书以区域中职教育万元设备设施资产培养中职毕业生人数、获取职业资格证书毕业生人数两个指标表示中职教育仪器设备资产利用效率，经计算获取的京津冀三地2011—2015年中职教育仪器设备利用效率如表4—14所示。可见，2011—2015

年河北省中职教育万元设备设施资产年育人数量最多,年平均达到0.96人,分别是北京市、天津市的5.65倍、2.4倍;天津市万元设备设施资产平均每年育人数量为0.4人,是北京市平均量的2.35倍;北京市最低,万元设备设施资产平均每年育人数量仅为0.17人。LSD检验结果表明,京津冀三地之间呈显著差异($P<0.05$)。河北省中职教育万元设备设施资产年培育获取技能证书毕业生0.73人,分别是北京市、天津市的6.08倍、2.28倍;天津市中职教育万元设备设施资产年培育获取技能证书毕业生为0.32人,是北京市的2.67倍;北京市最少,万元设备设施资产年培育获取技能证书学生仅为0.12人。LSD检验表明,京津冀三地之间呈显著差异($P<0.05$)。

(三) 教育经费利用效率

教育经费投入在一定程度上反映了中职学校非固定资产投入状况,以毕业生数量、财政性教育经费投入总额计算获取的2010—2014年京津冀中职学校生均财政性教育经费平均状况如表4—15所示。可见,2010—2014年北京市中职学校生均财政性教育经费为89797.71元,分别为天津市、河北省的1.4倍、4.91倍;天津市中职学校生均财政性教育经费为64348.81元,是河北省的3.52倍;河北省中职学校生均财政性教育经费仅为18287.62元。LSD检验结果表明,2010—2014年京津冀三地呈显著差异($P<0.05$)。

表4—15　　　京津冀三地2010—2014年财政性中职教育生均经费利用变化情况　　　(单位:元)

地区	2010年	2011年	2012年	2013年	2014年	平均
北京	70215.26	73073.01	76415.34	84164.18	145120.77	89797.71 a
天津	43391.09	50404.31	64529.26	86295.18	77124.18	64348.81 b
河北	13052.28	13970.66	19332.54	21135.37	23947.26	18287.62 c

第三节　京津冀职业培训资源及利用现状

职业培训资源利用效率是在假定培训"产出"质量相同的前提下,

"产出"与"投入"的关系[①]。依据 2011—2015 年《中国教育统计年鉴》《中国劳动统计年鉴》以及《中国人口和就业统计年鉴》等资料，选取职业培训机构数量、培训教师数量、设备设施资产总值等指标表示职业培训资源状况，选取职业培训结业生数量、参加技能鉴定人数、获取职业资格证书人数等指标表示职业培训能力，分析了京津冀三地职业培训资源和职业培训能力现状，明确了京津冀三地职业培训机构资源利用效率、教师资源利用效率、设备设施资产利用效率以及职业培训质量等现实差异。

一　资源现状

（一）职业培训机构数量

京津冀三地 2011—2015 年职业培训机构数量变化如图 4—1 所示。可见，2011—2015 年北京市职业培训机构数量呈"总体平稳、略有增加"变化。其中，2013 年小幅下降，2012 年、2014 年和 2015 年均小幅增加，5 年

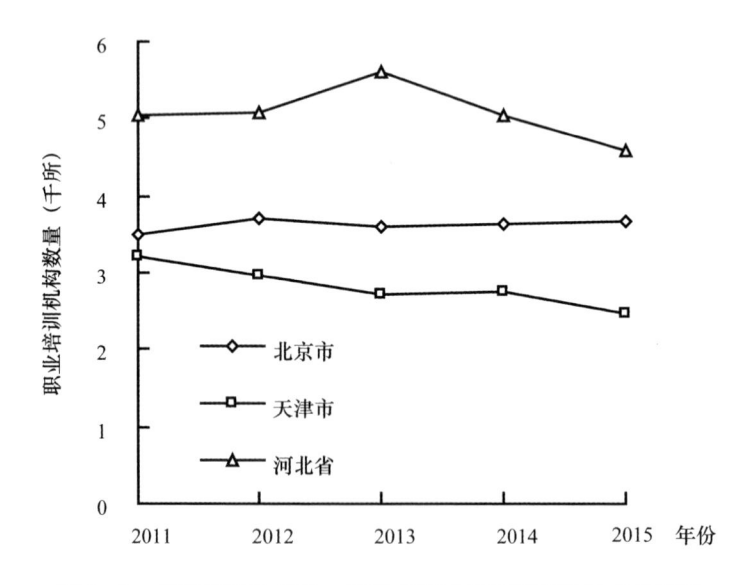

图 4—1　京津冀三地 2011—2015 年职业培训机构数量变化情况

[①] 杨秀芹：《教育资源利用效率研究综述》，《现代教育管理》2009 年第 2 期，第 40—43 页。

间职业培训机构增加 4.87%；天津市职业培训机构数量呈"总体减少"变化，5 年间职业培训机构减少 22.98%；河北省职业培训机构数量呈"先增后减"变化。2011—2013 年逐年增加，2013—2015 年逐年减少，5 年间职业培训机构减少 8.75%。

表 4—16 京津冀三地及全国 2015 年职业培训机构数量及教师数量状况

地区	人口数（万人）	职业培训机构数量 总量（所）	职业培训机构数量 平均（所/万人）	职业培训机构教师数量 总量（万人）	职业培训机构教师数量 平均（人/万人）
北京	2171	3659	1.69	2.46	11.33
天津	1547	2481	1.60	0.61	3.94
河北	7425	4548	0.61	1.09	1.47
全国	137462	98958	0.72	28.42	2.07

由表 4—16 可见，2015 年河北省职业培训机构数量最多，北京市次之，天津市最少。按当年人口数量计算，北京市每万人口拥有职业培训机构 1.69 所，为京津冀三地之最，分别是全国、天津市和河北省平均水平 2.35 倍、1.06 倍和 2.77 倍；天津市每万人口拥有职业培训机构 1.6 所，分别是全国及河北省平均水平的 2.22 倍、2.62 倍；河北省每万人口拥有职业培训机构数量仅 0.61 所，分别占全国、北京市、天津市平均水平的 84.72%、36.09%、38.13%。

（二）职业培训教师数量

京津冀三地 2011—2015 年职业培训教师数量变化情况如图 4—2 所示。可见，2011—2015 年北京市职业培训教师呈"先减后增"变化，2011—2013 年逐年减少，2013—2015 年逐年增加，5 年间职业培训教师增加 16.59%；天津市职业培训教师呈"波动下降"变化，2012 年和 2014 年为增加年份，2013 年和 2015 年为减少年份，5 年间职业培训教师减少 12.86%；河北省职业培训教师呈"波动下降"变化，2014 年为增加年份，其余年份为减少年份，5 年间职业培训教师减少 15.5%。

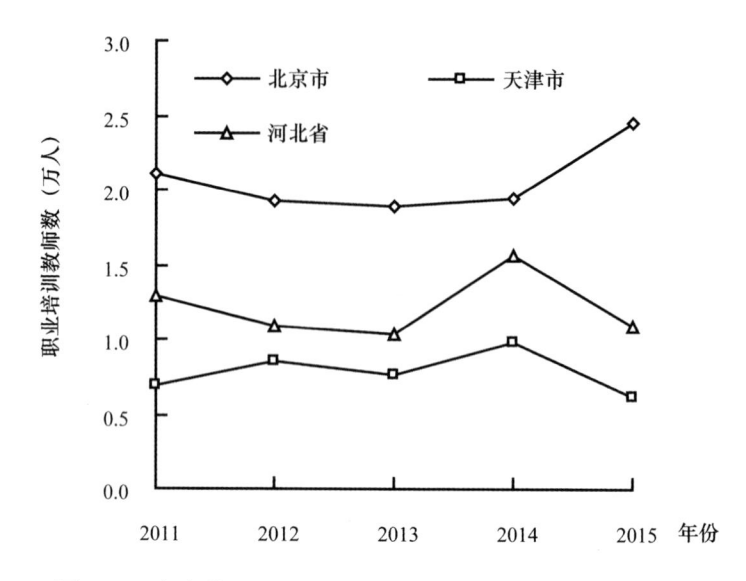

图4—2　京津冀三地2011—2015年职业培训教师数量变化情况

由表4—16可见，2015年北京市职业培训教师数量最多，河北省次之，天津市最少。按当年人口数量计算，北京市每万人口拥有职业培训教师11.33人，为三地之最，高于全国平均水平5.47倍，是天津市、河北省平均水平的2.88倍、7.71倍；天津市每万人口拥有职业培训教师3.94人，是全国及河北省平均水平的1.9倍、2.68倍；河北省每万人口拥有职业培训教师仅为1.47人，分别为北京市、天津市和全国平均水平的12.97%、37.31%和71.01%。

（三）设备设施资产总值

京津冀三地2011—2015年职业培训设备设施资产总值变化如图4—3所示。可见，京津冀三地职业培训设备设施资产总值均呈"波动式"变化。2011—2015年北京市职业培训设备设施资产总值减少了14.96%，其中，2011—2012年、2013—2015年为增加年份，2012—2013年为减少年份；天津市职业培训设备设施资产总值减少了6.81%，其中，2011—2012年、2013—2015年为减少年份，2012—2013年为增加年份；河北省2011—2015年职业培训设备设施资产减少了22.32%，其中，2012—2013年、2014—2015年逐年增加，2011—2012年、2013—2014年逐年减少。

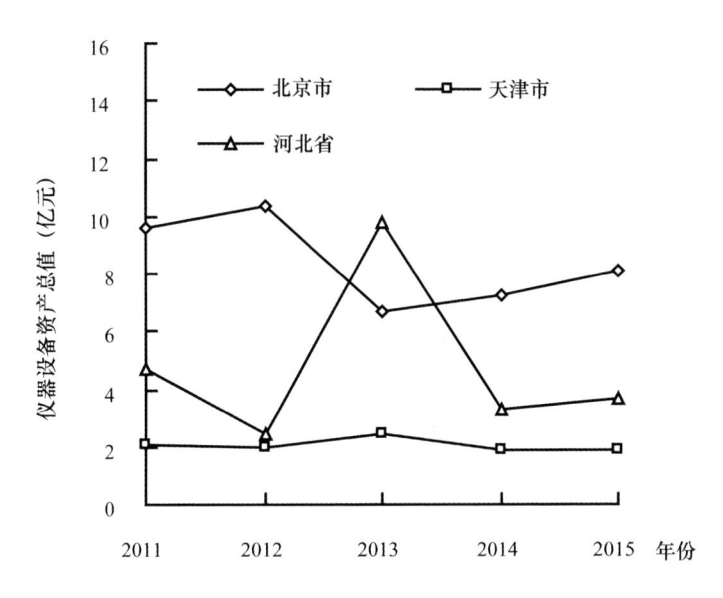

图4—3　京津冀2011—2015年职业培训设备设施资产变化情况

表4—17　京津冀三地及全国2015年职业培训设备设施资产及结业生情况

地区	人口（万人）	设备设施资产总值 总量（亿元）	设备设施资产总值 平均（元/人）	结业生数量 总量（万人）	结业生数量 平均（人/百人）
北京	2171	8.13	37.45	283.70	13.07
天津	1547	1.91	12.35	107.06	6.92
河北	7425	3.68	4.96	142.31	1.92
全国	137462	816.49	59.40	4379.50	3.19

由表4—17可见，2015年北京市职业培训设备设施资产总值最多，河北省次之，天津市最少。按当年人口数量计算，北京市人均拥有职业培训设备设施资产总值37.45元，为京津冀三地之最，是全国平均水平的63.08%，是天津市、河北省平均水平3.03倍、7.55倍；天津市人均拥有职业培训设备设施资产总值12.35元，是河北省平均水平的2.49倍，是全国平均水平的20.79%；河北省人均拥有职业培训设备设施资产仅为4.96元，分别为北京市、天津市和全国人均水平的13.3%、40.16%

和 8.35%。

二 培训能力

(一) 结业生数量

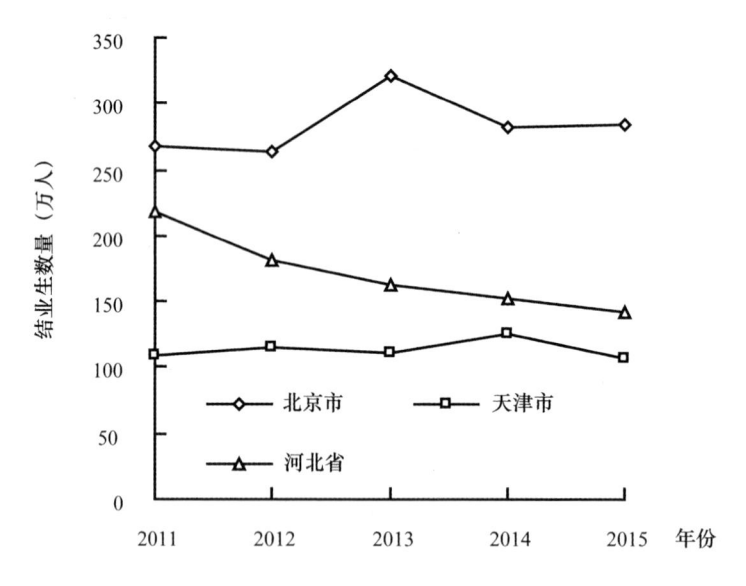

京津冀三地 2011—2015 年职业培训结业生数量变化情况如图 4—4 所示。可见,2011—2015 年北京市职业培训结业生数量呈"波动增加"变化。其中,2011—2012 年、2013—2014 年逐年减少,2012—2013 年、2014—2015 年为增加年份,5 年间年结业生数量增加了 5.6%;天津市年结业生数量呈"波动减少"变化。其中,2011—2012 年、2013—2014 年逐年增长,2012—2013 年、2014—2015 年为逐年下降,5 年间年结业生数量减少了 0.95%;河北省结业生数量呈"巨幅减少"趋势,5 年间年结业生数量减少了 34.98%。

图 4—4 京津冀三地 2011—2015 年职业培训结业生数量变化情况

由表 4—17 可见,2015 年北京市职业培训结业生最多,河北省次之,天津市最少。按当年人口数量计算,北京市百人拥有职业培训结业生 13.07 人,为三地之最,分别是天津市、河北省及全国平均水平 1.89 倍、

6.81倍和4.10倍;天津市百人拥有职业培训结业生6.92人,是河北省及全国平均水平的3.60倍、2.17倍;河北省百人拥有职业培训结业生1.92人,仅为北京市、天津市和全国平均水平的14.69%、27.75%和60.19%。

(二) 参加技能鉴定人数

2011—2015年京津冀三地参加技能鉴定人数变化情况如图4—5所示。可见,2011—2015年北京市参加技能鉴定人数呈"先增后减"变化,2011年参加技能鉴定人数为21.63万人,2013年增至24.46万人,2015年减至11.33万人;天津市参加技能鉴定人数呈"波动上升"变化,2011年参加技能鉴定人数为25.98万人,2012年减至18.67万人,2013年增至25.28万人,2014年又减至23.35万人,2015年增至26.74万人;河北省参加技能鉴定人数呈"先增后减"趋势,2011—2013年逐年增加,2013—2015年逐年减少。2011年参加技能鉴定人数为39.33万人,2013年增至49.33万人,2015年又减至43.08万人。

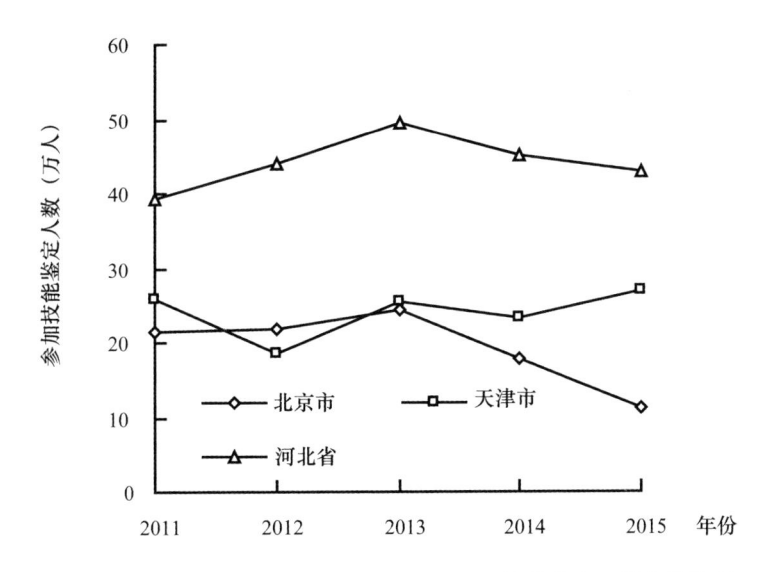

图4—5 京津冀三地2011—2015年参加职业技能鉴定人数变化情况

表4—18　　京津冀三地及全国2015年参加技能鉴定人数及
获得职业资格证书人数情况

地区	人口数（万人）	参加技能鉴定人数 总量（万人）	参加技能鉴定人数 平均（人/万人）	获得职业资格证书人数 总量（万人）	获得职业资格证书人数 平均（人/万人）
北京	2171	11.33	52.19	10.26	47.26
天津	1547	26.74	172.85	24.50	158.37
河北	7425	43.08	58.02	38.56	51.93
全国	137462	1894.12	137.79	1539.23	111.97

由表4—18可见，2015年河北省参加技能鉴定人数最多，天津市次之，北京市最少。按当年人口数量计算，天津市每万人参加技能鉴定人数为172.85人，为三地之最，分别为北京市、河北省和全国平均水平的3.31倍、2.98倍和1.25倍；河北省每万人参加技能鉴定人数为58.02人，是全国的42.13%，是北京市的1.11倍；北京市最少，每万人参加技能鉴定人数仅有52.19人，分别为天津市、河北省和全国平均水平的30.19%、89.95%、37.88%。

（三）获取职业资格证书人数

2011—2015年京津冀三地获取职业资格证书人数变化情况如图4—6所示。可见，2011—2015年北京市获取职业资格证书人数呈逐年下降趋势，2011年获取职业资格证书人数为18.90万人，2015年减至10.26万人；天津市获取职业资格证书人数呈"波动增加"变化趋势，2013年和2015年为增长年度，2012年和2014年为下降年度，5年间获取职业资格证书人数增加了0.66%；河北省呈"先增后减"变化趋势，2011年获取职业资格证书人数为35.49万人，到2013年增至44.12万人，2015年又减至38.56万人。

由表4—18可见，2015年河北省获取职业资格证书人数最多，天津市次之，北京市最少。按当年人口数量计算，天津市万人获取职业资格证书人数为三地之最，达到158.37人，是北京市、河北省和全国平均水平的3.36倍、3.15倍、1.41倍；河北省万人获取职业资格证书人数为51.93人，比全国平均水平低53.62%，是北京市的1.1倍；北京市最少，仅有 47.26 人，分别为天津市、河北省和全国平均水平的 29.84%、91.08%、42.21%。

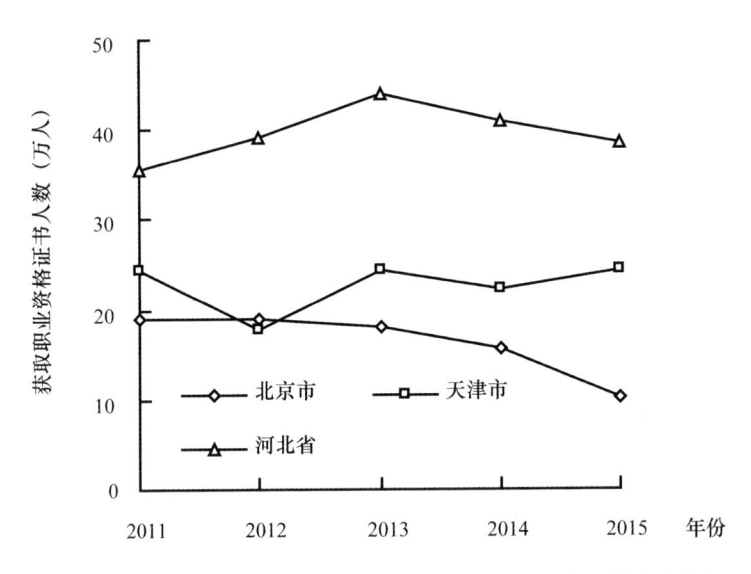

图 4—6　京津冀三地 2011—2015 年获得职业资格证书人数变化情况

三　资源利用

（一）机构资源利用效率

培训机构资源利用效率表达了职业培训机构的培训能力。由表 4—19 可见，2011—2015 年北京市每家职业培训机构年均培训 785.07 人，是天津市、河北省 1.94 倍和 2.32 倍。天津市年均培训 405.22 人，河北省年均培训 338.84 人。LSD 检验结果表明，北京市职业培训机构年均培训人数与天津市、河北省呈显著差异（P＜0.05），天津市与河北省无显著差异（P＞0.05）。河北省每家职业培训机构年均参加技能考核人数为 87.07 人，比北京市和天津市分别高出 61.96% 和 1.34%。天津市年均参加技能考核人数为 85.92 人，北京市仅为 53.76 人。LSD 检验结果表明，北京市每家培训机构年均参加技能考核人数与天津市、河北省呈显著差异（P＜0.05），河北省与天津市无显著差异（P＞0.05）。天津市每家培训机构年均获取技能证书人数 80.95 人，比北京市高出 78.7%；河北省为 78.23 人，比北京市高出 72.69%，北京市仅为 45.3 人。LSD 检验结果表明，北京市每家培训机构年均获取技能证书人数与天津市、河北省呈显著差异（P<0.05），天津市与河北省无显著差异（P>0.05）。

表4—19　京津冀三地2011—2015年职业培训资源利用状况

项目	地区	机构培训能力（培训人数/培训机构）	教师培训能力（培训人数/培训教师）	设备设施资产利用效率（培训人数/万元设备设施资产）
结业人数	北京	785.07 a	138.61 a	35.06 b
	天津	405.22 b	147.59 a	55.88 a
	河北	338.84 b	144.16 a	44.32 ab
参加技能考核人数	北京	53.76 b	9.63 b	2.38 b
	天津	85.92 a	31.88 a	11.76 a
	河北	87.07 a	37.30 a	11.30 a
获取技能证书人数	北京	45.30 b	8.09 b	1.99 b
	天津	80.95 a	29.99 a	11.08 a
	河北	78.23 a	33.48 a	10.16 a

注：不同小写字母表示各组数据差异达到显著差异水平（P<0.05）。

（二）教师资源利用效率

以每名教师培训学员数量表达职业培训机构教师资源利用率。由表4—19可见，2011—2015年天津市每名教师年均培训147.59人，比北京市、河北省分别高出13.69%、2.38%；河北省每名教师年均培训144.16人，北京市每名教师年均培训138.61人。LSD检验结果表明，北京市、天津市和河北省教师年均培训学员数量均无显著差异。河北省每名教师年均培训参加技能考核37.3人，是北京市的3.87倍；天津市为31.88人，北京市仅为9.63人。LSD检验结果表明，北京市每名教师年均培训参加技能考核学员数量与天津市、河北省呈显著差异（P<0.05），天津市与河北省无显著差异（P>0.05）。河北省每名教师年均培训获取技能证书学员33.48人，是北京市的4.14倍。天津市为29.99人，北京市仅为8.09人。LSD检验结果表明，北京市每名教师年均培训获得技能证书学员数量与天津市、河北省均呈显著差异（P<0.05），天津市与河北省

无显著差异（P>0.05）。

（三）设备设施利用效率

以培训机构设备设施资产代表固定资产投入情况，可反映培训机构资产利用效率。由表4—19可见，天津市万元职业培训设备设施资产年均培训55.88人，是北京市的1.59倍；河北省万元职业培训设备设施资产年均培训44.32人，是北京市的1.26倍；北京市万元职业培训设备设施资产年均培训35.06人。LSD检验结果表明，天津市与北京市呈显著差异（P<0.05），天津市与河北省、北京市与河北省无显著差异（P>0.05）。天津市万元职业培训设备设施资产年均培训参加技能考核学员11.76人，是北京市的4.95倍，河北省为11.3人，北京市仅为2.38人。LSD检验结果表明，北京市与天津市、河北省呈显著差异（P<0.05），天津市与河北省无显著差异（P>0.05）。天津市万元职业培训设备设施资产年均培训获取技能证书学员11.08人，是北京市的5.57倍；河北省为10.16人，北京市仅为1.99人。LSD检验结果表明，天津市与北京市呈显著差异（P<0.05），天津市与河北省、北京市与河北省无显著差异（P>0.05）。

（四）职业培训质量状况

就民众认知而言，考证通过率是判断职业培训质量的标准。由表4—20可见，2011—2015年天津市平均每年考证通过率为94.35%，高于北京市14.67个百分点；河北省平均每年考证通过率为89.86%，高于北京市9.11个百分点；北京市每年考证通过率平均仅为85.24%。LSD检验结果表明，天津市与河北省无显著差异（P>0.05），北京市与天津市、河北省均呈显著差异（P<0.05）。

表4—20　　　　　京津冀职业培训获证率（%）变化情况

地　区	2011年	2012年	2013年	2014年	2015年	平　均
北京市	87.38	87.03	74.16	87.09	90.56	85.24 b
天津市	94.01	94.86	96.20	95.03	94.35	94.35 a
河北省	90.24	89.14	89.44	90.97	89.86	89.86 a

第四节　京津冀职业教育发展的区域差异

一　中职教育发展差异

借鉴陈嵩等提出的"中职教育发展综合指数"①，基于数据可获得性，本书选取2014年万人拥有中职教育机构数量、万人中职教育结业生数量、万人拥有中职教育专任教师数量和人均中职教育固定资产总值四项指标，对京津冀三地中职教育发展状况进行了综合评价。在设定各指标权重的基础上，采用阈值法对各指标实施了无量纲化处理，构建了中职教育发展综合指数（Secondary Vocational Education Index，SVEI）。无量纲化处理公式为：

$$X_i = A_i / \max A_i$$

公式中：A_i为京津冀三地指标系列数值（$1 \leqslant i \leqslant 4$，且为整数）。其中，$A_1$为某省（市）万人拥有中职学校数量，$A_2$为该省（市）万人中职教育毕业生数量，$A_3$为该省（市）万人拥有中职教育专任教师数量，$A_4$为该省（市）人均中职教育固定资产总值，$\max A_i$为该指标系列最大值，$X_i$为对应指标的无量纲指标值。

在指标权重设定上，由于中职学校规模不一，在校生数量难以表达京津冀三地中职教育发展的整体规模，故设其权重仅为0.1；中职教育毕业生数量直接反映了中职教育规模，也间接反映了政府投入状况（京津冀三地政府均实施了中职教育免费政策），设其权重为0.4；中职教育专任教师数量也通过师生比等数值间接表达了中职教育规模，但未能表达出教师素质内涵等指标，将设其权重为0.2；中职教育固定资产总值客观反映了中职教育投入状况，也间接反映了中职教育发展规模，设其权重为0.3。以此，提出中职教育发展综合指数（SVEI，Secondary Vocational Education Index）的计算公式设计为：

$$SVEI_n = 0.1X_{1n} + 0.4X_{2n} + 0.2X_{3n} + 0.3X_{4n}$$

---

① 陈嵩、马树超：《我国不同地区职业教育发展水平比较研究》，《教育发展研究》2005年第6期，第8—13页。

公式中 n 为某省（市）份编码数值（$1 \leq n \leq 3$，且为整数），$SVEI_n$ 为该省（市）职业培训发展综合指数，X_{1n}、X_{2n}、X_{3n}、X_{4n} 分别为该省（市）A_1、A_2、A_3、A_4 指标的无量纲指标值。经计算获取的京津冀三地中职教育发展综合指数（SVEI）如表 4—21 所示。

表 4—21　　　　京津冀三地职业教育发展现状差异分析

地　区	主要职业教育类型发展综合指数			职业教育发展综合指数
	中职教育	高职教育	职业培训	
北京市	0.78	0.85	1.00	2.63
天津市	0.60	0.96	0.61	2.17
河北省	0.81	0.50	0.19	1.50

可见，京津冀中职教育发展现状存在较大差异，三地中职教育发展综合指数分别为 0.78、0.6、0.81。河北省中职教育综合发展指数最大，分别比北京市、天津市高出 3.84%、35%；北京市中职教育发展综合指数次之，比天津市高出 30%；天津市中职教育发展综合指数最低，仅分别为河北省、北京市的 74.07%、76.92%。

二　高职教育发展差异

与中职学校分析方法类似，基于数据的可获得性，选取 2014 年万人拥有高职学校数量、万人高职教育毕业生数量、人均高职教育经费投入 3 项指标，对京津冀三地高职教育发展状况进行了综合评价。在设定了各指标权重的基础上，采用阈值法对各指标实施了无量纲化处理，构建了高职教育发展综合指数（Higher Vocational Education Index，HVEI）。无量纲化处理公式为：

$$Y_i = B_i / \max B_i$$

公式中：B_i 为京津冀三地指标系列数值（$1 \leq i \leq 3$，且为整数）。其中，B_1 为京津冀三地万人拥有高职学校数量，B_2 为该省（市）万人高职教育毕业生数量，B_3 为该省（市）人均高职教育经费投入，$\max B_i$ 为该指标系列最大值，Y_i 为对应指标的无量纲指标值。

由于高职学校办学规模不一，高职学校数量难以表达京津冀三地高职学校整体发展状况，故设其权重仅为0.2；高职教育毕业生数量直接反映了高职教育规模，也间接反映了政府投入状况，设其权重为0.4；高职教育经费投入客观反映了政府和各级教育部门对高职教育的投入状况，也间接反映了高职教育发展规模，设其权重为0.4。以此，建立高职教育发展综合指数（HVEI，Higher Vocational Education Index）的计算公式设计为：

$$HVEI_n = 0.2Y_{1n} + 0.4Y_{2n} + 0.4Y_{3n}$$

公式中 n 为某省（市）份编码数值（$1 \leq n \leq 3$，且为整数），$HVEI_n$ 为该省（市）职业培训发展综合指数，Y_{1n}、Y_{2n}、Y_{3n}、Y_{4n} 分别为该省（市）B_1、B_2、B_3、B_4 指标的无量纲指标值。经计算获取京津冀三地高职教育发展综合指数（HVEI）如表4-21所示。

可见，京津冀高职教育发展现状存在较大的差异，三地高职教育发展综合指数分别为0.85、0.96、0.5。天津市高职教育发展综合指数最大，分别比北京市、河北省高出12.94%、92%；北京市高职教育发展综合指数次之，比河北省高出70%；河北省高职教育发展综合指数最低，仅分别为天津市、北京市的52.08%、58.82%。

三　职业培训发展差异

选取2014年万人拥有职业培训机构数量、万人职业培训结业生数量、万人拥有职业培训专任教师数量和人均职业培训固定资产总值四项指标，对京津冀三地职业培训发展状况进行了综合评价。在设定了各指标权重的基础上，采用阈值法对各指标实施了无量纲化处理，构建了职业培训发展综合指数（Vocational Training Index，VTI）。无量纲化处理公式为：

$$Z_i = C_i / \max C_i$$

公式中：C_i 为京津冀三地指标系列数值（$1 \leq i \leq 4$，且为整数）。其中，C_1 为京津冀三地万人拥有职业培训机构数量，C_2 为该省（市）万人培训结业生数量，C_3 为该省（市）万人拥有培训专任教师数量，C_4 为该省（市）人均职业培训固定资产总值，$\max C_i$ 为该指标系列最大值，Z_i 为对应指标的无量纲指标值。

与中、高职教育机构类同,由于职业培训机构规模不一,其数量难以表达京津冀三地职业培训整体规模,故设其权重仅为0.1;职业培训结业生数量直接反映了职业培训规模,也间接反映了政府投入状况(京津冀三地均实施了职业培训补助政策),设其权重为0.4;职业培训专任教师数量间接表达了职业培训规模,但未能表达出教师素质内涵等指标,将设其权重为0.2;职业培训固定资产总值客观反映了职业培训投入状况,也间接反映了职业培训发展规模,设其权重为0.3。以此,建立职业培训发展综合指数(VTI,Vocational Training Index)的计算公式为:

$$VTI_n = 0.1Z_{1n} + 0.4Z_{2n} + 0.2Z_{3n} + 0.3Z_{4n}$$

公式中 n 为某省(市)份编码数值（$1 \leqslant n \leqslant 3$，且为整数），$VTI_n$ 为该省(市)职业培训发展综合指数，Z_{1n}、Z_{2n}、Z_{3n}、Z_{4n} 分别为该省(市) C_1、C_2、C_3、C_4 指标的无量纲指标值。经计算获取京津冀三地职业培训发展综合指数(VTI)如表4—21所示。

可见,京津冀职业培训发展现状存在较大差异,三地职业培训发展综合指数分别为1、0.61、0.19。北京市职业培训发展综合指数最大,比天津市高出63.93%,比河北省高出4.26倍;天津市职业培训发展综合指数次之,高出河北省2.21倍;河北省职业培训发展综合指数最低,仅分别为北京市、天津市的52.08%、58.82%。

四 职业教育发展差异

以中职教育、高职教育、职业培训发展综合指数之和表达京津冀三地职业教育发展状况,获取京津冀三地职业教育发展综合指数如表4—21所示。可见,京津冀三地职业教育发展综合指数分别为2.63、2.17、1.5。北京市职业教育发展综合指数最大,分别高出天津市、河北省21.20%、75.33%;天津市职业教育发展综合指数次之,高出河北省44.67%;河北省职业教育发展综合指数最低,分别为北京市、天津市的57.03%、69.12%。相对而言,北京市职业培训发展状况最佳,天津市高职教育发展最佳,河北省中职教育发展状况最佳,三地在职业教育发展方面形成了各自的优势,在职业教育资源方面存在明显的差异。

第五节 京津冀职业教育发展的环境差异

一 经济发展差异

目前，京津冀经济发展存在较大的差距。在人均GDP方面，2015年京津两市人均GDP分别为10.65万元、10.8万元，而河北省仅为4.03万元，分别为京津两市的37.84%、37.31%；在城镇居民可支配收入方面，2015年京津两市城镇居民人均可支配收入分别为5.29万元、3.41万元，而河北省仅为2.62万元，分别为京津两市的49.53%、76.83%；在农村居民人均可支配收入方面，2015年京津两市农村居民人均可支配收入分别为2.06万元、1.85万元，而河北省仅为1.11万元，分别为京津两市的53.88%、6%；可见，京津两地与河北省之间的经济发展差距巨大。以往研究结果表明，民众收入与自身人力资本状况呈正相关。因此，缩小这一差距，必须加大京津冀职业教育一体化力度，进而提升河北省劳动者人力资本积累总量，提升其就业能力，实现居民收入的递增。同时，也为京津冀协同发展提供重要人力资源支撑。

二 产业发展差异

长期以来，京津两地基于直辖市优势，科技、人才等优质要素密集，产业发展竞争优势明显。而河北省由于恪守服务京津发展的理念，除钢铁等传统资源性产业之外，新兴产业发展缓慢。北京市产业结构呈现"三二一"特点，以服务业为主，进入后工业化时期；天津市和河北省产业结构呈现"二三一"特点，开始步入工业化社会。天津市以现代制造业和港口服务业为主，新型电子产业也初见端倪，高精尖技术发展迅速。而河北省仍以资源密集型的重化工业、钢铁冶炼业和农业为主，产业结构亟待转型，企业亟待转型升级。随着京津冀协同发展的逐步推进，三地产业结构必将发生时空变化，实现布局重置、合理整合与梯度转移，不仅能够为三地民众提供更大范围的就业市场，也有助于"北京市实施人口疏解"目标的实现。职业教育以培养技能型劳动者为主，京津冀职业教育发展必然要在区域产业重新布局的基础上进行专业调整，追求专业设置与产业结构变化的相互适应。同时，职业教育工学结合、校企合作、顶岗实习的人才培养模式，也将引发三地校校之间、校企之间实现全方位合作，达到充分利用各自优势、实现一体化发展的目标。

三 就业市场差异

由"人口红利"逐步转向"人才红利"是我国后人口变化时期社会经济实现可持续发展的必然要求。在就业市场方面，虽然京津两地高校、科研院所众多，高素质人才密集，但基于人力资源市场的多元性，两市对技术技能人力资源的需求也将日益增大。目前状况是，京津两地职业教育生源明显不足，技术技能人才市场供应逐步紧张；河北省是人口大省，中低端人力资源较为丰富，每年都向京津两地输送大量的技术技能人才。实现区域就业市场的进一步拓展与人才培养的错位互补，三地必将打破区域就业市场分割壁垒，通过合作搭建起更为广阔的人才交流平台，缓解区域人才供需不均的状况，这也是人力资源市场调节功能的具体表现。职业教育是人力资源开发的重要途径，承担着为区域经济社会发展提供技术技能人才支持的重要任务。京津冀职业教育一体化发展可培养与区域就业市场相匹配的人力资源，使区域就业市场需求与相应素质的劳动力供给对接，既满足京津两地社会经济发展对技术技能人才的需求，又满足河北省企业转型、产业升级的需要。

四 发展战略差异

《京津冀协同发展规划纲要》已经对京津冀三地发展战略进行了科学定位。北京市将建成"全国政治中心、文化中心、国际交往中心、科技创新中心"，天津市将建成"全国先进制造研发基地、北方国际航运核心区、金融创新运营示范区、改革开放先行区"，河北省将建设成为"全国现代商贸物流重要基地、产业转型升级试验区、新型城镇化与城乡统筹示范区、京津冀生态环境支撑区"。有媒体报道，京津冀信息技术、装备制造、商贸物流、教育培训、健康养老、金融后台、文化创意、体育休闲等八类重点产业,均需要河北省、天津市来承接。① 北京市已经做出决定,将全力疏解包括一般性制造业、区域性物流基地和区域性批发市场、部分教育、医疗等公共服务功能以及部分行政性、事业性服务机构等非首都功能。② 天津市也提出,以承接北京市非首都功能、强化京津双城联动、服务河北省发展为重点,以资源环境承载能力为基础,以现代城镇群建设为载体,以构建长效体制机制为抓手,努力形成京津冀目标同向、措施一体、功能互补、共建共赢的协同发展新格局,为打造中国经济发展新的支撑带作出积极贡献。③ 河北省制定了《关于贯彻落实京津冀协同发展规划纲要的实施意见》,决定立足河北省战略功能定位,以服务北京市非首都功能疏解和补齐河北发展短板为基本出发点,重点实施建设一批现代产业园区、一批明星卫星城镇、一批生态标志工程、一批交通骨干项目、一批新的产业引擎、一批生态脱贫片区等六个关键点。④ 所有这些,均需三地职业教育机构通力合作,为各自区域发展战略的实施提供强力技术技能人才支撑。

---

① 周丽:《签约超数千亿,京津冀产业转移指南"落地"在即》,《中国经营报》2015 年 6 月 13 日,第 3 版。

② 李洁、武文娟:《北京制造业,批发市场等四类非首都功能将三阶段疏解》,《法制晚报》2015 年 7 月 16 日,第 a06 版。

③ 天津广播电视台:《京津冀协同发展领导小组办公室负责同志就"天津市贯彻落实京津冀协同发展规划纲要实施方案"答记者问》(http://www.radiotj.com/gnwyw/system/2015/09/15/000530644.shtml)。

④ 苏励、王玉亮:《河北通过贯彻"京津冀协同发展规划纲要"的意见》(http://yanzhao.yzdsb.com.cn/system/2015/07/16/014257665.shtml)。

第 五 章

京津冀职业教育发展差异成因分析

职业教育一体化发展是京津冀协同发展的应有之义，理应与京津冀协同发展相得益彰。目前，京津冀三地职业教育发展产生较大差异，直接影响了一体化发展进程。有学者研究表明，京津冀职业教育发展差异源于三地的经济差异、文化差异和动能定位差异[1]。还有学者认为，京津冀职业教育发展差异源于三地职业教育发展政策的差异，职业院校招生存在壁垒，职业教育投入差距悬殊，专业设置不平衡等。[2] 因此，深入探究目前京津冀三地职业教育发展差异的成因，对制定京津冀职业教育一体化发展措施，实现三地优势互补，推动区域职业教育一体化发展具有极为重要的现实意义和长远意义。

第一节 职业教育发展差异的政治因素

一 政治哲学分析

政治哲学是以哲学的方式探讨政治存在、政治价值和政治话语的理论知识体系，可理解为对政治生活的反思。京津冀职业教育发展表现出较大差异，首先应归结为政治因素。本书研究结果表明，我国历史上行政区划调整影响了京津冀职业教育资源的分配，行政区划分割导致了京

---

[1] 黄天娥、李冰：《基于文化认同的京津冀职业教育协同发展策略》，《中国职业技术教育》2017年第21期，第17—21页。
[2] 刘爱玲、薛二勇：《京津冀职业教育协同发展的政策研究》，《北京师范大学学报》（社会科学版）2017年第2期，第21—28页。

津冀职业教育发展呈现出较大差异。因此,基于政治哲学视阈分析京津冀职业教育发展差异问题,可彰显京津冀职业教育一体化的必然性。

(一)马克思主义

在所有政治哲学理论中,马克思主义政治哲学与我国的政治路线、方针、政策等联系最为紧密,是推进我国社会经济发展的指南。作为思想论和方法论的马克思主义政治哲学是广泛应用于我国治国理政的方式方法,是中国共产党领导全国人民建设社会主义现代化国家的重要依据。正如习近平总书记所言,新时代中国共产党人仍然要学习和实践马克思主义,不断从中汲取科学智慧和理论力量,在统筹推进"五位一体"总体布局、协调推进"四个全面"战略布局中,更有自信、更有智慧地坚持和发展新时代中国特色社会主义,确保中华民族伟大复兴的巨轮始终沿着正确航向破浪前行。①

马克思主义政治哲学认为,教育依附于社会再生产,也是社会生产关系、政治经济关系的再生产。与之相对应,某一时期的教育政策和教育制度依附于国家政治体系和经济结构,区域经济发展的不平衡必然会投射到职业教育领域。马克思主义政治哲学倡导共产主义本质在于促进人的全面发展,需要丰富的教育财富和教育资源保障,且做到按需分配。以此推断,职业教育是对社会生产关系、政治经济关系的再生产,经济社会发展的差异必然会造成职业教育资源的差异。目前,京津冀三地经济社会发展水平差异较大,导致区域发展不平衡不充分问题日益突出。出现这种情况,关键在于政治调控手段缺失。京津冀职业教育一体化发展需要国家根据三地民众需求实施合理调控,实现职业教育资源的按需分配。长期以来,河北省一直遵循"首都后花园、保卫京津"的发展思路,经济社会发展明显滞后于京津两地,甚至形成了环北京贫困带。虽然是人口大省,但职业教育资源严重短缺,直接影响了区域经济社会发展进程。而京津两地职业教育资源充足,且质量较高,但生源较少,存在职业教育资源闲置或冗余现象。京津冀三地政府有责任对京津冀职业

---

① 《瞭望》编辑部:《学习习近平总书记在纪念马克思诞辰200周年大会上的讲话》,《新华每日电讯》2018年5月13日,第4版。

教育资源实施重置，通过职业教育一体化发展为京津冀协同发展培养更多的技术技能人才。

（二）社群主义

社群主义政治哲学产生于20世纪80年代后，代表人物有桑德尔（Sander）、麦金太尔（Macintyre）和沃尔策（Walzer）等。社群主义政治哲学认为，社群是政治分析的基本变量，个人及自我最终由他或他所在的社群决定。在价值观上，社群主义政治哲学强调集体权利优先原则，个体对社会具有依赖性，社会政治、经济、文化条件是实现个体权利的前提。个体在社群环境中以及在与政府的合作中能够实现权利，比通过个体的单独行动获得的权利要大得多。立足于"和善"的目的，社群主义政治哲学强调个体教育应依赖于社会共同体，主张以"和善"的方式获得教育资源并享有教育权利，鼓励人们追求"和善"的生活方式，构建"和善"的社会。人们获得教育资源、享有教育权利的多寡，与"和善"的生活方式相附和。

长期以来，由于京津冀三地实行分割治理体制，人们逐渐形成了"一亩三分地"思维，有关社群的范围多限定于本行政区域之内，导致地方保护主义、市场分割主义盛行。京津两地凭借首都及直辖市地位，在职业教育资源分配过程中始终"占上风"，导致三地职业教育资源差异越来越大。为了实现本地区经济的高速增长和民众的充分就业，京津冀三地治理主体往往不顾职业教育资源整体配置的有效性，热衷于推行地方保护主义政策措施，致使"诸侯经济"泛滥。

京津冀职业教育一体化发展为民众带来的职业教育权利远远大于三地的独立行动，乃我国社会经济发展史上一项"构建和谐社会"的重要举动。因此，三地政府及职业教育主管部门应打破"一亩三分地"的思维，跳出各自政策体制和区划限制，站在区域发展的国家战略高度，积极推进京津冀职业教育一体化进程。同时，依据社群主义政治哲学的主张，在推进京津冀职业教育一体化进程中，三地政府及职业教育主管部门不可因一地之小私而损害三地之大公，无论在职业教育资源转移还是职业教育技术共享上，都要从推进京津冀协同发展的大局考虑，推动职业教育共同体的形成及三地职业教育"和善"发展。

(三) 功利主义

密尔（Mill）和边沁（Bentham）于18世纪末、19世纪初期提出了功利主义政治哲学，以此规范个人行动。功利主义认为，社会安排是否正义，要看其是否能够增加社会所有成员总体福利或平均福利，政府采取的一切措施都要据此行事。功利主义政治哲学追求大多数人的最大幸福，表达形式为能够为更大区域内的社会成员创造最大的利益。只要做到这一点，政府的行为和政策在道德上就是正当的。在教育方面，功利主义政治哲学主张政府对教育资源的分配行为或相关政策能发挥最大的效用，强调最终效用或教育利益的最大化。

京津冀区域内的现实功利主义限定于单一的行政区域之内，甚至是政治人员的个体价值之上。地方政府对微观经济社会的控制权具有膨胀欲望，使京津冀成为我国地方保护主义严重地区之一。由于行政辖区内职业教育发展速度快、规模大，均归结为地方政府或个人政绩，也直接关联个人的政治进步，导致职业教育效能仅限于小区域发挥，影响了职业教育效能的整体性。京津冀职业教育资源的差异明显，且各具优势，使合作成为可能，优势的聚合必然能够产生合作效应。北京市拥有较多的职业教育资源和教育经费投入，教育资源雄厚；天津市航运、制造业、物流等技术先进，职业教育特色明显；河北省是人口大省，具有丰富的人力资源优势，职业教育发展潜力巨大。京津冀职业教育一体化发展可使三地各取所需，使教育机构和区域民众实现利益的最大化。

（四）自由主义

洛克（John Locke）的自由主义政治哲学相信人类的性本善特征，强调拥护个人自治权，主张放宽及免除专制政权对个人的控制。罗尔斯（John Rauls）提出了著名的正义原则，包括"平等自由原则""差别原则"和"机会公平原则"等，认为人们具有追求社会公平的价值取向，政府在不公平的社会现实中，应为处境不利者提供机会或利益补偿。长期以来，河北省不惜牺牲本行政区域利益，确保京津两市的社会经济发展。按照自由主义原则，中央政府理应在职业教育投入方面给予相应的利益补偿，进而达到促进区域经济发展、改善民生的目的。

自由主义政治哲学在教育上主张权利论，即每个人享有教育权利自由，教育资源分配应保障权利自由的实现。教育公平不是使教育利益最大化，而应保证公民享有平等的教育权利。罗尔斯（John Rauls）认为，解决教育公平问题需要政府在分配教育资源时向弱势地区、弱势学校和弱势人群倾斜，对弱势群体"优先扶持"，保障具备国家教育政策和法律所规定的基本标准、办学条件，使区域民众能够享受符合基本标准的充分教育。京津冀职业教育发展不平衡的根源在于资源差异，为遏制马太效应，应遵循我国道家学说的"平衡之道"，以国家意志补足其他弱势个体。同时，要求地方政府为职业教育机构"松绑"，鼓励三地职业教育机构实施全方位合作，使职业教育资源能够按市场需求合理流动，促进区域职业教育的平等、均衡发展。

由以上分析可见，京津冀职业教育一体化首先应是政治层面的合作，只有中央及三地政府在政治层面达成一致，并形成广泛社会共识，才能有效推进京津冀职业教育一体化发展。由于京津冀长期处于分割治理状态，各级各部门所思、所想、所为均局限于本行政区域之内，导致职业教育发展形成较大差异，也影响了职业教育一体化发展进程。按照习近平总书记的要求，京津冀三地必须"破除一亩三分地思维"，从京津冀整体区域考虑职业教育发展问题，最大限度地发挥京津冀区域职业教育的整体效能。

二 政治愿景分析

（一）国家层面

为适应世界经济一体化的发展趋势，2002年党的十六大就提出了"加强区域合作"的理念，使我国不同行政区域间的合作开始起步。2007年，党的十七大再次提出了"积极开展区域合作"的号召，使我国区域合作进一步向纵深推进。2008年，国务院审议通过了《2008—2020年珠江三角洲改革发展规划纲要》，赋予了"珠三角"地区"深化改革先行区"以及"扩大开放、全国重要的经济中心"等新定位，有效地推动了该区域省际经济社会发展合作进程。2010年，国务院批复了《长江三角洲区域经济发展与规划》，进一步提升了"长三角"地区社会经济水平和整体实力。2011年，我国颁布了《国民经济和社会发展第十二个五年

(2011—2015年）规划纲要》，提出了"推进京津冀区域经济一体化发展，打造首都经济圈"的具体构想。2013年，十八届三中全会提出了"统筹双边、多边，区域、次区域开放合作"的理念，使我国区域合作的范围逐步扩大，合作内容逐步拓展。2014年2月，习近平主席专门听取了京津冀三地主要负责人关于协同发展情况的工作汇报，对实施京津冀协同发展战略作出了一系列重要指示。2014年3月，李克强总理在《政府工作报告》中再次强调，"加强环渤海及经济地区经济协作，形成新的区域经济增长极"。党中央和国务院的一系列要求和部署，为推进京津冀职业教育一体化发展展现出美好愿景。

（二）地方层面

1. 北京市

北京市"十三五"规划提出，全力推动京津冀协同发展。紧紧把握北京市在京津冀协同发展中的核心地位，发挥比较优势和示范带动作用，创新合作模式与利益分享机制，加快推动错位发展与融合发展，实现区域良性互动。把教育资源调整疏解与教育体制综合改革结合起来，推动部分市属高校本科教育、职业教育资源向外有序疏解，鼓励央属在京高校到外地合作办学，加快构建具有首都特色的现代职业教育体系。推动京津冀职业教育协同发展，支持有条件的职业院校通过搬迁、办分校、联合办学等方式向外疏解，探索建立京津冀职业教育集团。鼓励扶持在京高校通过合作办学、学科共建等多种模式，开展区域教育合作。

2. 天津市

天津市2017年10月公布了《京津冀协同发展教育专项规划》[①]，计划到2020年全面融入京津冀协同发展，在承接优质教育资源方面取得较大进展，在教育资源共建共享方面取得显著成效，促进京津冀三地教育协同发展机制有效运行，初步形成协同发展、互利共赢的良好局面。到2030年，基本形成发展机制健全、发展体系完善、发展效应凸显的京津

---

① 《京津冀教育协同发展专项规划明确天津五大任务》，天津网（http://www.cnr.cn/tj/jrtj/20171024/t20171024_523998445.shtml）。

冀区域教育一体化格局，建成与世界级城市群相匹配、具有国际竞争力的区域现代教育体系。在职业教育方面，加快京津冀职业教育与产业深度融合发展，加快跨省市职业教育集团发展。瞄准装备制造、航空航天、高端服务业、文化创意产业等领域，聚焦京津冀产业转型升级，培养高端技术技能人才。开展技术技能人才联合培养和跨省市现代学徒制培养，建立京津冀职业教育学习成果互通互认制度，探索区域间中职、专科、本科到专业硕士的技术技能人才培养衔接机制。共建一批高水平职业教育实训基地，促进京津冀三地职业院校教师、企业能工巧匠之间有序交叉流动。扩大继续教育资源开放共享，推广"互联网+"教育模式，推动京津冀三地课程认证、学习成果积累与转换。同时，加强对河北省薄弱地区和学校的对口支援力度，探索集团化办学或品牌学校办分校等模式，开展优质教育资源的区域输出。

3. 河北省

河北省"十三五"规划提出，"十三五"时期要牢牢把握发展大势，切实把京津冀协同发展融入经济社会发展各领域各环节，在对接京津、服务京津中加快补齐河北发展短板，使机遇优势转化为发展优势。把京津冀协同发展贯穿到各个领域各项工作，立足功能定位，统筹谋划布局，落实重点任务，在主动服务京津、接轨京津中促进河北省加快发展。加快发展现代职业教育，推进产教融合、校企合作，推动职业教育向县城、产业园区集中，推广"产业园区+标准厂房+职业教育"发展模式，建设现代化职业教育中心，推动职业教育集团式发展，重点打造120所具有典型示范作用的中职学校。

第二节　职业教育发展差异的政策因素

一　职业教育投入政策

京津冀三地职业教育投入政策及投入额度差距悬殊，导致三地职业教育发展差异越来越大。北京市职业教育投入远远高于天津市和河北省，天津市职业教育投入也呈现出持续加大的局面，河北省职业教育经费投入明显不足，京津冀区域内职业教育投入不平衡现象极为严重。

在高职院校投入方面，2014年北京市、天津市、河北省人均（按当年区域人口数量平均）财政经费性投入为174.24元、189.66元、34.75元，京津两市分别是河北省的6.7倍、7.66倍，河北省仅分别为北京市、天津市的14.29%、13.04%；在中职学校投入方面，北京市、天津市、河北省人均（按当年区域人口数量平均）财政经费性投入为276.74元、152.55元、81.95元，京津两市分别是河北省的3.38倍、1.86倍，河北省仅分别为北京市、天津市的53.72%、29.61%。职业教育投入不足严重影响了河北省职业教育设备设施投入及职业教育发展规模，职业教育发展速度与质量逐渐成为河北省经济社会发展的短板。

再以职业培训政策为例，依据京津冀三地政府相关文件整理的公益性职业培训扶持政策及实施范围情况如表5—1所示。可见，京津冀三地公益性职业培训均采取了以政府购买服务的方式实施投入，但政策扶持资金额度及实施范围存在着较大差异。北京市规定，根据参加职业技能培训的实际人数，按照人均1100元的标准对培训机构给予补助，而天津市则规定按不同群体给予职业培训费用50%—100%的补贴。河北省规定依据不同职业（工种）给予补贴，补贴标准为每课时4元/人，最高不超过1600元。由《河北省职业技能培训职业（工种）补贴标准目录》得知，该省制定的五类职业技能培训补贴标准仅为90—240元，而北京市ABC等三类补贴标准为800—1200元，是河北省的数倍。在职业技能鉴定补贴方面，北京市给予全额补助，天津市则根据参加职业技能鉴定的群体以及获取的职业资格等级补贴50%—100%。河北省仅对参加初次职业技能鉴定考核并取得职业资格证书的给予补助，补贴额度为相应收费标准的60%。综合分析结果表明，就职业培训补贴项目而言，天津市最多。就职业培训补贴额度而言，北京市最高。河北省无论是职业培训补贴项目，还是职业培训补贴额度均为最低。政策不一，导致京津冀三地职业培训发展差距越来越大。

表 5—1　　京津冀职业培训（含创业培训）资金补贴情况对照表

地区	培训面向	补助标准
北京	职业指导培训	20 元/人。
	职业技能培训补贴	人均 1100 元。
	职业技能鉴定补贴	全额补助。
	创业培训补贴	2400 元/人。①培训合格率达到 80% 的，补助 40%；未达到 80% 的，补助 20%。②培训后一年内创业成功率达到 30% 的，补助 60%；不足 30% 的，补贴 20%。
天津	职业技能培训费补贴	①城镇登记失业人员和农村劳动力补贴 60%—100%；②企业在职职工补贴 50%—90%；③外来劳动力参加培训后与用人单位签订一年以上劳动合同，补贴 60%—100%；④高校毕业生参加技能培训并取得中级工以上补贴 50%；技师以上补贴 100%。
	职业技能鉴定费补贴	①城镇登记失业人员和农村劳动力参加职业技能培训补贴 100%；②外来劳动力参加职业技能培训后与用人单位签订一年以上劳动合同的补贴 100%；③参加职业技能培训并取得中级工以上职业资格的，高职院校毕业生补贴 100%，本科院校毕业生补贴 50%；④企业在职职工取得中级以上职业资格的补贴 50%；⑤上述人员取得技师以上职业资格的补贴 100%。
	再就业培训费补贴	500 元/人。城镇登记失业人员参加再就业培训合格补贴 300 元，6 个月内实现就业再补贴 200 元。
	转岗培训费补贴	按人均不超过 600 元标准补贴，补贴总额不超过企业上年度缴纳失业保险费的三分之二。
	在职继续教育培训费补贴	按照不超过上年单位缴纳失业保险费部分四分之一标准补贴。
	创业培训费补贴	①500 元/人；②培训后半年内成功创业人数达到 50% 以上，再补贴 700 元/人。

续表

地区	培训面向	补助标准
河北	职业技能培训补贴	每课时 4 元/人，最高不超过 1600 元。
	企业招收农民工技能培训	补贴 50%。
	劳动预备制培训	以实际培训课时数核算补贴。
	创业培训补贴	不超过 1000 元/人。
	职业技能鉴定补贴	参加初次职业技能鉴定考核并取得职业资格证书，按收费标准补贴 60%。

注：根据《北京市职业培训补贴管理办法》（京人社办发〔2009〕5 号）、《天津市职业培训补贴办法》（津劳社局发〔2009〕71 号）；《河北省关于进一步加强职业技能培训工作的实施方案的通知》（冀人社发〔2010〕33 号）等文件整理。

二 职业教育改革政策

（一）北京市

为有效破解"大城市病"，北京市按照党中央、国务院要求，坚持"一手控增量、一手去存量"的方针，以重点疏解带动连片疏解，确保实现 2020 年全市人口控制在 2300 万人以内的目标。各级各类职业学校作为人口聚集实体，也直接影响着区域人口规模。杨海燕等分析了北京市医药类职业教育层次结构变化情况，认为随着经济社会的持续发展，北京市职业教育层次结构重心必将继续上移。[1] 北京市人力资源市场对求职者学历要求逐步提高，中职学校毕业生就业难度逐步加大，广大民众更多地开始追求高等教育。

为控制人口发展规模，2012 年北京市下发了《进城务工人员随迁子女接受义务教育后在京参加升学考试工作方案的通知》，确认有资格接受中职教育的非京籍学生仅为 3000 人左右，为"十一五"时期非京籍学生数量的 1/10，最终仅录取 447 人[2]。2014 年，北京市人力资源市场非京

---

[1] 杨海燕、李小花：《发达地区职业教育层次结构重心上移的实证研究——以北京市医药类职业教育层次结构变化为例》，《中国人民大学教育学刊》2014 年第 1 期，第 128—139 页。

[2] 侯兴蜀：《政府教育规划如何在持续变革中落地——首都职业教育改革发展回顾、启示与展望》，《中国职业技术教育》2016 年第 18 期，第 24—29 页。

籍求职人员占求职人员总数的38.38%,①,基于人口疏解背景,北京市将继续实施更为严格的职业教育招生政策,进而减少人口增量。截至2015年底,北京市已有18所中职学校与河北省、天津市57所职业院校实施了合作对接,涉及电子商务、中西餐烹饪、高级家政服务与管理、计算机、学前教育、汽车运用与维修、物流服务与管理、工艺美术、轨道交通、数控技术应用等多个专业。② 北京市疏解人口政策必然会导致区域职业教育资源的冗余,推进京津冀职业教育一体化发展已成为北京市疏解人口的一条重要途径。

(二) 天津市

天津市是中国近代工业的发源地,职业教育发展历史久远。2010年天津市被确立为国家"职业教育改革创新示范区"后,在发挥行业办学优势,推进职业教育集团化发展以及职业教育体系建设方面形成了明显特色,职业教育专业结构与产业结构对接度已经超过90%。③ 2015年7月,教育部再次与天津市政府签署合作协议,将原"职业教育改革创新示范区"升级为"国家现代职业教育改革创新示范区",继续在健全职业教育体制机制、创新职业教育模式、完善职业教育制度、建设现代职业教育体系等方面进行实践探索,努力实现职业教育与经济社会同步规划、与产业建设同步实施、与技术进步同步升级,为我国现代职业教育发展创造可复制、可借鉴、可推广的经验。④

在中职教育方面,为充分发挥中职教育的基础性作用,天津市依据人口分布状况实施了"中等职业学校布局调整项目",重点推进了40所中职教育改革创新示范校和特色校建设,使该市中职学校校均招生人数、教职工人数和专任教师人数分别比调整前的2009年增长了5.9%、5.42%和8.43%。在高职教育方面,天津市实施了"职业院校基础能力

---

① 《2014年第三季度北京市人力资源市场职业供求状况分析报告》,中国就业网(http://www.chinajob.gov.cn/DataAnalysis/content/2015-01/06/content_ 1007388/htm)

② 赵婀娜、杨柳、靳博:《京津冀职业教育如何协同发展》,人民日报2016年3月17日,第18版。

③ 《见证2014——我们眼中的中国职业技术教育亮点:天津市》,《职业技术教育》2015年第3期,第31页。

④ 《国家职教改革示范区在津"升级"》,《天津日报》2015年7月8日,第9版。

建设项目",积极推进了高等职业教育示范校和骨干校建设,促进高等职业院校的内涵式发展。"职业教育改革创新示范区"建设5年间,天津市高等职业院校数量一直为26所。教职工总人数和专任教师人数基本稳定在1.08万人和0.73万人左右。尽管各年度高等职业教育毕业生人数、招生人数、在校生人数等指标略有波动,但均呈逐年增长之势。应对经济发展新常态,目前天津市正在对渤海职教园区高等职业院校部分优势专业实施重组,积极推进应用性大学建设,力求为天津经济转型、产业升级培养更多的高层次技术技能型人才。在职业培训方面,天津市实施了"职业培训福利计划"。2014年天津市职业培训结业生数量达到125.14万人,比2009年的118万人增长了6.05%。全市获取职业资格证书人数达到21.7万人,实现了历史性突破。为提升培训质量,天津市启动开发了22个行业、191个职业、1018个职业培训包并投入使用,形成了科学、标准、规范的培训模式。[①] 可见,天津市在长期的职业教育发展实践中,也积累了丰富的职业教育资源。

(三) 河北省

河北省职业教育发展经历了21世纪初的滑坡和随后几年的扩张已逐渐趋于稳定,无论是高职教育还是中职教育均达到了"半壁江山"的规模,职业教育发展已经由"规模扩张"阶段转入"质量提升"阶段,"在改革中发展、在发展中提升"已成为河北省现代职业教育发展的"主旋律"。但是,自2013年河北省开始实施大规模的产业结构调整之后,现有企业普遍面临着发展困境,直接影响了职业院校毕业生就业,河北省职业教育在京津冀地区乃至在全国的影响力逐渐下滑。

在中职教育发展方面,中职学校招生人数和在校生数量持续减少,"招生难"问题日益凸显。招生市场出现了混乱现象,部分中职学校依赖初中学校班主任、同村乡亲、职业学校的学生等"中间人"采取不当手段抢夺生源,部分中职学校与生源学校达成协议,承诺每招收一名学生支付200—1000元的劳务费。无序竞争的招生手段不仅提高了中职学校的

---

① 廖晨霞:《打造"津味"培训包——本市推进职业技能改革创新调查》,《天津日报》2014年9月3日,第1版。

办学成本,也破坏了中职教育公平竞争环境。同时,中职毕业生工资低、就业环境差、就业稳定性差等问题日益凸显。为提升中职教育的吸引力,河北省自2009年起开始中高职衔接试点,目前已形成了以"3+2"为主的中高职分段培养模式、高职院校五年一贯制模式、中职与本科"3+4"培养模式等。但深入分析不难发现,这种形式的衔接多为形式上的衔接,未能从内涵上实现对接。人才培养目标定位模糊、专业设置不够契合、课程内容重复率高等问题直接制约了河北省中职教育的发展。

在高职教育方面,随着河北省原有钢铁、煤炭、建材水泥等产业转型进程的推进,高职院校大而不强的问题逐步显现。中国科学评价研究中心、武汉大学中国教育质量评价中心联合中国科教评价网推出的《2016年中国大学及学科专业评价咨询报告》显示,河北省仅有4所高职院校进入全国百强,全国高职院校百强前20位没有河北省院校,前50位也只有承德石油高等专科学校一所;曾经创造河北省高职教育辉煌的邢台职业技术学院仅排到了第68位,曾经在全国百所示范校综合排名第一的河北工业职业技术学院仅排到了第92位。

三 职业教育管理政策

与京津两地比较,河北省尚未充分发挥市场配置职业教育资源的决定性作用,行政化问题极为突出。一方面,中职教育资金投入较低,导致中职学校设施设备较差,"双师型"教师队伍建设尚未全面到位。另一方面,部分地方政府教育行政部门采取初中学生提前分流等措施,动员部分初中学习成绩较差的学生进入当地中职学校学习,各行政区域形成了招生行政壁垒。尽管该措施保证了县区级中职学校生源,但已严重违反了国家九年义务教育规定。同时,该项措施在一定程度上保护了落后学校,导致部分中职学校设施设备及专任教师教育教学能力"几十年如一日",难以适应时代要求。相关部门将部分职业院校教师工作室视为行政机关办公室,要求限定在9平方米范围之内。而同期,京津两地却在设立专家工作室,要求职业院校教师与行业企业技术人员一起,实施协同攻关,为企业科技进步搞好咨询服务。尽管中共河北省委、省政府强调建立有利于"双师双能型"教师建设和发展的制度环境,积极推进

"双聘"制度,① 但多数职业院校尚未落实,职业院校教师企业兼职仍视为"违规",专任教师流出越来越多。

第三节 职业教育发展差异的市场因素

一 就业市场

职业教育以就业为导向,就业市场是推动职业教育发展的重要动力。目前,京津冀劳动力就业市场处于相对分割状态,导致京津冀职业教育发展形成较大差异。成新轩等研究认为,京津冀统一劳动力市场建设仍处于初步阶段,且其分割程度远高于资本和消费品市场,② 需要推动就业市场一体化的发展。

1. 劳动力区域分布

由图5—1可见,京津冀区域劳动力(就业人员)主要集中在相对经济不够发达的河北省,北京市次之,天津市最少。2015年,河北省就业人员达到4212.5万人,占京津冀就业人员总量的66.91%;北京市、天津市分别为1186.1万人、896.8万人,分别占京津冀就业人员总量的18.87%、14.25%。相对于京津两地,河北省劳动力综合素质较差,人力资本存量相对较少、职业教育需求较大。京津两地劳动力综合素质相对较高,人力资本存量相对较大。北京市、天津市依靠地理优势和优越环境,成为劳动力的重要吸纳地。河北省则成为京津两地劳动力的输出地。2005—2015年,河北省就业人口占京津冀区域就业人口总量的比例逐年下降,10年间平均降幅为0.47个百分点,年降幅为0.23—0.71个百分点。同期,北京市就业人口占京津冀区域就业人口总量的比例逐年上升,10年间平均增幅为0.36个百分点,年增幅为0.11—0.88个百分点。天津市就业人口占京津冀区域就业人口总量的比例也呈逐年上升趋势,10年间平均增幅为0.35个百分点,年增幅为0.18—0.70个百分点。京津冀劳动力资源配置失衡导致就业

---

① 魏伟:《河北省鼓励转型试点高校教师参与企业科技创新》(http://acftu.workercn.cn/110/201801/03/180103143349423.shtml)。

② 成新轩、武晨静:《京津冀劳动力市场一体化发展面临的障碍及对策》,《河北大学学报》(社会科学版)2017年第1期,第102—107页。

机会不均等,直接影响了区域职业教育发展[①]。

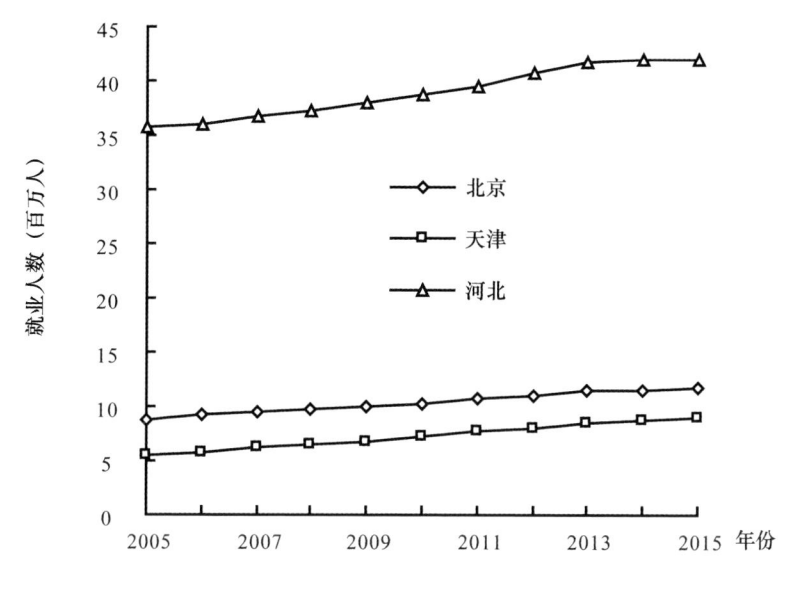

图5—1 2005—2015京津冀就业人员地域分布情况

资料来源:京津冀三地统计年鉴。

2. 劳动力行业分布

2015年京津冀三地劳动力行业分布情况如图5—2所示。可见,河北省三次产业劳动力处于平衡分布状态,第一、二、三产业就业人员比例分别为32.95%、34.12%、32.93%;北京市和天津市则表现出明显差异。北京市第一、二、三产业就业人员比例分别为4.24%、16.93%、78.83%,天津市第一、二、三产业就业人员比例分别为7.4%、35.6%、57%。一般认为,农业就业人口较多,会减少人均农业资源占有量,降低农业经营的规模收益,需要通过职业教育实施农村劳动力转移。非农产业就业人口(劳动力)占总人口的比例较高,职业教育现实需求较大。因此,河北省三次产业就业人口分布状况也直接影响了职业教育发展的

---

① 林巍、任伟峰:《基于京津冀人力资源一体化的河北省农村劳动力转移就业机制分析》,《广东农业科学》2012年第22期,第202—204页。

速度与规模。

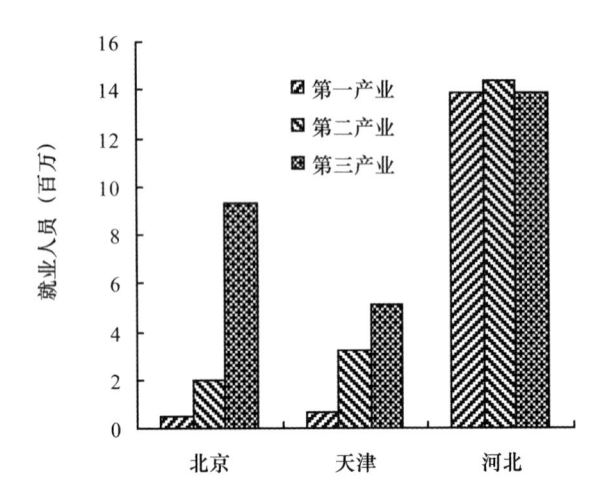

图 5—2　2015 京津冀就业人员三次产业分布情况

资料来源：京津冀三地统计年鉴。

3. 劳动力供需矛盾

京津冀劳动力就业存在地区间和行业间不平衡问题，河北省劳动力过剩，京津则相对缺乏。河北省第一产业劳动力较多，第二、三产业劳动力就业容量较小。北京市人力资源和社会保障局数据表明，2015 年上半年北京市人力资源市场净增就业岗位 56.2 万个，但 1/3 以上是专业技术岗位，"信息传输、计算机服务和软件"专业技术人员需求量最大。河北省劳动力虽多，但多为企业转型、产业升级导致的失业人员，或为农村劳动力转移人员，不具备上述技术技能。[①] 京津冀劳动力供给大于需求的行业主要集中在制造业、建筑业、科学研究和技术服务业、批发和零售业等领域。劳动力供给小于需求的行业主要集中在信息传输业、服务业等领域，直接导致了京津冀区域出现了"招工难"与"就业难"并存的现象，唯有推进京津冀职业教育一体化方能有效解决。

---

① 成新轩、武晨静：《京津冀劳动力市场一体化发展面临的障碍及对策》，《河北大学学报》（社会科学版）2017 年第 1 期，第 102—107 页。

4. 劳动力薪资差异

何勤等调查结果表明，2015年北京市和天津市职工平均工资分别是河北省的1.87倍和1.35倍；北京市人均GDP略低于天津市水平，但人均工资水平却明显高于天津市。天津市职工收入水平也比河北省更具吸引力。目前，河北省已成为京津两地外来人口第一大省，[①] 京津两市已对河北省各类人才形成"虹吸效应"，促进了京津两地的社会经济发展。同时，京津两地汇聚了大量的高素质人才，导致职业教育需求减少。在地方政府持续投入的情况下，京津两地职业教育资源持续增加，与河北省的差异越来越大。

但是，相对于河北省而言，京津两地劳动者知识失业问题较为严重。由于高校专业设置与劳动力市场实际需求不尽匹配，部分接受过高等教育的知识型劳动者因难以寻求到合适的就业岗位不得不从事原来较低文化程度的劳动者所从事的职业或岗位。"过度教育"现象的存在，不仅浪费了国家有限的教育资源，也浪费了学生美好的青春年华。因此，拓展区域劳动者就业空间，必须强化三地民众对不同区域劳动力市场的认知，加快京津冀职业教育一体化发展进程。

二 资源市场

京津冀职业教育资源市场也处于严重的分割局面，导致职业教育资源难以实现流通或共享，三地职业教育资源差异越来越大。

1. 职业教育客体存在户籍制度制约

自1958年《中华人民共和国户口登记条例》实施以来，我国一直实行控制人口自由流动的政策。改革开放以后，尽管国家相关政策有所调整，但其实质内容仍未改变。应该承认，户籍制度的建立对维护公共利益、优先发展城市与工业，抑或维护社会与政治秩序发挥了重要作用，但也人为地阻断了不同行政区域之间、城乡之间包括劳动力在内的各种经济生产资源要素的自由流动。[②] 包括职业教育的各种优势资源汇聚于工

[①] 何勤、雍华中：《京津冀协同发展背景下统一开放的人力资源市场体系构建研究》，《北京联合大学学报》（人文社会科学版）2016年第1期，第50—60页。

[②] 杨云彦、蔡昉：《城市就业与劳动力市场转型》，中国统计出版社2004年版，第39—43页。

业和服务业发达的城市,不同行政区域之间、城市与农村之间的职业教育资源存量差异越来越大。京津冀三地处于分割治理状态,京津两市充分发挥首都或直辖市优势,聚集的职业教育资源越来越多。河北省则存在大量的农村地域,职业教育投入较少,资源积累迟缓,职业教育资源总量与质量距京津两地差异越来越大。

2. 职业教育办学主体地位尚未落实

基于职业教育的准公共产品属性,政府管理在职业教育发展中仍发挥着主导作用。表面上看,京津冀职业一体化发展是三个行政区域职业院校和培训机构的互动过程,实质为三地政治协同的产物。特别是在职业教育资源流动方面,多数公办职业院校仅有资产利用权利,没有资产处置权利。即使某些职业院校资产处于闲置状态,也不能实现跨行政区域的自由流动。因为多数职业教育资源属于国有资产,必须通过"招、拍、挂"等程序方能实现产权转移。职业教育办学主体地位的缺失,导致市场配置资源的决定性作用失效,直接影响了职业教育资源利用的效率与效益。现行管理政策就像给京津两地职业教育资源提供了一把"保护伞",京津两地职业教育资源越来越强,与河北省的差距越拉越大。

3. 城乡职业教育均衡发展尚待加强

长期以来,我国职业教育布局一直以政府为主导,职业教育投入具有城市偏好特征,农村职业教育投入偏少,导致农村和城市职业教育逐步形成了非均衡现象。农村教育投入多为基础教育,且以人口布局为依据,职业教育、成人教育尚未普及。2015年末,京津冀三地常住人口分别为2170.5万人、1546.95万人、7424.92万人,农村居民人口分别占全省(市)常住人口总量的8.78%、17.36%、48.67%。京津两市职业教育资源配置得益于城市偏好,无论是数量还是质量必然会出现持续增长态势。而河北省农村人口较多,职业教育资源配置必然会与京津两地逐步产生明显差异。

同时,从京津冀发展现实看,政府依然是职业教育的投入主体。2002年,国务院《关于大力推进职业教育改革与发展的决定》提出,"城市教育费附加中安排用于职业教育的比例不低于15%,已经普及九年义务教育的地区不低于20%"。京津两地具有较大的城市教育费附加征收体量,自然会积累庞大的职业教育资源。河北省有广大的农村地区,教育费附加征收体量相对较小,与京津两地的差距越来越大。此外,京津两地财力雄厚,尽管职业教育投入总量小于河北省,但人均投入数量则是河北省数倍甚至数十倍。

三 服务市场

职业教育服务市场可直接称为"职业教育市场",集中反映了职业教育供求关系。若职业教育供大于需,可视该区域职业教育市场狭小;如果职业教育供小于需,可视该区域职业教育市场广阔。从现实看,京津冀职业教育市场现状也导致三地职业教育资源呈现较大差异。

1. 职业教育需求强度不一

Philip Kotler 提出,"市场由一切具有特定的需求或欲望,并且愿意和可能从事交换,使需求和欲望得到满足的潜在顾客组成"。[1] 以此推断,职业教育市场由一切具有接受职业教育需求或欲望,并且愿意和可能与职业教育机构交换,使其接受职业教育的需求和欲望得到满足的潜在人口组成。河北省人口虽多,但大部分为农村劳动力,若从事第一产业,其技术技能传承多采用"传、帮、带"形式,职业教育需求处于低位状态。即使从农村转移出来的劳动力进城务工,也多从事第二产业或简单的第三产业,以体力劳动为主、脑力劳动为辅,职业教育需求也处于较低层级。与之相反,京津两地经济社会发展较快,广大民众的职业教育需求层次逐步上移,高等职业教育需求加大,带动了职业教育资源的聚集。

2. 职业教育制度存在差异

与"长三角""珠三角"等区域比较,京津冀区域是我国政治中心的所在地,行政力量较强,产业聚集与城市发展主要依靠政府推动,市场作用尚未得到充分发挥。特别是中小企业和集体组织、民营经济发展相对较慢,行业协会与商会等非营利性组织不发达。按现有政策规定,职业教育市场与一般产品(含服务)市场不同,必须限定在政府主管部门审批的区域范围之内,不得违规跨行政区域开展业务,超出了服务范围

---

[1] 科特勒、俞利军:《现代营销学之父菲利普科特勒经典译丛:市场营销》,华夏出版社 2013 年版,第 124 页。

就是违反市场规则——违规办学。换言之,职业教育机构市场区域的合法性决定了其服务范围,否则就是违规办学。由于京津冀区域分属三个政府治理,职业教育服务只能面向本行政区域民众实施,职业教育机构难以走出所在行政区划界线,实现跨区域服务。政府从本区域发展考虑,也必然限制职业教育资源外流。

第四节　职业教育发展差异的经济因素

在明确京津冀职业教育发展差异(参见第四章第四节)的基础上,本书采用灰色关联度法,分析了京津冀三地各项经济社会发展指标与中职教育、高职教育、职业培训发展(以发展综合指数表示)的关联程度,确定了京津冀职业教育发展现状差异的经济影响因素。

一　分析方法

(一)指标(因素)的选取

根据数据可获得性,选取京津冀三地 2014 年人均 GDP (A_1)、人均财政收入(A_2)、城镇人口比(A_3)、城镇居民可支配收入(A_4)、农村居民可支配收入(A_5)、就业人员中高中及以上人口数比(A_6)、财政性教育经费占财政总支出的比重(A_7)、第一产业产值(A_8)、第二产业产值(A_9)、第三产业产值(A_{10})等 10 项社会经济发展指标。其中:人均 GDP 用于反映京津冀三地经济发展水平,人均财政收入用于反映政府财力状况,城镇人口比用于反映城镇化水平,城镇居民可支配收入和农村居民可支配收入用于反映劳动者对职业教育的购买力水平,就业人员中高中及以上人口数比用于反映劳动者的文化基础素质,财政性教育经费占财政总支出的比重用于反映政府对职业教育经费的支付(补助)能力(由于高职教育经费列入教育经费总额,故以此指标代表),三次产业产值用于反映经济(产业)结构。

(二)灰色关联度的计算

1. 确定参考数列和比较数列

将各项职业教育发展指数(具体为中职教育发展系数、高职教育发展系数、职业培训发展系数,参见第四章第四节)确定为参考数列,将社会经济发展10项指标确定为比较数列。

2. 对原始数据无量纲化处理

采取初值化处理方式,具体公式为:

$$P_k(n) = Q_k(n)/Q_k(1)$$

式中:k 为某省(市)社会经济发展10项指标和职业教育发展指数的编码数值($0 \leq k \leq 10$,且为整数),n 为某省(市)编码数值($1 \leq n \leq 3$,且为整数),$Q_k(n)$ 为该省(市)参考数列和各比较数列的初始化数据,$Q_k(1)$ 为北京市参考数列和各比较数列的初始化数据,经计算得到初值化数据 $P_k(n)$。

3. 计算绝对差序列

采用公式为:

$$\triangle k(n) = |P_0(n) - P_k(n)|$$

式中:$P_0(n)$ 为参考数列的初值化数据,$P_k(n)$ 为各比较数列的初值化数据。经计算,得到绝对差序列表。

4. 计算灰色关联系数

采用公式为:

$$\zeta_k(n) = [\Delta(min) + \rho\Delta(max)] / [\Delta k(n) + \rho\Delta(max)]$$

式中:$\Delta k(n)$ 为绝对差数列中各项的值,$\Delta(min)$ 为绝对差序列中绝对值最小的数,$\Delta(max)$ 为绝对差序列中绝对值最大的数,ρ 为分辨系数(取值为0.2)。经计算,得到比较系列的灰色关联系数 $\zeta_k(n)$。

5. 计算灰色关联度

采用平均数的方法,计算各比较数列与参考数列的关联度 r_k。公式为:

$$G = \frac{1}{\max\limits_{1 \leq i \leq n} \sum\limits_{j=1}^{n} A_{ij}} X$$

式中:$\zeta_k(n)$ 为各比较数列的灰色关联系数。经计算得到京津冀三地经济社会发展指标与各项职业教育综合发展指数之间的灰色关联度如表5—2至表5—5所示。

二 分析结果

(一) 中职教育

由表5—2可见,京津冀三地经济社会发展指标与中职教育综合发展指数的灰色关联系数从高到低依次为:财政性教育经费占财政总支出的比重(0.986)、城镇人口比(0.976)、人均GDP(0.972)、农村居民可支配收入(0.971)、第三产业产值(0.963)、城镇居民可支配收入(0.951)、就业人员中高中及以上人口数量比(0.946)、人均财政收入(0.943)、第二产业产值(0.829)、第一产业产值(0.706)。其中,财政性教育经费占财政总支出的比重与中职教育综合发展指数的灰色关联系数最高,说明中职教育发展与政府财政性教育经费关系最为密切,推动中职教育发展应提高财政性教育经费投入比例。城镇人口比与中职教育综合发展指数的灰色关联系数次之,说明城镇人口比例对中职教育的发展起到一定的推动作用,应积极推动新型城镇化进程。第一、第二产业产值与中职教育综合发展指数的灰色关联系数较低,可能与两次产业对人才技术技能水平要求有关。

表5—2　　京津冀中职教育综合发展指数与经济社会发展指标的灰色关联分析

地区	A_1	A_2	A_3	A_4	A_5	A_6	A_7	A_8	A_9	A_{10}	A_0
北京	10.086	18.876	86.30	4.853	1.887	73.29	3.479	0.075	2.149	7.861	0.777
天津	10.681	15.994	82.01	3.151	1.701	52.51	3.288	0.136	5.253	7.446	0.600
河北	4.012	3.325	48.12	2.414	1.019	26.16	2.953	0.470	2.047	1.495	0.812
关联度	0.972	0.943	0.976	0.951	0.971	0.946	0.986	0.706	0.829	0.963	—
排序	3	8	2	6	4	7	1	10	9	5	

注:A_1表示人均GDP(万元),A_2表示人均财政收入(千元),A_3表示城镇人口比(%),A_4表示城镇居民可支配收入(万元),A_5表示农村居民可支配收入(万元),A_6表示就业人员中高中及以上人口数比(%),A_7表示财政性教育经费占财政总支出的比重(%),A_8表示第一产业人均产值(万元),A_9表示第二产业人均产值(万元),A_{10}表示第三产业人均产值(万元),A_0表示中职教育(高职教育、职业培训、职业教育)综合发展指数。下同。

(二) 高职教育

由表5—3可见,京津冀三地经济社会发展指标与高职教育综合发展指数的灰色关联系数从高到低依次为:第三产业产值(0.959)、财政性教育经费占财政总支出的比重(0.951)、城镇居民可支配收入(0.950)、就业人员中高中及以上人口数量比(0.936)、农村居民可支配收入(0.934)、城镇人口比(0.932)、人均财政收入(0.916)、人均GDP(0.915)、第二产业产值(0.814)、第一产业产值(0.675)。其中,第三产业产值与高职教育综合发展指数的灰色关联系数最高,说明高职教育与第三产业发展规模关系密切,某地第三产业发展速度快、规模大会带动高职教育的发展。财政性教育经费占财政总支出的比重与高职教育综合发展指数的灰色关联系数次之,说明财政性教育经费是高职教育发展的经济保障,各级政府财政部门、教育部门应加大高职财政性教育经费的投入力度,保障高职教育的正常运行和可持续发展。与中职教育类同,第一、第二产业产值与高职教育综合发展指数的灰色关联系数较低,也可能与两次产业对人才技术技能水平要求有关。

表5—3　　京津冀高职教育综合发展指数与经济社会
发展指标的灰色关联分析

地区	A_1	A_2	A_3	A_4	A_5	A_6	A_7	A_8	A_9	A_{10}	A_0
北京	10.086	18.876	86.30	4.853	1.887	73.29	3.479	0.075	2.149	7.861	0.845
天津	10.681	15.994	82.01	3.151	1.701	52.51	3.288	0.136	5.253	7.446	0.963
河北	4.012	3.325	48.12	2.414	1.019	26.16	2.953	0.470	2.047	1.495	0.495
关联度	0.915	0.916	0.932	0.950	0.934	0.936	0.951	0.675	0.814	0.959	——
排序	8	7	6	3	5	4	2	10	9	1	——

(三) 职业培训

由表5—4可见,京津冀三地的经济社会发展指标与职业培训综合发展指数的灰色关联系数从高到低依次为:第三产业产值(0.963)、城镇居民可支配收入(0.958)、农村居民可支配收入(0.946)、城镇人口比(0.945)、就业人员中高中及以上人口数量比(0.944)、财政性教育经费占财政总支出的比重（0.931）、人均财政收入（0.924）、人均 GDP（0.927）、第二产业产值（0.782）、第一产业产值（0.655）。其中，第三产业产值与职业培训综合发展指数的灰色关联系数最高，说明第三产业发展带动了职业培训的发展。城镇居民可支配收入与职业培训综合发展指数的灰色关联系数较高，说明城镇居民可支配收入是人们参与职业培训考虑的一个重要原因，较高的城镇居民收入可促进职业培训发展。第一产业产值与职业培训综合发展指数的灰色关联系数较低，可能与农业技术推广机构未纳入职业培训体系有关。第二产业产值与职业培训综合发展指数的灰色关联系数也较低，可能与企业内部职业培训体系较为完善、未纳入社会职业培训统计口径有关。

表5—4　　　京津冀职业培训综合发展指数与经济社会发展指标的灰色关联分析

地区	A_1	A_2	A_3	A_4	A_5	A_6	A_7	A_8	A_9	A_{10}	A_0
北京	10.086	18.876	86.30	4.853	1.887	73.29	3.479	0.075	2.149	7.861	1.000
天津	10.681	15.994	82.01	3.151	1.701	52.51	3.288	0.136	5.253	7.446	0.610
河北	4.012	3.325	48.12	2.414	1.019	26.16	2.953	0.470	2.047	1.495	0.186
关联度	0.927	0.924	0.945	0.958	0.946	0.944	0.931	0.655	0.782	0.963	—
排序	8	7	4	2	3	5	6	10	9	1	

（四）综合分析

由表5—5可见，京津冀三地经济社会发展指标与职业教育综合发展指数的灰色关联系数从高到低依次为：第三产业产值（0.980）、财政性教育经费占财政总支出的比重（0.971）、城镇居民可支配收入（0.970）、就业人员受教育程度为高中及以上人口数（0.955）、农村居民可支配收入（0.954）、城镇人口比（0.952）、人均财政收入（0.930）、人均 GDP（0.930）、第二产业产值（0.805）、第一产业产值（0.675）。其中，第三产业产值与职业教育综合发展指数的灰色关联系数最高，说明第三产业发展带动了职业教育发展。财政性教育经费占财政总支出的比重与职业教育综合发展指数的灰色关联系数次之，说明财政性经费投入仍左右着职业教育发展总体局势，是职业教育发展的重要依赖。第一产业、第二产业产值与职业教育综合发展指数的灰色关联系数较低，其原因与中职教育、高职教育类同。

表5—5　　　京津冀职业教育综合发展指数与经济社会发展指标的灰色关联分析

地区	A_1	A_2	A_3	A_4	A_5	A_6	A_7	A_8	A_9	A_{10}	A_0
北京	10.086	18.876	86.30	4.853	1.887	73.290	3.479	0.075	2.149	7.861	2.63
天津	10.681	15.994	82.01	3.151	1.701	52.510	3.288	0.136	5.253	7.446	2.17
河北	4.012	3.325	48.12	2.414	1.019	26.160	2.953	0.470	2.047	1.495	1.50
关联度	0.934	0.934	0.952	0.970	0.954	0.955	0.971	0.675	0.805	0.980	—
排序	8	7	6	3	5	4	2	10	9	1	—

三　主要结论

京津冀社会经济发展指标与各类型职业教育发展的灰色关联分析结果表明，第三产业发展状况与高职教育、职业培训的灰色关联系数均为最高，说明区域第三产业发展状况决定了高职教育、职业培训发展的速度与规模。但是，第三产业发展状况与中职教育发展的关联度仅排序第五，说明该指标与中职教育发展的关联性较低，可能与第三产业需要的技术技能人才层次较高有关。城镇人口比例与中职教育的关联度、财政性教育经费占财政总支出的比重与高职教育的关联度、城镇居民可支配收入与职业培训的关联系数均为第二位，说明发展不同职业教育类型需采取不同的措施。各类职业教育类型与社会经济发展指标的关联度由高到低排序表现出较大差异，也需要各地在制定不同类型职业教育发展时采取不同的措施。人均GDP与中职教育的灰色关联系数排在第3位，而与高职教育、职业培训的关联度均排在第8位，说明该项指标对中职教育发展的影响远高于对高职教育、职业培训的影响。第一、二产业产值与各类职业教育类型的灰色关联系数均较低，均分列第10位和第9位，可能与两次产业对人才技术技能水平要求有关。

京津冀社会经济发展指标与职业教育发展综合指数的灰色关联分析

结果表明，第三产业产值与职业教育综合发展指数的灰色关联系数最高，财政性教育经费占财政总支出的比重次之，再次是城镇居民可支配收入、就业人员受教育程度为高中及以上人口数量等指标，第一、第二产业产值与职业教育综合发展指数的灰色关联系数较低。北京市为我国首都，第三产业已成为支柱产业，有力带动了职业教育发展；天津市为中央直辖市，第三产业发展也具有较大的体量，经济社会发展水平较高，也直接带动了职业教育的发展。河北省应加快第三产业发展速度与规模，加大地方财政对职业教育投入，努力提高城乡居民人均收入水平，加快普及高中阶段教育，以此推进职业教育发展增速度、上规模，逐步缩小与京津两地职业教育发展状况的现实差异。

第 六 章

京津冀职业教育一体化动因与目标

　　动因指行动的原因,是个体或组织产生某一行为的心理倾向,也是诱发、维持行为向一定方向和目标发展的动力。目标是一种在思想上预先认识到的行动结果,通过使用特定手段而实现。京津冀职业教育一体化目标决定了一体化行动应该做什么、做到什么程度等问题。反过来,京津冀职业教育一体化目标也决定了京津冀职业教育一体化的具体行动。唯有动因强大、目标明确、内容清晰,才能使京津冀职业教育一体化进程及效果符合党中央、国务院的大政方针,给三地民众带来实实在在的获得感,才能激发京津冀一体化的动因。侯兴蜀认为,在京津冀协同发展实现良好开局的背景下,京津冀职业教育协同发展已经进入行动状态,行动内容体现在组建集团或联盟、校长挂职、师资研修、学生联合培养、专业共建、实训基地共享、科研教研等方面。[①] 2015 年,河北省教育行政部门和学校共与京津两地签订协同发展协议 133 项,建立教育教学、科研信息、教师交流等各种交流平台 831 个,联合办学招生人数达 9586 人。然而,这些是不是京津冀职业教育一体化的目标内容,尚需进行深入探讨。

第一节　京津冀职业教育一体化的动因分析

一　内部动因

（一）职业教育资源的稀缺与盈余

　　资源依赖理论认为,世界上没有任何一个组织所依赖的资源是自

[①] 侯兴蜀:《京津冀职业教育协同发展政策研究》,《中国职业技术教育》2016 年第 36 期,第 17—24 页。

给自足的，所有组织为了生存与发展，必须与其所处环境中的其他组织进行资源交换。① 京津冀职业教育一体化的本质是职业教育资源的共同利用、相互交换的关系，是各合作方用盈余资源换取稀缺资源的载体。要素禀赋理论认为，资源禀赋差异是产生区域分工和合作的根本原因，资源要素遵循由密集区向稀缺区流动的规律。② 北京市随着产业转移及人口疏解政策的实施，职业教育资源特别是中职教育资源逐步出现了冗余现象，亟须向区域外转移。相对而言，河北省职业教育资源相对缺乏，且质量不高，需要接受北京市转移的职业教育资源。天津市职业教育资源供需虽然相对平衡，但需依赖河北省生源。京津冀三地职业教育资源要素存在差异，为京津冀职业教育一体化发展提供了内生动力。

（二）区域技术技能人才需求剧增

由"人口红利"逐步转向"人才红利"是我国后人口变化时期社会经济实现可持续发展的必然要求，职业教育是人力资源开发的重要途径之一，理应担负起推动经济社会发展获得"人口红利"的重任。目前，京津冀正在推进经济供给侧结构性改革，逐步淘汰落后产能，企业转型、产业升级进程逐步加快，对技术技能人才的需求愈发强烈，必须依靠职业教育培养更多的技术技能人才，不断提升在职人员技术技能水平。借鉴高素英等[3]、石庆焱等[4]测算人力资本教育年限总和法，求得2011—2015年京津冀人均接受教育年限如表6—1所示。可见，京津两地人力资源质量较高，但技术技能人才数量不足，难以满足人力资源市场需求；河北省虽为人口大省，但人力资本存量较低，难以满足承载京津两地产业转移需求。根据"合作博弈"理论，京津冀职业教育合作可使区域整

---

① 霍丽娟：《资源依赖理论视角下校企合作关系的分析》，《中国职业技术教育》2008年第27期，第33—36页。

② 陈林生、李刚：《资源禀赋、比较优势与区域经济增长》，《财经问题研究》2004年第4期，第63—66页。

③ 高素英、陈蓉、张艳丽等：《京津冀人力资本与区域科技创新能力的关系研究》，《天津大学学报》（社会科学版）2014年第6期，第63—66页。

④ 石庆焱、李伟：《教育年限总和法人力资本测算——基于年全国人口普查数据的修订结果》，《中国人口科学》2014年第6期，第95—103页。

体利益大于各自利益之和,实现"正和博弈",形成京津冀区域人力资本优势。也有学者比较了京津冀、"长三角""珠三角"区域人力资本发展状况,发现"长三角"地区人力资本提升最快,京津冀地区次之,再次是"珠三角"地区。京津冀地区人力资本的优势体现在教育、医疗保健方面,劣势则体现在人力资本迁移方面。[①] 可见,实施职业教育一体化发展战略,可在一定程度消除京津冀协同发展的政策性障碍和区域性壁垒,加快区域内人力资源的合理流动。

表6—1　　　　　京津冀2011—2015年人均接受教育年限

变化情况　　　　　　　　　　（年）

地区	2011年	2012年	2013年	2014年	2015年	平均
北京	11.55	11.84	12.03	11.85	12.35	11.92
天津	10.40	10.51	10.54	10.51	10.61	10.51
河北	8.67	8.71	8.90	8.67	9.05	8.84
平均	10.20	10.35	10.49	10.41	10.67	10.42

资料来源:依据《中国统计年鉴》2012—2016年相关数据换算而得。

（三）提升职业教育资源利用效率

职业教育资源利用效率指单位职业教育资源（测算时可转换为资金额度）培养合格毕业生的数量。职业教育资源在一定时间保持稳定的前提下,培养的合格毕业生越多,职业教育资源利用率越高。反之,职业教育资源的利用率就低,甚至会出现资源闲置或浪费现象。职业院校合格毕业生数量为招生数量与流失生数量之差,招生数量对职业教育资源利用具有决定性作用。刘爱玲分析认为,目前京津冀职业教育招生存在壁垒,招生数量出现了逐步萎缩现象。[②]

[①] 罗润东、郭建强:《京津冀、长三角、珠三角人力资本竞争力状况比较》,《经济问题》2009年第1期,第117—121页。

[②] 刘爱玲、薛二勇:《京津冀职业教育协同发展的政策研究》,《北京师范大学学报》(社会科学版) 2017年第2期,第21—29页。

表6—2　　　　京津冀职业教育 2011—2015 年招生数量　　　　（万人）

区域	职业教育层次	2011 年	2012 年	2013 年	2014 年	2015 年
北京	高职教育	8.51	8.42	7.98	7.04	5.93
	中职教育	4.78	4.45	2.58	2.26	2.71
天津	高职教育	6.73	7.39	7.31	7.57	7.30
	中职教育	3.03	2.87	3.23	2.98	3.80
河北	高职教育	24.41	21.99	22.19	20.75	22.77
	中职教育	28.58	23.46	18.42	18.97	24.32
京津冀	高职教育	39.65	37.80	37.48	35.36	36.00
	中职教育	36.39	30.78	24.23	24.21	30.83

资料来源：《中国教育统计年鉴》2012—2016 年。

由表6—2可见，2015年京津冀区域职业院校招生总量为66.83万人，比2011年下降了12.11%。中、高职院校招生总量分别比2011年下降了9.21%、15.28%。天津市中、高职学校招生数量分别比2011年上升了25.41%、8.47%，河北省中、高职学校招生数量分别比2011年下降了14.91%、6.72%，北京市中、高职学校招生数量分别比2011年下降了43.31%、30.32%。由京津冀三地之间比较可见，北京市减幅最大。究其原因，关键是北京市职业教育生源不足，河北省职业教育资源不足。2014年，北京普通中学招生数量是中职学校的4.5倍，本科招生数量为专科招生的2.5倍。北京规定，高职院校综合成绩前10名学生方可参加专接本考试，在一定程度上也影响了高职院校招生。京津冀职业教育一体化发展将引导区域职业教育资源依据市场规则实现合理流动，提升现有职业教育资源利用效率与效益。职业教育机构、企业和科研组织等能够在更大的区域范围内形成合作关系，创造"规模效益"，形成"倍增效应"。基于职业教育服务社会特征，京津冀职业教育资源必将随着产业转移而转移，职业教育机构必然积极寻求外部生源，提高现有职业资源利用的效率与效益。

二 外部动因

（一）外部发展形势促动

京津冀职业教育一体化面临着区域外发展形势的促动。国际方面，欧盟在保留各国职业教育特色的同时，积极推行了职业教育一体化发展战略。法国"大巴黎"地区重新配置职业教育资源，构建了区域资源整合机制。美国基于现代职业教育发展需求，形成了校企合作模式、职业技术中心模式和职教集团办学模式等。国内方面，"长三角"地区职业教育合作经历了人脉推动、政府主导等阶段后，已进入观念认同、共同行动阶段；"珠三角"地区充分运用市场机制整合职业教育资源，有力地推动了区域职业教育发展。[①] 与国内外先进地区比较，京津冀职业教育一体化进程已明显滞后，无论合作意识、合作规模还是合作力度等方面都存在较大差距。随着京津冀协同发展战略逐步推进，三地经济、文化、社会等各方面合作进程均将逐步加快，也将引导部分民众更加理性地规划自己的人生，提高生活品质，职业教育将产生旺盛需求。

与国内外先进地区比较，京津冀区域职业教育实力明显较弱，关键原因在于区域职业教育发展极不均衡，各级各类职业教育机构尚处于独立运行状态，行政区域内外均存在非理性竞争，区域职业教育资源尚未实现共享。京津冀职业教育一体化是一个求同存异的竞合过程，寻求利益最大化是其应然动因，推进京津冀职业教育一体化可产生聚集效应和扩散效应，进而将职业教育"蛋糕"做大，供三地广大民众分享。京津冀职业教育一体化发展可强化职业教育主体乃至相关主体彼此之间形成相互依存、相互促进的关系，有效化解现代职业教育发展的瓶颈因素，促使三地能够共谋发展战略，共享合作剩余，实现各利益主体的利益追求，形成京津冀区域现代职业教育发展的强大动力。

（二）国家宏观政策推动

京津冀协同发展是党中央、国务院确定的重大发展战略，教育部等

[①] 闫志利、王伟哲：《国内外区域职业教育一体化对京津冀的启示》，《教育与职业》2015年第8期，第14—18页。

六部门制定的《现代职业教育体系建设规划（2014—2020年）》也明确提出，深化区域内职业教育合作，鼓励各地打破行政区划限制，建立区域职业教育合作平台，协调职业教育发展政策。率先在京津冀、"长三角""珠三角"等地区推动职业院校跨省域合作培养人才、合作培训教师、合作开发课程、共享数字化教学资源、共享教学科研成果。《京津冀协同发展规划纲要分工方案》提出，支持有条件的北京普通高等学校、中职学校通过部分院系搬迁、办分校、联合办学等方式向外疏解，严控在京高等学校招生人数和办学规模，大幅压缩中职教育和成人教育规模，配套跟进疏解教育等公共服务单位。通过推动京津冀职业教育一体化发展，优化学校、专业布局，推进对口合作、集团化办学，加快建设与产业发展相适应的现代职业教育体系。推动京津冀依托大中型企业、职业院校及各类培训实训基地开展农民工职业技能培训、新型职业农民培训和农村实用人才培养，稳定和扩大农民工就业创业。可见，国家宏观政策已对京津冀职业教育一体化作出具体安排，成为京津冀职业教育一体化发展的强大动力。

得益于国家宏观政策的推动，北京市人民政府《关于加快发展现代职业教育的实施意见》提出，引导东城区、西城区中职学校向郊区疏解，支持其他有条件的职业院校通过搬迁、办分校、联合办学等方式向外疏解。建立京津冀职业教育集团，适应产业链分工合作的需要，支持职业院校跨区域合作培养人才，合作开发课程，共享数字化教学资源，共享实习实训基地，共享教学科研成果。天津市人民政府《关于加快发展现代职业教育的意见》提出，构建和完善京津冀协同发展装备制造业、现代服务业、新能源、民族文化技能传承等现代职业教育产教对接平台，形成京津冀协同发展职业教育对话交流合作机制、项目协同创新机制、校企合作联动机制，建立共研、共建、共享、共用、共赢的协同机制和交流平台。优化职业教育资源结构，构建与京津冀产业升级相适应的职业教育布局体系。河北省人民政府《关于加快发展现代职业教育的实施意见》提出，支持优质职业院校与京津优质职业院校共建共享实习实训平台、数字化教学资源，开展多种形式的合作办学。鼓励优质中职学校与京津高职院校探索开展中高职衔接试点，探索与京津职业院校校长和管理干部交流挂职以及专业教师交流访学工作，鼓励行业、企业、科研机构与职业院校组建跨区域职业教育集团、专业教学联盟。

（三）区域统一市场拉动

以往研究表明，在唯 GDP 考核时代，地方政府在实施经济社会发展决策时往往会陷入"囚徒困境"，[①] 使各种决策体现为一种非理性的微观选择，地方政府为保证本行政区域经济平稳快速增长，往往会加强对本地企业及产品的保护与扶持，形成市场分割现象。京津冀协同发展战略的实施明显减弱了地方保护主义力度，京津冀三地省（市）级层面的市场分割程度略低于整体层面以及河北省内的市级层面，初步显现出市场边界拓展以及功能承接效应，区域内部统一市场的微观活力进一步得到释放。因此，京津冀协同发展战略的实施将促使三地生产要素市场统一，进而拉动区域职业教育一体化的形成。

职业教育市场体系内涵丰富，既有职业教育生源市场，也涉及人力资源市场（就业市场）。同时，由于市场具有合理配置资源的强大功能，京津冀区域统一市场体系的建立将逐步减弱区域职业教育合作的政策性障碍和制度性壁垒，促进职业教育资源依据市场规则合理流动，职业院校实现区域内的合理布局以及各类专业的合理设置，实现空间、时序上的优化，使更多的民众享受到优质职业教育服务。区域职业教育统一市场的形成将在满足区域人力资源市场对技能型人才需求的同时，促进民众拥有更多的就业机会，实现更高质量的就业。反过来，区域职业教育统一市场的形成也将拉动职业教育一体化进程。

第二节 京津冀职业教育一体化遵循的原则

推动京津冀职业教育一体化发展既具有内部动因，也具有外部动因。然而，京津冀职业教育一体化是一项庞大的社会工程，应兼顾各区域、各方面的现实利益，努力做到多方共赢。借鉴王毓珣的观点，京津冀职

[①] 邓阳：《京津冀协同发展的市场一体化分析》，《商业经济研究》2018 年第 1 期，第 144—146 页。

业教育一体化应遵循以下几项原则[①]。

一 目标同向原则

目标指某一个人或群体在一定的时空范围内确立并力争达成的追求，目标同向指不同个人或群体具有一致或相近的目标。在京津冀区域建立具有世界影响力和竞争力的现代职业教育体系，必须凝聚三地发展力量，向职业教育一体化目标行进。需要注意的是，京津冀职业教育一体化并非是三地职业教育的等同化、同质化发展，应该是三地职业教育机构、专业等的错位发展。三地政府及职业教育机构应从京津冀整体区域谋划职业教育发展问题，依据京津冀区域产业发展、劳动力就业等总体情况，坚持有所为、有所不为，做到你中有我，我中有你，形成区域职业教育发展合力，进而产生"1+1+1>3"的协同效应、倍增效应。

二 统筹兼顾原则

京津冀职业教育一体化发展必须科学筹划、统筹兼顾，兼顾各方利益，实现优势互补、互利共赢。要将京津冀职业教育一体化视为一项社会系统，内含北京市、天津市、河北省三个职业教育区域子系统，通过搭建平台，实施协调、整合、优化等措施，由原来的分域治理、各自为政的旧结构走向统一布局、错位发展的新结构。基于京津冀三地职业教育层次不一、发展水平不同的现实状况，要通过建立协调机构，共同制定三地职业教育发展整体规划，强化顶层设计，实施整体布局，以法律为保证，以行政指令为谋划，以市场为活力，实现共同发展。

三 合作共赢原则

京津冀职业教育一体化必须在满足三方经济社会发展需要的基础上，实现共同利益追求。三地应尽力消除合作分歧，结成利益共同体和命运共同体，科学确定职业教育发展的协同点，不断强化合作意愿，增强彼

---

① 王毓珣：《京津冀教育协同发展原则刍议》，《北京教育（高教）》2016年第6期，第14—16页。

此信任。建立三地职业教育机构合作磋商机制，既要有舍又要有得，善于从区域整体利益思考问题。集合三地各级各类职业教育资源，实现分工合作，互惠互利。不断拓展合作范围，既要重视职业教育机构之间的合作，也要重视企业与职业教育机构之间、职业学校与职业培训机构之间、职业学校与科研机构之间的合作。

四　错位发展原则

目前，京津冀三地职业教育发展存在各自优势，应采取错位发展、差异化发展措施。要依据本行政区域功能定位、职业教育资源状况、经济社会发展需要和广大民众对职业教育专业、内容、形式的诉求，扬长避短发展职业教育，力求形成区域特色。应将京津冀职业教育市场细分，进而细化职业教育发展目标。积极推进职业教育供给侧结构性改革，以优化职业教育供给带动职业教育需求。北京市应以推进应用型高校建设为重点，发展本硕博等高层次职业教育。天津市应充分发挥国家职业教育改革创新示范区的作用，积极推动高职院校的发展。河北省应采取建设职业教育园区形式，吸引京津两地职业教育资源流入，同时，以发展农村职业教育为重点，加快人力资源开发。

五　重点突破原则

抓住京津冀职业教育一体化发展过程中的主要矛盾，实施协力攻关、协同创新，力争在某一问题或问题的某一方面实现重点突破。在具体工作中，要注意在职业教育资源一体化共享、职业院校一体化布局、职业院校专业一体化设置、职业教育层次一体化安排等方面取得重大进展，逐渐实现全面、整体协同发展。充分利用京津冀一小时高速交通圈的便利，在资源共享、人才共用等方面制定相关政策，促进京津冀职业教育一体化不断取得新的突破。积极推进各级各类职业教育机构合作，努力实现职业教育集团化、终身教育学分化等目标。

第三节　京津冀职业教育一体化目标及内容

一　一体化目标

区域职业教育一体化指不同行政区域依托地缘相近、人缘相通、物缘相同等优势，在自愿的前提下，职业教育机构、行业企业及各类社会组织所拥有的职业教育资源通过跨行政区域流动，实现合理配置与共享。区域职业教育一体化发展指政府教育行政部门及各级各类职业教育机构按照扬长避短、互惠互利、共同发展的原则，充分发挥市场的作用，突破地区部门之间限制而形成部门之间、学校之间在生源、教师、信息、专业建设、课程、教学、实训基地等方面的相互合作行为。[①]其中，生源市场一体源于不同行政区域人力资源市场的统一，职业教育资源共享源于各级各类职业教育机构及企业的合作，而标准统一则需要政府教育及相关部门制定并实施区域内统一的职业教育政策，促进区域职业教育协调、均衡发展。

依据国家有关推进区域职业教育资源整合的安排部署，借鉴国内外相关实践经验，京津冀职业教育一体化应达到以下四项宏观目标：

第一，职业教育对区域经济发展的支撑力更强。京津冀协同发展战略的实施，必将加速不同行政区域之间的产业转移与人才流动，提升区域经济整体实力，促进社会发展进步。职业教育承担着为区域经济发展输送技术技能人才的重任，会有效提升区域社会人力资本存量。京津冀职业教育一体化发展应该能够有效拓展职业教育机构的服务区域，合力提升职业教育对区域社会经济发展的支撑力。

第二，职业教育资源利用效率及利用效益更高。世界上任何区域都不可能拥有生存和发展所需的全部资源，必须通过合作或交换来保证自身实现持续发展。[②]本书表明，北京市职业教育资源丰富但生源紧张，存

[①]　胡秀锦：《区域职业教育合作模式与实现机制研究》，《教育发展研究》2012年第19期，第45—49页。

[②]　霍丽娟：《资源依赖理论视角下校企合作关系的分析》，《中国职业技术教育》2008年第27期，第33—36页。

在资源闲置甚至浪费等现象；天津市同样面临着生源短缺的问题；河北省职业教育资源短缺且质量不高，但拥有较多的人口数量。京津冀职业教育一体化发展应能有效破解资源过剩和稀缺并存的状况，提高京津冀职业教育资源的利用效率及利用效益。

第三，区域职业教育发展速度更快、规模更大。目前，北京市、天津市职业教育发展已经进入瓶颈期。有学者测算，近期北京市每所中职学校在校生人数仅能维持在900人左右[1]。天津市职业教育生源也与人力资源市场需求形成强烈反差。河北省拥有大量的农村人口，需要通过接受职业教育实现就业再就业。京津冀区域应尽快建立覆盖整个区域、布局合理的现代职业教育体系，推动职业教育发展增速度、扩规模。

第四，区域民众对职业教育服务质量更为满意。党的十八大报告将"努力办好人民满意的教育"列为我国改善民生和加强社会服务体系建设任务之首。当前，京津冀职业教育发展规模和质量水平与民众期望存在较大差距，特别是河北省广大民众迫切需要改变职业教育资源较少、质量不高的现状。京津冀职业教育一体化发展应充分发挥各自优势，满足广大民众多样化的职业教育需求，不断提升职业教育质量，努力兴办人民满意的职业教育。

二 一体化表征

依据已有研究成果以及京津冀三地职业教育机构负责人的访谈结果，确认京津冀职业教育一体化应具有三方面的外部表征。

第一，职业教育资源实现整合共享。长久以来，京津冀三地职业教育机构多处于独立存在、独立运行状态。本研究结果表明，京津冀三地人均职业教育资源总量表现出较大差异。推进京津冀职业教育一体化发展，应能够促使各类职业教育资源依据市场规则，实现跨行政区域合理流动和优化配置，进而达到优势互补、合作共享、互利共赢

---

[1] 史枫：《人口调控背景下的首都职业教育：困难、机遇与策略》，《中国职业技术教育》2014年第24期，第39—44页。

的目的。

第二，职业教育生源市场实现统一。近年来，京津两市人力资源市场对技能型人才的需求数量逐年增大，但职业教育生源却在逐步减少，直接影响了人力资源市场供给；[①] 河北省是人口大省，职业教育生源充足。京津冀职业教育一体化发展应让广大民众能够在三地范围内自由选择职业教育机构学习。职业教育机构能够立足自身优势，实现跨行政区域招生。

第三，区域职业教育政策实现统一。区域职业教育政策是指由地方公权力机关（含地方党委、人大和政府及其行政机关）制定的，旨在解决区域职业教育问题、推动区域职业教育一体化发展的一系列规章制度的总和。目前，京津冀地方职业教育政策多基于本行政区域发展需求状况制定，对行政区域外无任何约束力。推进京津冀职业教育一体化进程，应共同实施统一的地方法律规制。

三 一体化内容

有关京津冀职业教育一体化的具体内容，不同学者有不同的阐释。李文义研究认为，京津冀职业教育一体化是京津冀协同发展战略的应有之义，主要包括八个方面的内容。[②]

第一，招生制度一体化。目前，京津冀三地各级各类职业教育均面临着生源紧张的状况。为维持生存和发展，三地职业院校均使出各自招数加大招生力度。基于这种情况，京津冀三地应打破职业教育招生制度上的区域限制，三地职业院校可根据专业特色，结合市场供求需要，面向整个京津冀区域，统一发布招生计划。三地学生可根据志愿自由选择相应院校，在招生录取时享受"同城"待遇，实现京津冀区域招生制度的一体化。

第二，学分互认一体化。为解决京津冀区域职业教育发展不平衡不

---

① 高兵：《开展职业教育合作打造"环京津人力资源储备带"》，《中国职业技术教育》2010年第19期，第37—40页。

② 李文义：《进一步推动京津冀职业教育一体化》，《北京观察》2017年第9期，第47—49页。

充分问题,政府教育行政部门应全面落实职业院校的办学主体地位,积极推动职业教育体制机制创新,引导各级各类职业教育面向社会、面向市场办学,增强职业教育的灵活性、针对性和开放性。全面建立学分银行制度,加快开发职业教育"培训包"或"职业教育课程包",逐步建立和完善京津冀区域内职业院校之间、职业培训机构和职业学校之间的学分互认机制,建立区域内学分银行信息系统,推进京津冀职业教育与培训学分互认一体化进程。

第三,学籍管理一体化。学籍管理是职业院校管理的基础,也是落实国家职业教育各项补助政策等的重要依据,对维护学生合法权益、保证学校正常的教育教学秩序具有重要意义。应建立统一的京津冀职业教育学籍管理系统,保证职业院校(含培训机构)学生能够在京津冀职业院校之间、职业培训机构之间以及不同职业教育主体之间的自由流动。同时,加强职业教育与普通教育融通,实现职业教育与普通教育学籍信息的共享,政府行政部门与职业院校之间的共享。

第四,学生资助一体化。京津冀职业教育规模庞大,职业院校类型、数量众多。许丽平研究表明,中职学生"生均教育成本是普通高中生均教育成本的3倍"[1]。资助贫困学生完成学业、顺利实现就业是国家实施的一项惠民工程。推进京津冀职业教育一体化,必须加快学生资助的一体化。三地政府教育行政部门应主动协调本地职业院校,共同建立京津冀学生资助一体化体系,在保障学生个体发展的同时,促进教育公平。

第五,实训基地一体化。2005 年,教育部、财政部制定了《中央财政支持职业教育实训基地建设项目奖励评审试行标准》,提出"建设一批能够资源共享,集教学、培训与技能鉴定等一体化的职业教育实训基地"。目前,由于京津冀职业院校招生数量发生了较大变化,或产业已实现了跨区域迁移,部分实训基地利用效率较低。京津冀职业教育一体化发展应重点加强区域实训基地一体化布局、建设、

---

[1] 许丽平:《我国中等职业教育成本分担研究——基于理论、实证和对策的分析》,《教育科学》2007 年第 12 期,第 65—71 页。

利用和发展工作。

第六,教学资源一体化。《国家中长期教育改革和发展规划纲要(2010—2020年)》明确提出,"加强优质教育资源开发与应用。加强网络教学资源体系建设""建立开放灵活的教育资源公共服务平台,促进优质教育资源普及共享"。经过数十年发展,京津冀三地已建设、积累了大量的教学资源,但由于职业院校及职业培训机构专业设置始终处于不断变化之中,部分教学资源出现闲置或浪费现象。京津冀职业教育一体化发展应通过共建共享等措施,实现教学资源建设和使用的一体化。

第七,质量评价一体化。《国家中长期教育改革和发展规划纲要(2010—2020年)》提出,"改革教育评价制度,根据培养目标和技能型人才培养理念,建立科学、规范的评价标准,开展由政府、学校、家长及社会各方面参与的教育质量评价活动,完善对学生的综合素质评价,探索促进学生发展的多种评价方式"。质量是职业教育生存与发展的生命线,直接关系到职业教育的社会影响力和吸引力等问题。京津冀职业教育一体化发展应共同制定科学规范、相互衔接的质量评价监测指标体系,科学确定职业教育质量标准以及评价主体、评价方法、评价过程等,做到评价标准三地互认,评价结果三地共享,为技术技能人才在三地之间的合理流动奠定基础。

第八,就业平台一体化。以出口带动入口,以就业带动招生,是加快京津冀区域现代职业教育发展的关键措施。京津冀职业教育一体化发展需要建立区域职业院校毕业生就业服务共享平台,及时向职业院校毕业生传递劳动力供求信息,为职业院校毕业生就业创业提供各种便利条件。据《天津日报》报道,2018年"津洽会"举办了人才智力引进板块系列活动,全场700余家企业提供各类岗位近10000个,并面向全球发布了京津冀2018高层次和急需紧缺人才引进计划,[①] 使"津洽会"成为京津冀就业市场一体化的重要平台,众多求职者盼望京津冀联合招聘活动成为常态。

---

① 廖晨霞:《700余家企业提供近万个岗位》,《天津日报》2018年4月16日,第2版。

本书认为，京津冀职业教育实现一体化的目标关键在于实施京津冀区域职业教育层次结构的一体化调整、职业院校的一体化布局、职业院校专业的一体化设置以及职业教育资源的一体化共享。

第 七 章

京津冀职业教育层次的一体化调整

职业教育层次结构指各级职业教育之间的组合及其比例关系,是职业教育体系内的子系统,[①] 决定着一个国家或区域职业教育体系的完善程度和职业教育的发展水平。2014年,国务院《关于加快发展现代职业教育的决定》提出,要"形成定位清晰、科学合理的职业教育层次结构"。同年,教育部等六部门制定的《现代职业教育体系建设规划(2014—2020年)》将我国职业教育分为初等职业教育、中等职业教育和高等职业教育三个层次。其中,高等职业教育又分为专科、本科和专业学位研究生(包括专业硕士和专业博士)三个层次,明确指出我国职业教育发展存在"层次结构不合理"的问题,强调逐步优化职业教育层次结构。与京津冀协同发展战略相适应,合理调整区域职业教育层次结构是推动京津冀职业教育一体化发展的重要任务。按本研究确定的研究范围,本章依据《中国统计年鉴》等资料,选取部分表达区域生产力发展水平的经济指标和表达层次结构的职业教育指标,分析了京津冀"十二五"期间生产力水平和职业教育层次结构的变化情况,旨在探究京津冀职业教育层次结构与生产力发展水平的关系,明确存在的具体问题,提出京津冀职业教育层次结构一体化调整的具体方略。

[①] 肖凤翔、董显辉:《系统论视域下我国职业教育层次结构的优化》,《职业技术教育》2012年第13期,第10—15页。

第一节　京津冀区域职业教育层次结构调整之必要

一　职业教育层次结构调整的任务

从全球区域职业教育发展研究看，联合国教科文组织（UNESCO）、经济合作与发展组织（OECD）和欧盟（EU）等均高度关注区域职业教育层次结构调整问题。众多学者研究认为，ISCED 3（中职教育层次）可作为各国最为普遍的职业教育层次，ISCED 5B（高职高专教育层次）次之。一国（或某一区域）经济和政治体系越发达，职业教育层次就越高。[1] 我国学者刘新华等认为，生产力发展水平与职业教育层次结构具有显著相关关系，职业教育层次结构应与区域生产力发展水平相适应。[2] 王海平等研究了北京市高等职业教育层次结构与生产力发展水平之间的关系，认为北京市高等职业教育层次结构的重心逐步上移，适应了北京市的生产力发展水平。[3] 徐玲认为，接受不同职业教育层次的劳动者掌握的技术知识和形成的技术能力不同，对经济发展的贡献与影响也不同。[4] 职业教育层次结构优化调整的主要任务是适应区域生产力发展需求，培养不同层次的技术技能人才，满足人力资源市场的多样化需求。

二　职业教育层次结构调整的目标

马克思主义认为，生产力是人类征服自然、改造自然、创造物质财富的能力，本质上是人类在与自然进行物质、信息、能量等的交换过程中产生的力量[5]。社会生产力是劳动者借助劳动工具形成的生产能力的集

---

[1] 李玉静：《世界各国职业教育层次结构发展探析》，《职业技术教育》2014年第22期，第17—22页。

[2] 刘新华、王冬琳、王利明：《我国职业教育层次结构与生产力发展水平关系的实证研究》，《中国高教研究》2013年第4期，第93—98页。

[3] 王海平、安江英、王利明等：《北京市高等职业教育层次结构与生产力发展水平关系的实证研究》，《职业技术教育》2013年第7期，第40—46页。

[4] 徐玲、张淑娟：《职业教育层次结构影响经济增长的实证研究——以西部省份为例》，《内蒙古师范大学学报》（教育科学版）2016年第1期，第12—16页。

[5] 徐海红：《马克思生产力概念的辩证诠释及生态价值》，《中国地质大学学报》（社会科学版）2018年第1期，第68—74页。

合，具有明显的区域性，可用劳动者创造的物质财富总量表达。李斯特（Freidrich List, 1789—1846）的"生产力理论"表明，生产力的重要性远高于财富本身，增强社会生产力的根本途径是增加"生产力的生产者"，努力发展各级各类教育。① 一个国家或地区走向富强，必须不断解放和发展社会生产力。与此对应，职业教育是提升劳动者生产（职业）能力的教育，因此也可以理解为解放和发展社会生产力的教育。区域职业教育层次结构必须与区域生产力发展水平相适应，才能实现二者之间的相融互促，共同发展。

三 职业教育层次结构调整的意义

京津冀三地为京畿重地，区域总人口超过1亿人，在全国具有重要的经济地位和战略地位。随着供给侧结构性改革政策以及京津冀协同发展战略的实施，京津冀企业转型、产业升级步伐将明显加快，经济结构、生产力水平也会发生明显变化。科学确定目前京津冀职业教育层次结构和生产力发展水平的关联与适应状况，进而发现不足，提出京津冀区域职业教育层次结构调整的具体措施，是京津冀职业教育一体化发展的根本任务之一，对完善京津冀职业教育体系、推进京津冀协同发展具有重要的理论意义和实践意义。

第二节 区域生产力水平与职业教育层次表达指标

一 生产力发展水平表达指标

借鉴王海平等的研究方法②，依据《中国统计年鉴》以及京津冀三地《统计年鉴》等资料，从地区经济总量、区域财政收支水平、居民收入水平、区域产业结构状况4个维度，选取了9项经济指标用于表达京津冀三地的生产力发展水平。其中，地区经济总量用地区生产总值（Gross Re-

---

① 俞海山：《李斯特生产力学说的理论意义和实践价值研究》，《生产力研究》2003年第2期，第93—97页。
② 王海平、安江英、王利明等：《北京市高等职业教育层次结构与生产力发展水平关系的实证研究》，《职业技术教育》2013年第7期，第40—46页。

gional Product，GRP）和人均地区生产总值（Per Capital Gross Regional Product，PGRP）两个指标表达；区域财政收支水平以财政收入总量（Total Financial Income，TFI）和财政支出总量（Total Financial Expenses，TFE）两个指标表达；居民收入水平以城镇居民家庭人均可支配收入（Income of Urban Residents，IUR）、农村居民家庭人均纯收入（Income of Rural Residents，IRR）两个指标表达；区域产业结构状况以三次产业产值及其比重表达，包括第一产业产值比重（Primary Industry Proportion，PIP）、第二产业产值比重（Secondary Industry Proportion，SIP）、第三产业产值比重（Tertiary Industry Proportion，TIP）。

二 职业教育层次结构表达指标

借鉴刘新华等的研究方法[1]，依据《中国教育统计年鉴》以及京津冀三地《教育统计年鉴》等资料，从各层次职业学校数量和毕业生数量两个维度表达职业教育层次结构。基于当代社会认知，在统计各层次职业学校数量时，中职学校数量及毕业生数量以"中职学校数量（Number of Secondary Vocational Schools，NSS）"和研究当期"中职毕业生数量（Number of Secondary Vocational Schools Graduates，NSSG）"表达；将高职院校范围限定于专科层次，高职院校数量及毕业生数量分别以"高职院校数量（Number of Higher Vocational Colleges，NHC）"和研究当期"高职毕业生数量（Number of Higher Vocational Colleges Graduates，NHCG）"表达；设定"本科及以上职业教育"一词，以地方本科院校数量及研究当期毕业生人数表达，描述为"本科学校数量（Number of Regional University，NRU）"和"本科及以上毕业生数量（Number of Regional University Graduates，NRUG）"。

基于学界对"教育层次结构"的普遍认知，本书利用不同层次职业教育学校数量比例、研究当期（年）毕业生数量比例表达区域职业教育层次结构变化情况。具体描述为研究当期某年份高职院校数量与中职学

---

[1] 刘新华、王冬琳、王利明：《我国职业教育层次结构与生产力发展水平关系的实证研究》，《中国高教研究》2013年第4期，第93—98页。

校数量比例（简称"学校高中比"）、高职毕业生数量与中职毕业生数量比例（简称"毕业生高中比"）、本科及以上学校数量与高职院校数量比例（简称"学校本高比"）和本科及以上毕业生数量与高职毕业生数量比例（简称"毕业生本高比"）。由于京津冀区域初等职业教育近于消失状态，基于数据的可获得性，本书未将初等职业教育纳入。

第三节 京津冀生产力水平及职业教育层次的变化

一 生产力发展水平的变化

（一）经济总量

将京津冀三地"十二五"期间用于表达生产力发展水平的指标变化情况整理为表7—1所示。可见，京津冀三地2011—2015年GRP总量均呈逐年增加趋势，2011年京津冀三地GRP总量分别为16251.93亿元、11307.28亿元、24515.76亿元，2015年分别增至23014.59亿元、16538.19亿元、29806.11亿元，增幅分别为41.61%、46.26%、21.58%，天津市增幅最大，北京市次之，河北省最小；京津冀三地人均GRP亦呈逐年增加趋势，2011年人均GRP分别为81658元、85213元、33969元，2015年分别增加至106497元、107960元、40255元，增幅分别为30.42%、26.69%、18.51%，北京市增幅最大，天津市次之，河北省最小。

表7—1 京津冀十三五期间生产力水平主要指标变化情况

区域	年份	GRP 总量（亿元）	GRP 人均（元）	财政（亿元）收入	财政（亿元）支出	人均收入（元）城镇	人均收入（元）农村	三次产业比重（%）一产	三次产业比重（%）二产	三次产业比重（%）三产
北京	2011	16251.93	81658	3006.28	3245.23	32903.00	14735.70	0.8	23.1	76.1
	2012	17879.40	87475	3314.93	3685.31	36468.80	16475.70	0.8	22.7	76.5
	2013	19500.56	93213	3661.11	4173.66	44563.93	17101.78	0.8	22.3	76.9
	2014	21330.83	99995	4027.16	4524.67	48531.85	18867.30	0.7	21.3	77.9
	2015	23014.59	106497	4723.86	5737.70	52859.17	20568.72	0.6	19.7	79.7

续表

区域	年份	GRP 总量（亿元）	GRP 人均（元）	财政（亿元）收入	财政（亿元）支出	人均收入（元）城镇	人均收入（元）农村	三次产业比重（%）一产	三次产业比重（%）二产	三次产业比重（%）三产
天津	2011	11307.28	85213	1455.13	1796.33	26920.90	12321.20	1.4	52.4	46.2
	2012	12893.88	93173	1760.02	2143.21	29626.40	14025.50	1.3	51.7	47.0
	2013	14370.16	99607	2079.07	2549.21	28979.82	15352.60	1.3	50.6	48.1
	2014	15726.93	105231	2390.35	2884.70	31506.03	17014.18	1.3	49.2	49.6
	2015	16538.19	107960	2667.11	3232.35	34101.35	18481.63	1.3	46.6	52.2
河北	2011	24515.76	33969	1737.77	3537.39	18292.20	7119.70	11.9	53.5	34.6
	2012	26575.01	36584	2084.28	4079.44	20543.40	8081.40	12.0	52.7	35.3
	2013	28301.41	38716	2295.62	4409.58	22226.75	9187.71	12.4	52.2	35.5
	2014	29421.15	39984	2446.62	4677.30	24141.34	10186.14	11.7	51.0	37.3
	2015	29806.11	40255	2649.18	5632.19	26152.16	11050.51	11.5	48.3	40.2

（二）财政收支

由表7—1可见，京津冀三地2011—2015年财政收入均呈逐年增加趋势，2011年京津冀三地财政收入分别为3006.28亿元、1455.13亿元、1737.77亿元，2015年分别增至4723.86亿元、2667.11亿元、2649.18亿元，增幅分别为57.13%、83.29%、53.45%，天津市增幅最大，北京市次之，河北省最小；京津冀三地财政支出亦呈逐年增加趋势，2011年京津冀三地财政支出分别为3245.23亿元、1796.33亿元、3537.39亿元，2015年分别增至5737.7亿元、3232.35亿元、5632.19亿元，增幅分别为76.80%、79.94%、59.22%，天津市增幅最大，北京市次之，河北省最小。

（三）居民收入

由表7—1可见，京津冀三地2011—2015年城镇居民家庭人均可支配收入均呈逐年增加趋势，2011年京津冀三地城镇居民家庭人均可支配收入分别为32903元、26920.9元、18292.2元，2015年分别增至52859.17元、34101.35元、26152.16元，增幅分别为60.65%、26.67%、42.97%，北京市增幅最大，河北省次之，天津市最小。京津冀三地农村居民家庭人均纯收入亦呈逐年增加趋势，2011年京津冀三地农村居民家庭人均纯收入分别为14735.7元、12321.2元、7119.7元，2015年分别增至20568.72元、18481.63元、11050.51元，增幅分别为39.58%、50%、55.21%，河北省增幅最大，天津市次之，北京市最小。

(四) 产业结构

由表7—1可见，京津冀三地2011—2015年第一产业比重均呈减少趋势。其中，京津两市呈"逐年减少"趋势。2011年京津两市第一产业比重分别为0.8%、1.4%，2015年分别减至0.6%、1.3%；河北省第一产业比重呈"先增后减"趋势，2011—2013年由11.9%增至12.4%，2015年减至11.5%。京津冀三地第二产业比重也呈逐年减少趋势，2011年京津冀三地第二产业比重分别为23.1%、52.4%、53.5%，2015年分别减至19.7%、46.6%、48.3%。第三产业比重均呈增加趋势。2011年京津冀三地三产比重分别为76.1%、46.2%、34.6%，2015年分别增至79.7%、52.2%、40.2%。

二 职业教育层次结构变化

(一) 基于学校数量的职业教育层次结构的变化

将京津冀三地2011—2015年职业院校数量变化情况整理为图7—1所示。可见，"十二五"期间京津冀三地职业教育"学校高中比"逐步加大。其中，北京市呈"先减后增"趋势，2011年"学校高中比"为0.2708，2013年减至0.266。2015年增至0.2717，比2011年增加了0.33%；天津市呈"先增后减"趋势，2011年"学校高中比"为0.2955，2014年增至0.3291。2015年减至0.3289，仍比2011年增加了11.3%；河北省呈"波动上升"的趋势，2011年"学校高中比"为0.0875，2015年增至0.0969，比2011年增加了10.74%。

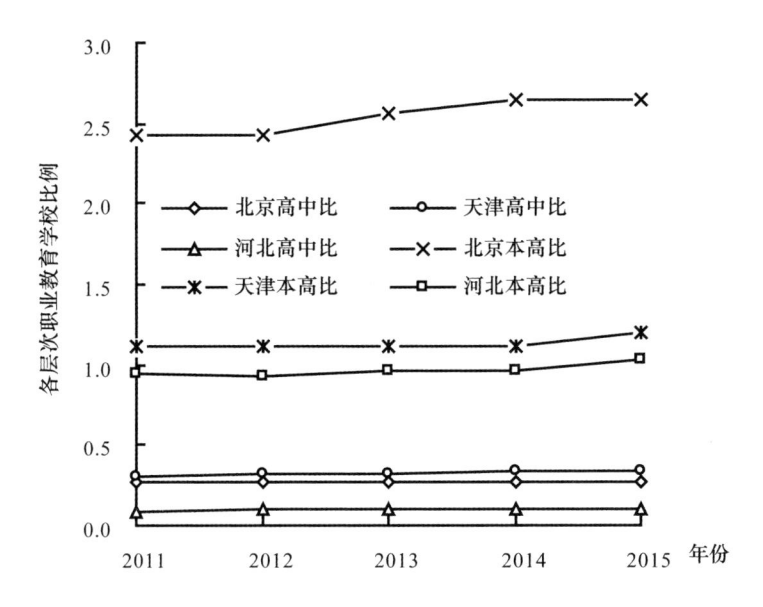

图7—1 京津冀2011—2015年职业教育层次结构（学校数量）变化情况

注：高中比为高职学校数量与中职学校数量比例；本高比为地方本科院校数量与高职院校数量比例。

京津冀三地职业教育"学校本高比"也呈逐步加大状态。其中，北京市"学校本高比"呈"先稳后增"趋势，2011—2012年"学校本高比"稳定在2.4231，2013年增至2.56，2014年又增至2.64，并保持到2015年，比2011年增长了8.95%；天津市"学校本高比"也呈"先稳后增"趋势，2011—2014年"学校本高比"一直稳定在1.1154，2015年增至1.2，比2011年增长了7.59%；河北省"学校本高比"呈"先减后增"趋势，2011年"学校本高比"为0.9483，2012年减至0.9344，2013—2014年稳定在0.9666，2015年增至1.0339，比2011年增加了9.04%。

由上可见，"十二五"期间京津冀职业教育"学校高中比"和"学校本高比"均呈增加趋势，说明三地职业教育层次结构均呈上移态势。其中，天津市职业教育"学校高中比"增幅最大，说明天津市高等职业教育发展较快；北京市职业教育"学校本高比"增幅最大，说明北京市本科及以上职业教育发展较快。河北省职业教育"学校高中比"和"学校本高比"变幅较小,说明河北省职业教育层次结构较为稳定,未能随社会生产力水平的提高而发生变化,职业教育应对经济社会发展的能力较差。

(二)基于毕业生数量的职业教育层次结构变化

将京津冀三地2011—2015年职业院校毕业生数量的变化情况整理为图7—2所示。可见,"十二五"期间京津冀三地职业教育"毕业生高中比"均呈"先减后增"趋势。2011年京津冀三地职业教育"毕业生高中比"分别为1.4754、1.7601、0.5912,2012年分别减至0.4868、1.369、0.558,而后三地均呈逐年增加趋势。到2015年,京津冀三地职业教育"毕业生高中比"分别增至1.1847、1.8746、0.8728,京津两市分别比2011年增长了19.70%、6.51%,河北省比2011年增加了47.63%。

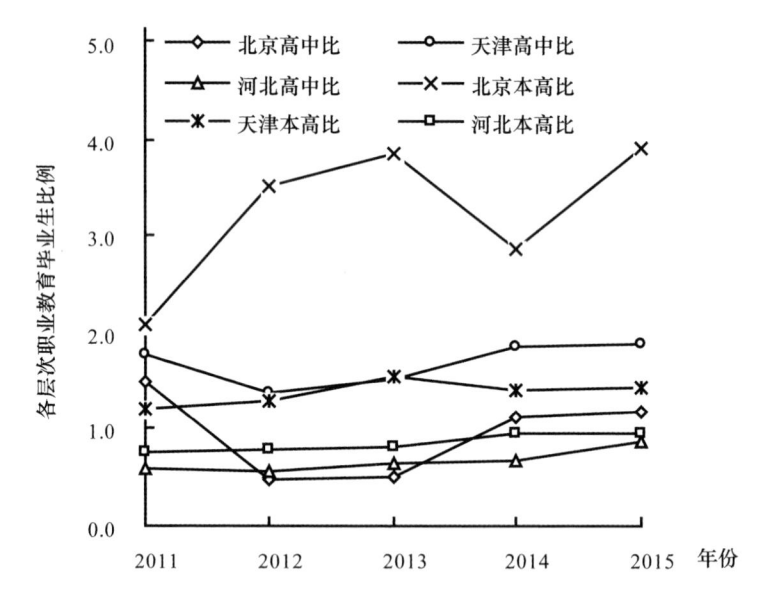

图7—2 京津冀2011—2015年职业教育层次结构(毕业生数量)变化情况

注:高中比为高职毕业生数量与中职毕业生数量之比,本高比为本科及以上毕业生数量与高职毕业生数量的比例。

京津冀三地职业教育"毕业生本高比"均呈"总体增加"趋势。其中,北京市"毕业生本高比"除2014年下降外,其余各年份均为增加趋势。2011年北京市"毕业生本高比"为2.0702,2015年增至3.9093,增幅为88.84%;天津市2011年"毕业生本高比"为1.199,2015年增至1.4391,增幅为20.03%;河北省2011年"毕业生本高比"为0.7532,2015年增至0.9656,增幅为28.2%。

由上可见,尽管京津冀各层次职业院校毕业生均呈减少趋势,但"毕业生高中比"和"毕业生本高比"却呈增加趋势,说明三地职业教育层次均明显上移。北京市"毕业生高中比"减少,而"毕业生本高比"却大幅度增加,说明该市本科及以上毕业生增量最大;津冀两地"毕业生高中比"和"毕业生本高比"均小幅上升。其中,天津市"毕业生高中比"最高,说明高职教育发展较快,高职院校毕业生比重较大;河北省"毕业生高中比"增幅最大,也说明高职教育发展较快,高职院校毕业生人数逐步增多。同时,津冀两地"毕业生本高比"逐步加大,也说明两地本科及以上职业教育发展较快,职业教育层次呈现上移趋势。

第四节 职业教育层次结构与生产力水平的相关性

借鉴已有研究成果,应用SPSS22.0软件,采用Pearson积差相关法,分析了京津冀三地"十二五"期间职业教育层次结构指标与生产力水平指标之间的相关状况,旨在为推动京津冀区域职业教育层次结构调整工作提供科学依据。

一 北京市

(一)职业教育层次结构与地区生产总值

将北京市"十二五"期间职业教育层次结构指标与生产力水平指标之间的相关分析结果整理为表7—2。可见,北京市地区生产总值和人均地区生产总值两项指标与中职学校数量呈显著负相关($P<0.05$),与本科及以上学校数量、本高学校数量比例呈显著正相关($P<0.05$)。以此推断,随着地区生产总值的增加和人均地区生产总值的提高,北京市中职学校数量、高职院校数量呈相对减少趋势,本科及以上学校数量呈相对增加趋势。

表7—2　　北京市职业教育层次结构与生产力发展水平的相关系数

生产力指标	学校数量 中职	学校数量 高职	学校数量 本科	毕业生数量 中职	毕业生数量 高职	毕业生数量 本科	学校比例 本高	学校比例 高中	毕业生比例 本高	毕业生比例 高中
GRP	-0.916*	-0.860	0.944*	-0.792	-0.646	-0.573	0.942*	0.197	0.605	0.041
GRPP	-0.916*	-0.854	0.943*	-0.799	-0.639	-0.564	0.939*	0.213	0.601	0.052
TFI	-0.907*	-0.803	0.912*	-0.827	-0.597	-0.487	0.897*	0.318	0.606	0.110
TFE	-0.887*	-0.775	0.875	-0.809	-0.599	-0.469	0.863	0.338	0.636	0.099
IUR	-0.948*	-0.923*	0.940*	-0.771	-0.639	-0.566	0.971**	0.118	0.605	0.023
IRR	-0.871	-0.791	0.923*	-0.789	-0.654	-0.579	0.897*	0.256	0.613	0.041
PIP	0.836	0.612	-0.885*	0.935*	0.332	0.225	-0.789	-0.617	-0.350	-0.399
SIP	0.882*	0.724	-0.901*	0.877	0.500	0.383	-0.853	-0.454	-0.225	-0.522
TIP	-0.874	-0.710	0.889*	-0.785	-0.493	-0.369	0.839	0.470	0.524	0.231

注：1. GRP和PGRP分别为地区经济总量用地区生产总值和人均地区生产总值；TFI和TFE分别为区域财政收入总量和财政支出总量；IUR和IRR分别为城镇居民家庭人均可支配收入、农村居民家庭人均纯收入；PIP、SIP和TIP分别为第一产业比重、第二产业产值比重和第三产业产值比重。2. 本科含本科及以上。"**"表示在0.01水平上（双侧）显著相关，"*"表示在0.05水平上（双侧）显著相关。下同。

（二）职业教育层次结构与政府财政收支

由表7—2可见，北京市财政收入和财政支出两项指标均与中职学校数量呈显著负相关（P<0.05），财政收入与本科及以上学校数量、与"学校本高比"呈显著正相关（P<0.05）。以此推断，北京市随着财政收入和财政支出的增加，对中职学校的数量需求逐步减少；随着财政收入的增加，对本科及以上学校数量的需求增加，对高职院校数量需求相对趋弱。上述结论，与地区生产总值和人均地区生产总值两项指标变化带来的北京市职业教育层次结构的变化分析结果基本一致。

（三）职业教育层次结构与居民人均收入

由表7—2可见，北京市城镇居民人均收入与中职学校数量、高职学校数量均呈显著负相关（P<0.05），与本科院校数量呈显著正相关（P<0.05），与"学校本高比"呈极显著正相关（P<0.01）。以此推断，北京市随着城镇居民人均收入水平的逐步提高，对中职学校、高职学校的

数量需求逐步降低，对本科及以上学校数量的需求逐步增加。北京市农村居民人均收入与本科及以上学校数量、"学校本高比"均呈显著正相关（P<0.05），说明北京市随着农村居民人均收入水平的逐步提高，对本科及以上学校数量的需求逐步增加，对高职学校数量的需求相对趋弱。2017年，北京市拥有城镇人口1876.6万人，占全市常住人口的86.5%，其收入情况主导北京市职业教育层次需求。随着居民可支配收入的提高，北京市民更倾向于选择本科及以上层次的职业教育。

（四）职业教育层次结构与三次产业比重

由表7—2可见，北京市第一产业比重与本科及以上学校数量呈显著负相关（P<0.05），与中职毕业生数量呈显著正相关（P<0.05）；第二产业比重与中职学校数量呈显著正相关（P<0.05），与本科及以上学校数量呈显著负相关（P<0.05）；第三产业比重与本科及以上学校数量呈显著正相关（P<0.05）。以此推断，北京市第一产业比重增加，对本科及以上学校数量的需求减小，对中职毕业生数量的需求加大；第二产业比重增加，对中职学校数量的需求增加，对本科及以上学校数量的需求减少；第三产业比重增加，对本科及以上学校数量的需求增加。2011—2015年北京市第一产业、第二产业比重均呈逐年下降趋势，而第三产业比重呈逐年增加趋势。因此，北京市经济发展对本科及以上职业教育层次需求更大。此外，北京市职业教育层次结构与生产力水平的相关性分析结果表明，职业教育层次结构会随产业层次比重的增加呈现上移趋势。

二 天津市

（一）职业教育层次结构与地区生产总值

将天津市"十二五"期间职业教育层次结构指标与生产力水平指标的相关性分析结果整理为表7—3。可见，天津市地区生产总值和人均地区生产总值两项指标与中职学校数量均呈极显著负相关（P<0.01），地区生产总值与"学校高中比"呈显著正相关（P<0.05），人均地区生产总值与"学校高中比"呈极显著正相关（P<0.01）。以此推断，天津市随着地区生产总值和人均地区生产总值的提升，对中职学校数量需求逐步减少，对高职院校数量需求逐步增加。

(二) 职业教育层次结构与政府财政收支

由表 7—3 可见, 天津市财政收入和财政支出两项指标与中职学校数量均呈极显著负相关 (P<0.01), 与"学校高中比"均呈显著正相关 (P<0.05)。以此推断, 天津市财政收入和财政支出越多, 对中职学校的数量需求就越少, 对高职院校的数量需求会相对加大。上述结论, 与地区生产总值和人均地区生产总值两项指标的变化带来的天津市职业教育层次结构的变化分析结果基本一致。

(三) 职业教育层次结构与居民人均收入

由表 7—3 可见, 天津市城镇居民人均收入、农村居民人均收入与中职学校数量分别呈显著负相关 (P<0.05)、极显著负相关 (P<0.01), 农村居民人均收入与"学校高中比"均呈显著正相关 (P<0.05)。2016 年末, 天津市拥有城镇人口 1295.47 万人, 占全市总人口的 82.93%。以此推断, 天津市城镇人口主导了职业教育层次需求。天津市随着城镇居民人均收入的增加, 对中职学校的数量需求逐步减弱, 对高职院校的数量需求逐步加大。

表 7—3　天津市职业教育层次结构与生产力发展水平的相关系数

生产力指标	学校数量 中职	学校数量 高职	学校数量 本科	毕业生数量 中职	毕业生数量 高职	毕业生数量 本科	学校比例 本高	学校比例 高中	毕业生比例 本高	毕业生比例 高中
GRP	-0.981**	-0.627	0.627	-0.868	-0.394	0.590	0.627	0.950*	0.753	0.457
GRPP	-0.984**	-0.589	0.589	-0.856	-0.444	0.547	0.589	0.966**	0.775	0.412
TFI	-0.974**	-0.691	0.691	-0.867	-0.328	0.639	0.691	0.920*	0.719	0.503
TFE	-0.975**	-0.696	0.696	-0.870	-0.332	0.647	0.696	0.920*	0.729	0.502
IUR	-0.911*	-0.798	0.798	-0.678	-0.210	0.536	0.798	0.804	0.505	0.456
IRR	-0.971**	-0.702	0.702	-0.848	-0.324	0.623	0.702	0.916*	0.700	0.494
PIP	0.863	0.250	-0.250	0.417	0.843	0.065	-0.250	-0.893*	-0.762	0.220
SIP	0.910*	0.851	-0.851	0.811	0.126	-0.742	-0.851	-0.790	-0.582	-0.603
TIP	-0.915*	-0.843	0.853	-0.813	-0.136	0.734	0.843	-0.798	0.585	0.598

(四) 职业教育层次结构与三次产业比重

由表 7—3 可见, 天津市第一产业比重与"学校高中比"呈显著负相关（P<0.05）；第二产业比重与中职学校数量呈显著正相关（P<0.05）；第三产业比重与中职学校数量呈显著负相关（P<0.05）。以此推断，天津市第一产业比重的增加会带来中职学校数量的增加和高职学校数量的减少，第二产业比重的增加会带来中职学校数量的增加，第三产业比重的增加会带来中职学校数量的减少。2011—2015年，天津市第一产业、第二产业比重均呈逐年下降趋势，第三产业比重呈逐年增加趋势。因此，天津市的经济发展对高职院校的数量需求逐步增加，对中职学校的数量需求逐年减少。

三 河北省

（一）职业教育层次结构与地区生产总值

将河北省"十二五"期间职业教育层次结构指标与生产力水平指标的相关性分析结果整理为表7—4。可见，河北省地区生产总值和人均地区生产总值两项指标与中职学校数量、中职毕业生数量、高职毕业生数量呈显著负相关（P<0.05），与本科及以上学校数量、"毕业生本高比"呈显著正相关（P<0.05）。以此推断，随着地区生产总值和人均地区生产总值的提高，河北省中职学校数量、中职毕业生数量、高职毕业生数量均呈减少趋势，本科及以上学校数量、本科毕业生数量将逐步增加。随着河北省经济社会的发展，人们对中职教育和高职教育的需求将逐步降低，对本科及以上职业教育的需求将逐步增加。

（二）职业教育层次结构与政府财政收支

由表7—4可见，河北省财政收入与中职学校数量、中职毕业生数量呈极显著负相关（P<0.01），与高职毕业生数量呈显著负相关（P<0.05）；与本科及以上学校数量、"毕业生本高比"呈显著正相关（P<0.05）。财政支出与中职学校数量呈显著负相关（P<0.05）、与中职毕业生数量呈极显著负相关（P<0.01），与本科及以上学校数量呈极显著正相关（P<0.05），与"学校本高比"和"毕业生本高比"以及"毕业生高中比"均呈显著正相关（P<0.05）。以此推断，河北省随着财政收入和财政支出的增长，中职学校数量以及中、高职毕业生数量将逐步减少，本科及以上毕业生数量将逐步增加。

表7—4 河北省职业教育层次结构与生产力发展水平的相关系数

生产力指标	学校数量 中职	学校数量 高职	学校数量 本科	毕业生数量 中职	毕业生数量 高职	毕业生数量 本科	学校比例 本高	学校比例 高中	毕业生比例 本高	毕业生比例 高中
GRP	-0.936*	0.319	0.897*	-0.955*	-0.934*	-0.146	0.705	0.840	0.905*	0.727
GRPP	-0.930*	0.349	0.883*	-0.942*	-0.937*	-0.178	0.678	0.849	0.890*	0.699
TFI	-0.974**	0.279	0.953*	-0.983**	-0.927*	-0.118	0.780	0.851	0.913*	0.801
TFE	-0.958*	0.087	0.989**	-0.986*	-0.828	0.052	0.908*	0.755	0.902*	0.925*
IUR	-0.954*	0.169	0.955*	-0.998*	-0.899*	0.003	0.834	0.788	0.951*	0.857
IRR	-0.937*	0.145	0.939*	-0.995*	-0.888*	0.030	0.829	0.764	0.954*	0.851
PIP	0.375	0.323	-0.442	0.540	0.383	-0.488	-0.581	-0.141	-0.692	-0.631
SIP	0.897*	0.052	-0.954*	0.963**	0.759	-0.196	-0.941*	-0.649	-0.910*	-0.961**
TIP	-0.936*	0.319	0.897*	-0.955*	-0.934*	-0.146	0.705	0.840	0.905*	0.727

（三）职业教育层次结构与居民人均收入

由表7—4可见，河北省城镇居民人均收入水平和农村居民人均收入水平中职学校数量、中职毕业生数量、高职毕业生数量均呈显著负相关（P<0.05）。其中，城镇居民人均收入水平与中职毕业生数量呈极显著负相关（P<0.01），与本科及以上学校数量和"毕业生本高比"呈显著正相关（P<0.05）。2016年，河北省户籍人口城镇化率为38.72%，说明农村人口主导了职业教育需求，农村人口的职业教育需求是河北省调整职业教育层次结构的决定性因素。随着河北省农村居民人均收入水平的提高，人们更倾向于接受本科及以上层次的职业教育。

（四）职业教育层次结构与三次产业比重

由表7—4可见，河北省第一产业比重与职业教育层次结构无显著关联性。河北省第二产业比重与中职学校数量及中职毕业生数量分别呈显著正相关（P<0.05）和极显著正相关（P<0.01），与本科及以上学校数量、"学校本高比"和"毕业生本高比"呈显著负相关（P<0.05），与"毕业生本高比"呈极显著负相关（P<0.01）。第三产业比重与本科及以上学校数量、"学校本高比"和"毕业生本高比"以及"毕业生高

中比"呈显著正相关（P<0.05）。以此推断，河北省第一产业发展不会对职业教育层次结构带来影响，第二产业比重增加需要增加中职学校数量及其毕业生数量，第三产业比重增加需要积极发展本科及以上层次职业教育。2011—2015年，河北省三次产业比重呈波动发展趋势，应稳定中职学校数量，积极发展本科及以上层次的职业教育。

第五节　职业教育层次结构与生产力水平的适应性

借鉴刘新华等的研究方法[①]，对表达京津冀三地生产力发展水平的地区生产总值、人均地区生产总值、财政收入总量、财政支出总量、城镇居民家庭人均可支配收入、农村居民家庭人均纯收入、第一产业产值比重、第二产业产值比重和第三产业产值比重等9项指标和用于表达京津冀三地职业教育层次结构的中职学校数量、高职院校数量和本科及以上学校数量等3项指标进行了主成分分析，分别提取了综合性较强的综合指标。依据主成分中各指标的因子得分系数，以 X_{mn}（m表示京津冀三地，$1 \leq m \leq 3$，且为自然数；n 表示生产力发展水平某项具体指标，$1 \leq n \leq 9$，且为自然数）表示京津冀生产力发展水平某项指标，获取京津冀三地生产力发展水平综合指标模型和职业教育层次结构综合指标模型，分析确定了京津冀三地职业教育层次结构与生产力发展水平的适应状况。

一　北京市

对北京市生产力发展水平指标实施主成分分析，经方差分解主成分提取的分析结果如表7—5所示。从北京市生产力发展水平指标提取了一个主成分，累计方差贡献率达到96.677%。分析主成分初始因子载荷以及主成分中各指标的因子得分系数，获取初始因子载荷和因子得分系数如表7—6所示。各指标都在这一主成分上具有较高的载荷，该主成分基本反映了各项表达生产力发展水平指标的信息。用以表达北京市生产力

[①] 刘新华、王冬琳、王利明：《我国职业教育层次结构与生产力发展水平关系的实证研究》，《中国高教研究》2013年第4期，第93—98页。

发展水平的9项指标的因子得分系数非常相近,说明9项指标均可以作为该因子的合适代表。

表7—5　北京市生产力发展水平方差分解主成分提取表

成分	初始特征值 合计	方差百分比(%)	累计(%)	提取平方和载入 合计	方差百分比(%)	累计(%)
1	8.701	96.667	96.667	8.701	96.667	96.667
2	0.242	2.689	99.365			
3	0.036	0.400	99.765			

综上,构建北京市生产力发展水平综合指标模型为:

$$F_1 = 0.113X_{11} + 0.114X_{12} + 0.115X_{13} + 0.114X_{14} + 0.111X_{15} + 0.114X_{16} - 0.109X_{17} - 0.114X_{18} + 0.113X_{19}$$

表7—6　北京市生产力发展水平指标的初始因子
载荷和因子得分系数

生产力发展水平指标	初始因子载荷:成分1	因子得分系数:成分1
地区生产总值	0.987	0.113
人均地区生产总值	0.990	0.114
财政收入	0.999	0.115
财政支出	0.991	0.114
城镇人均收入	0.965	0.111
农村人均收入	0.991	0.114
第一产业比重	-0.947	-0.109
第二产业比重	-0.991	-0.114
第三产业产值	0.987	0.113

其中:$X_{11} - X_{19}$为北京市生产力发展水平指标经标准化处理后值。选用中职学校数量、高职院校数量、本科及以上学校数量3项指标表达职业教育层次结构,构建了北京市职业教育层次结构的综合指标。通过方差分解实施主成分分析,提取了一个主成分如表7—7所示,该主成分的

方差贡献率达到了 93.471%。

表 7—7　北京市职业教育层次结构方差分解主成分提取表

成分	初始特征值 合计	方差百分比（%）	累计（%）	提取平方和载入 合计	方差百分比（%）	累计（%）
1	2.804	93.471	93.471	2.804	93.471	93.471
2	0.158	5.260	98.730			
3	0.038	1.270	100.000			

经分析获取的中职学校数量、高职院校数量、本科及以上学校数量 3 项指标的初始因子载荷和因子得分系数如表 7—8 所示，3 项指标的初始因子载荷均较高，说明该主成分能很好地反映职业教育各层次学校数量的信息；该主成分中各指标的因子得分系数非常相近，说明 3 项指标都是该因子的合适代表。

表 7—8　北京市职业教育层次结构的初始因子载荷和因子得分系数

职业教育层次指标	初始因子荷载：成分 1	因子得分系数：成分 1
中职学校数量	0.987	0.352
高职学校数量	0.954	0.340
本科及以上学校数量	-0.959	-0.342

综上，获取北京市职业教育层次结构的综合指标模型为：

$$M_1 = 0.352Y_{11} + 0.340Y_{12} - 0.342Y_{13}$$

其中：$Y_{11} - Y_{13}$ 是北京市职业教育学校数原始指标经过标准化处理后的值。

以生产力发展水平的综合指标作为自变量，职业教育层次结构的综合指标为因变量，运用 SPSS22.0 实施回归分析，得到一元线性回归方程：

$$MY_1 = -0.908F_1$$

回归方程的显著性检验结果表明,该方程达到显著水平（$p<0.05$）。调整后的 R^2 为 0.767,说明北京市职业教育层次结构有 76.7% 的数据可用该回归方程实施描述,具有较高的拟合度。可见,北京市职业教育层次结构与生产力发展水平具有负相关关系,不尽适应当前生产力发展水平的需求。

二 天津市

天津市经方差分解主成分提取的分析结果如表 7—9 所示。可见,从天津市生产力发展水平指标也提取了一个主成分,累计方差贡献率达到 91.876%。

表 7—9　　　天津市生产力发展水平方差分解主成分提取表

成分	初始特征值 合计	方差百分比（%）	累计（%）	提取平方和载入 合计	方差百分比（%）	累计（%）
1	8.279	91.987	91.987	8.279	91.987	91.876
2	0.579	6.437	98.424			
3	0.126	1.398	99.822			

表 7—10　　　天津市生产力发展水平指标的初始因子
载荷和因子得分系数

生产力发展水平指标	初始因子载荷成分 1	因子得分系数成分 1
地区生产总值	0.992	0.120
人均地区生产总值	0.986	0.119
财政收入	0.997	0.120
财政支出	0.996	0.120
城镇人均收入	0.960	0.116
农村人均收入	0.999	0.121
第一产业比重	-0.743	-0.090
第二产业比重	-0.964	-0.116
第三产业产值	0.968	0.117

进一步分析主成分初始因子载荷以及主成分中各指标的因子得分系数，获取初始因子载荷和因子得分系数如表7—10所示。天津市生产力发展水平9项指标都在这一主成分上具有较高的载荷，说明该主成分基本反映了各项表达生产力发展水平指标的信息。用以表达天津市生产力发展水平的9项指标的因子得分系数非常相近，说明均可以作为该因子的合适代表。

综上，构建天津市生产力发展水平综合指标模型为：

$$F_2 = 0.120X_{21} + 0.119X_{22} + 0.120X_{23} + 0.120X_{24} + 0.116X_{25}$$
$$+ 0.121X_{26} - 0.090X_{27} - 0.116X_{28} + 0.117X_{29}$$

其中：$X_{21} - X_{29}$是天津市生产力发展水平原始指标经过标准化处理后的值。

同理，构建天津市职业教育层次结构的综合指标。通过方差分解实施主成分分析，提取了一个主成分如表7—11所示，该主成分的方差贡献率达到了84.423%。

表7—11　天津市职业教育层次结构方差分解主成分提取表

成分	初始特征值			提取平方和载入		
	合计	方差百分比（%）	累计（%）	合计	方差百分比（%）	累计（%）
1	2.533	84.423	84.423	2.533	84.423	84.423
2	0.467	15.577	100.000			

经分析获取的职业教育层次结构3项指标的初始因子载荷和因子得分系数如表7—12所示。3项指标的初始因子载荷均较高，但比北京市低，也说明该主成分能很好地反映职业教育各层次学校数量的信息；该主成分中各指标的因子得分系数相近，也说明3项指标都是该因子的合适代表。

表7—12　　天津市职业教育层次结构的初始因子载荷
和因子得分系数

职业教育层次指标	初始因子荷载：成分1	因子得分系数：成分1
中职学校数量	0.808	0.319
高职学校数量	0.969	0.383
本科及以上学校数量	−0.969	−0.383

综上，获取天津市职业教育层次结构的综合指标模型为：

$$M_2 = 0.319Y_{21} + 0.383Y_{22} - 0.383Y_{23}$$

其中：$Y_{21} - Y_{23}$ 是天津市职业教育学校数原始指标经过标准化处理后的值。

以生产力发展水平的综合指标作为自变量，职业教育层次结构的综合指标为因变量，运用 SPSS22.0 实施回归分析，得到一元线性回归方程：

$$MY_2 = -0.856F_2$$

显著性检验结果表明，该方程未通过显著性检验（p>0.05），说明天津市职业教育层次结构与生产力发展水平不具显著相关关系；调整后的 R^2 为 0.643，拟合度较差。但天津市职业教育层次结构与生产力发展水平具有负相关关系，也说明天津市职业教育层次结构不尽适应当前生产力发展水平的需求。

三　河北省

经方差分解主成分提取的分析结果如表7—13所示。可见，从河北省生产力发展水平指标也提取了一个主成分，累计方差贡献率达到87.204%。分析主成分初始因子载荷以及主成分中各指标的因子得分系数，获取初始因子载荷和因子得分系数如表7—14所示。河北省生产力发展水平指标都在这一主成分上具有较高的载荷，说明该主成分基本反映了各项表达生产力发展水平指标的信息。用以表达河北省生产力发展水平的9项指标的因子得分系数也较为相近，说明9项指标均可以作为该因子的合适代表。

表7—13　　河北省生产力发展水平方差分解主成分提取表

成分	初始特征值 合计	方差百分比（%）	累计（%）	提取平方和载入 合计	方差百分比（%）	累计（%）
1	7.848	87.204	87.204	7.848	87.204	87.204
2	0.993	11.033	98.237			
3	0.150	1.662	99.899			

综上，构建河北省生产力发展水平综合指标模型为：

$$F_3 = 0.121X_{31} + 0.119X_{32} + 0.125X_{33} + 0.125X_{34} + 0.127X_{35}$$
$$+ 0.126X_{36} - 0.072X_{37} - 0.123X_{38} + 0.121X_{39}$$

其中：$X_{31} - X_{39}$ 是河北省生产力发展水平原始指标经过标准化处理后的值。

通过方差分解实施主成分分析，提取了一个主成分如表7—15所示，该主成分的方差贡献率达到了70.066%。

表7—14　　河北省生产力发展水平指标的初始因子载荷和因子得分系数

生产力发展水平指标	初始因子载荷：成分1	因子得分系数：成分1
地区生产总值	0.950	0.121
人均地区生产总值	0.936	0.119
财政收入	0.980	0.125
财政支出	0.985	0.125
城镇人均收入	0.997	0.127
农村人均收入	0.992	0.126
第一产业比重	-0.568	-0.072
第二产业比重	-0.996	-0.123
第三产业产值	0.952	0.121

表7—15　　河北省职业教育层次结构方差分解主成分提取表

成分	初始特征值 合计	方差百分比（%）	累计（%）	提取平方和载入 合计	方差百分比（%）	累计（%）
1	2.102	70.066	70.066	2.102	70.066	70.066
2	0.896	29.857	99.923			
3	0.002	0.077	100.000			

经分析获取的职业教育层次结构指标的初始因子载荷和因子得分系数如表7—16所示，3项指标的初始因子载荷与京津两市表现出一定的差异，但仍然较高，说明该主成分能够很好地反映河北省职业教育各层次学校数量的信息；该主成分中中职学校数量、本科及以上学校数量的因子得分系数相近，高职学校数量的因子得分系数略低，但也可认为3项指标是该因子的合适代表。

表7—16　　河北省职业教育层次结构的初始因子载荷和因子得分系数

职业教育层次指标	初始因子荷载：成分1	因子得分系数：成分1
中职学校数量	-0.993	-0.472
高职学校数量	0.466	0.222
本科及以上学校数量	0.948	0.451

综上，获取河北省职业教育层次结构的综合指标模型为：

$$M_3 = -0.472Y_{31} + 0.222Y_{32} + 0.451Y_{33}$$

其中：$Y_{31} - Y_{33}$是河北省市职业教育学校数原始指标经过标准化处理后的值。

以生产力发展水平的综合指标作为自变量，职业教育层次结构的综合指标为因变量，运用SPSS22.0做回归分析，得到一元线性回归方程：

$$MY_3 = 0.908F_3$$

回归分析结果表明方程通过显著性检验（$p < 0.05$），说明河北省职

业教育层次结构与生产力发展水平具有正相关关系；调整后的 R^2 为 0.824，拟合度较高。综合分析结果表明，与京津两市不同，河北省职业教育层次结构适应当前生产力发展水平的需求。

综上所述，北京市和天津市职业教育层次结构与当地生产力发展水平的适应性较差，河北省职业教育层次结构与当地生产力发展水平的适应性较高，说明京津两地在职业教育一体化发展过程中应关注职业教育层次结构与生产力发展水平的适应性问题。

第六节　京津冀职业教育层次变化规律及调整措施

对区域经济社会发展的支撑力更强是京津冀职业教育一体化发展的重要目标之一。因此，推进京津冀职业教育一体化发展，需要在明确职业教育层次结构与生产力发展相关特征的基础上，总结其变化规律，进而采取相应措施对京津冀职业教育层次结构实施一体化调整，不断提升职业教育层次结构与生产力发展水平的适应性，增强职业教育对京津冀区域经济社会发展的支撑能力。

一　京津冀职业教育层次结构随生产力发展的变化规律

（一）随生产力水平提升职业教育层次结构逐渐上移

"十二五"期间，随着京津冀生产力发展水平的持续提升，三地职业教育层次结构发生了较大变化。从区域整体看，京津冀中职教育发展规模逐步萎缩，高职教育（高职高专层次）发展规模也呈小幅萎缩趋势，本科及以上职业教育发展规模逐年扩大。从三地情况看，北京市本科及以上职业教育需求与供给数量逐步增大，天津市高职教育需求与供给数量逐步增大，河北省呈现出本科及以上、中职教育需求与供给数量均增大趋势。基于学校数量和基于毕业生数量的职业教育层次结构变化分析结果基本一致，均证实随生产力水平的提升职业教育层次结构上移的趋势。

（二）职业教育层次指标与生产力发展指标密切关联

"十二五"期间，京津冀职业教育层次结构指标与生产力发展水平指标具有显著或极显著关联特征，说明三地生产力发展对职业教育层次结构产生了重要影响。综合分析结果表明，基于京津冀职业教育发展现状，该区域第一产业发展需要增加中职教育人才培养数量，适当扩大高职教育发展规模；第二产业发展也需要保持中职教育发展规模，加快高职教育发展速度；第三产业发展则需要大力发展本科及以上层次的职业教育。基于三地"十二五"期间生产力发展趋势，北京市适合发展本科及以上层次的职业教育，天津市适合发展高职教育，河北省则需要发展中职教育和本科及以上层次的职业教育。

（三）职业教育层次结构与生产力的适应性差异较大

本书研究结果表明，目前京津冀职业教育层次结构与生产力水平的适应性差异较大，特别是京津两地职业教育层次结构与当地生产力发展水平适应性较差，面临着优化调整的重要任务。相对而言，河北省职业教育层次结构与当地生产力发展水平适应性较好，但也面临着优化调整的任务，应加大本科及以上职业教育发展的力度。在京津冀协同发展的战略背景下，三地职业教育发展具有明确的优化调整目标和巨大的合作空间，政府职业教育行政部门应立足本地生产力发展需求，充分发挥各自优势，在更大区域统筹解决职业教育层次结构优化调整问题。各层次、各类职业教育实施主体应主动定位服务面向，持续提升服务质量。

二　基于生产力发展的京津冀职业教育层次结构的调整

（一）立足发展需求，保持职业教育层次结构的区域性

党的十八大以来，我国不断优化省域空间生产力布局，将省域经济社会发展推向了高级形态。党中央、国务院制定的《京津冀协同发展规划纲要》明确了京津冀三地的功能定位，为三地经济社会发展指明了方向。目前，京津冀三地正面临产业结构重构、生产力要素加速流动的趋势，适应京津冀区域生产力水平的变化需求，职业教育层次结构应坚持功能互补、错位发展原则，实施持续优化调整，实现一体化布局。本书研究结果表明，"十二五"期间京津两地职业教育层次结构与区域生产力发展水平适应性较差，应立足现有优势，强化合作意识，持续优化调整。北京市应以发展本科及以上职业教育为主，将中职教育、高职教育资源

向河北省、天津市转移。天津市应以发展高职教育为重点,将中职教育资源向河北省转移。河北省应根据京津两地产业转移及生产力要素流动趋势,做大做强中职教育,大力发展本科及以上职业教育。

(二) 深化产教融合,增强职业教育层次结构的适应性

一般认为,衡量社会生产力发展水平的客观尺度和主要标志是生产工具及其使用状况。劳动者能否熟练使用生产工具,关键在于其技术技能水平。换言之,劳动者接受不同层次的职业教育所形成的技术技能,必须与生产工具相适应。一台计算机无论配置有多高、性能有多优,一个不懂计算机操作的劳动者很难使其发挥应有的功能。因此,增强职业教育层次结构与生产力发展水平的适应性,关键在于按照国务院《关于深化产教融合的若干意见》要求,积极推进职业教育融入社会生产体系、创新体系,实现教育链与产业链的对接。对于那些不尽适应区域生产力发展需求的职业教育层次,应依靠市场力量促其转型升级。京津冀应充分发挥先进生产力优势,推进区域职业教育层次结构的优化调整,加快建设独具中国特色的现代职业教育体系。

(三) 创新体制机制,强化层次结构调整主体的多元性

京津冀职业教育层次结构调整属于职业教育供给侧结构性改革的内容,其依据是三地生产力发展的现实水平及未来趋势,目标在于促进职业教育供给与生产力发展水平需求之间的平衡。然而,职业教育层次结构的调整是一项社会系统工程,单纯依靠政府推动难以实现,必须实施多元化主体推动。行业企业是各层次技术技能人才的使用主体,理应成为调节职业教育层次结构的主要力量。各级政府应加快推进职业教育"放管服"改革,注重发挥市场配置职业教育资源的决定性作用。按照党的十九大要求,以构建现代财政制度为中心,合理化解社会资本的趋利性与财政资金的公益性之间的矛盾,鼓励企业以独资、合资、合作等方式参与或直接举办职业教育,通过购买服务、委托管理等措施支持企业与公办职业学校联合办学,积极推进职业学校股份制、混合所有制改革,推进校企合作,有效满足职业教育层次结构调整的资源需求、信息需求和资金需求。

（四）完善体系建设，强化不同层次职业教育的衔接性

完善职业教育和培训体系是党的十九大提出的职业教育改革与发展的根本任务，立足区域生产力发展水平调节职业教育层次结构是完善职业教育体系的一项重要内容。在调整职业教育层次结构的具体实践中，既要认识到不同层次职业教育人才培养目标的差异，也要强化各层次职业教育目标之间的衔接。本书研究结果表明，目前京津冀职业教育办学层次较低，与三地生产力发展要求还有一定的距离，不仅影响了高技能人才的培养，也影响了职业教育的社会吸引力。改变这种状况，需要强化不同层次职业教育的衔接，畅通技术技能人才成长渠道。要服从服务于京津冀区域经济社会发展的整体定位，有效满足三地民众职业教育层次需求以及生产力发展的实际需要。加快应用型本科院校发展，扩大面向职业院校的招生规模，使不同层次的职业教育实现纵向链接、横向衔接，搭建技术技能人才培养的"立交桥"。

第八章

京津冀职业院校一体化布局的策略

职业院校布局（School Layout）也称职业教育空间布局，指各类职业教育投资主体依据政府职业教育发展规划兴办职业院校的地理分布状况。职业院校布局调整指政府教育行政部门为满足社会经济发展需求，在充分考虑社会、政治、文化、自然及人口等情况下，运用各种手段和方法，合理安排职业院校地理区位，实现办学效益最大化的社会活动。[①] 与普通学校布局不同，职业院校布局除需要考虑人口、地理等因素外，还受区域经济发展状况、区域行业企业发展状况等要素的影响，后者甚至比前者更为重要。合理的职业院校布局应与区域经济发展及人口居住分布状况相适应，得到众多利益相关者的认可，能够达到"兴办人民满意的职业教育"的目的。

第一节　区域职业教育一体化布局的理论逻辑

国内外有关区域职业教育一体化布局的研究集中在中职学校和高职学校两个层次以及职业院校的"布局依据""布局影响因素"和"布局标准"等三个方面，并取得了较多研究成果，逐渐清晰了区域职业教育合理布局的理论逻辑。

总体上看，基于教育的经济效益和社会效益，世界发达国家特别重

[①] 朱新生、张栋梁：《中等职业学校布局结构调整与职教资源开发的机制研究》，《中国职业技术教育》2005年第34期，第43—45页。

视各级各类学校的选址工作。世界银行高级执行专家塞尼克强调学校布局标准的重要性,认为学校布局标准是指导投资规划的基础,没有布局标准可能会造成教育资源的闲置或者阻碍学生入学。① 美国国际教育设施规划委员会(Council of Educational Facility Planners, International, CEFPI, 1976)规定,高中校址距离居民区的距离应控制在60分钟(驾车)以内。② 德国应用技术大学在校园选址方面强调与区域产业发展融为一体,根据区域经济资源状况及企业类型建立区域文化服务中心、学术研究中心和科学技术创新中心等合作机构,使应用技术大学相关教育教学资源与企业人文资源、科学技术资源、知识资源和信息资源实现了共享。③ 日本专门学校的校址多选在都、道、府、县官厅驻地,表现为非均衡状态。近年来,为解决现代都市与偏远地区职业教育发展不平衡的问题,日本通过建立新校、增设分校和迁校等措施,实施了"职业学校地方分散化",收到了良好的效果。

我国职业院校布局研究也取得了较多成果,但研究范围多限于某一行政区内。在中职学校方面,张光跃认为,在中小城市开办中职学校有利于产学合作,促进区域经济社会的发展和新生代劳动力的聚集。④ 董天鹅分析发现,河南省90%以上的地方政府将"学校规模"和"服务人口"以及"服务半径"纳入了中职学校撤并标准。⑤ 于明潇调查发现,我国县级行政区域基本保持了一所中职学校布局的水平,但学校发展水平和在校生规模存在严重的不均衡现象。⑥ 陈杰研究了江西省中职学校布

---

① Serge Theunynck:"School Construction in Developing Countries: What Do We Know?" (http://www1.worldbank.org/education/pdf/EFAease_Construction.pdf, 2002 - 4 - 8).

② McDonald N. C.:"School Siting: contested visions of the community school", *Journal of the American Planning Association*, Vol. 76, No. 2, pp. 184 - 198.

③ 郭康:《应用技术大学服务区域经济发展的理论探析——兼论地方高校转型应用技术大学》,《高教探索》2016年第6期,第25—29页。

④ 张光跃:《对中等职业学校布局中小城市办学的思考》,《职教论坛》2010年第21期,第27—29页。

⑤ 董天鹅:《河南省职业学校布局调整的改革路径研究——以职业教育改革试验区建设为背景》,《湖北函授大学学报》2011年第12期,第31—32页。

⑥ 于明潇:《我国中等职业学校布局实证研究》,《中国职业技术教育》2016年第32期,第86—88页。

局与区域人口、经济的关系,提出了"每30万人口设置1所中职学校"的定额标准、"每40亿元GDP承载1000名中职学生"的经济标准。[1] 在高职院校方面,李小娃认为我国高职院校区域分布存在明显的"马太效应"(Matthew Effect),省域布局结构不够平衡,省域民办高职院校差异较大。[2] 李丽等研究表明,广东高职院校布局结构与人口、经济发展具有显著相关性,布局结构与经济发展匹配度不高、空间分布差异巨大。[3] 周红莉等认为,目前我国高职院校呈现区域布局不尽合理的问题,主要原因在于政府顶层设计不力、教育行政部门引导与支持力度不够。[4]

职业教育承载着维持人口合理流动、为经济可持续发展提供人力资源保障的重任,职业院校科学布局极为重要。由上述分析可见,科学布局职业院校需要立足于区域人口总量和经济发展状况,二者构建了区域职业院校布局的理论逻辑。2014年5月,《国务院关于加快发展现代职业教育的决定》提出"调整完善职业院校区域布局"的具体安排,强调使"院校布局更加适应经济社会需求"。合理的职业学校布局应与区域经济发展状况相适应,与区域行业企业发展形成互动关系,实现产业链与专业链的融合。2015年4月,中共中央政治局审议通过的《京津冀协同发展规划纲要》提出,"到2030年,京津冀区域一体化格局基本形成"。2016年,国务院制定的"十三五"规划再次提出,"京津冀区域协调发展需优化教育资源布局"。可见,立足京津冀企业转型、产业升级步伐明显加快的现实,分析京津冀三地中职学校和高职院校与经济、人口等指标的吻合度情况,统筹京津冀职业学校布局,对完善京津冀职业教育体系、促进京津冀协同发展具有重要的理论意义和实践意义。

---

[1] 陈杰:《中职学校布局与人口及经济关系研究报告》,《广西职业技术学院学报》2017年第3期,第32—35页。

[2] 李小娃:《高职院校区域布局结构的实证分析及优化策略——基于"2015年全国高等学校名单"的分析》,《现代教育管理》2016年第3期,第85—91页。

[3] 李丽、周红莉、陈小娟等:《人口和区域经济发展视角下高职院校布局结构研究——以广东省为例》,《教育学术月刊》2016年第5期,第51—55页。

[4] 周红莉、陈小娟:《高职院校布局结构调整优化的实证研究——基于广东79所高职院校的调查》,《深圳职业技术学院学报》2017年第3期,第32—35页。

第二节 京津冀区域职业院校布局现状的分析

一 研究区域与方法

（一）研究区域

以京津冀行政区域为研究区域。北京市为我国首都，共有16个市辖区。天津市为我国直辖市，共有16个市辖区。河北省现辖石家庄、唐山、沧州、保定、秦皇岛、廊坊、承德、张家口、邢台、邯郸、衡水11个地级市（设区市）。基于高职院校以省、市（设区市）两级政府管理为主，中职学校以县、区（含县级市）政府管理为主的办学体制，本书将高职院校布局区域确定为省域，称之为二级区域。将中职学校布局研究区域确定为市域，称之为三级区域。视京津冀区域为职业教育一体化发展整体区域，并命名为一级区域。各区域的对应关系如图8—1所示。基于数据的可获得性，将职业院校布局限定为独立设置的中职学校、高职院校两个层次，初等职业学校、应用型本科高校以及本科院校开设的大专部、高职院校开设的中专部等未纳入本研究范围之内。依据《中国教育年鉴》《中国统计年鉴》和京津冀三地政府发布的地方统计年鉴，获取2015年相关数据。

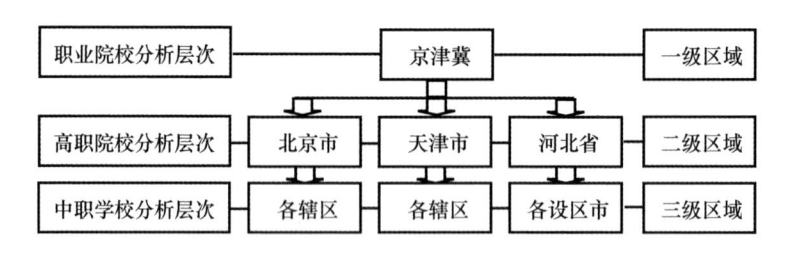

图8—1 京津冀职业院校布局分析区域示意图

（二）研究方法

1. 基于区域人口数量的学校布局分析

以人口密度（P）与学校密度（S）作为基础比较项目，设定人口密度与学校密度匹配度（PS）概念，用以表达区域职业院校布局与人口相适应的程度。具体计算公式为：

人口密度：$P_{ij} = R_{ij}/A_{ij}$

其中：i 为京津冀三地序号值（$1 \leq i \leq 3$，且为整数）；j 为三地下属各行政区域序号值（均为正数）；P_{ij} 为三地对应行政区域人口密度指标值；R_{ij} 为对应行政区域人口数量指标系列数值；A_{ij} 为京津冀对应行政区域指标系列数值。

学校密度：$S_{ij} = X_{ij}/A_{ij}$

其中：S_{ij} 为京津冀三地下属行政区域职业院校密度指标的系列数值；X_{ij} 为三地对应行政区域学校数量指标系列数值。

人口密度与职业院校密度的匹配度：$PS_{ij} = Y_{ij} - Z_{ij}$

其中：PS_{ij} 为京津冀三地下属行政区域人口密度与学校密度匹配度指标系列数值，Y_{ij}、Z_{ij} 分别为对应行政区域人口密度指标和学校密度指标无量纲化处理后的数值。

无量纲化处理公式为：$Y_{ij}（Z_{ij}）= P_{ij}（S_{ij}）/\text{AVG } P_{ij}（S_{ij}）$

其中：$\text{AVG } P_{ij}$、$\text{AVG } S_{ij}$ 分别为对应行政区域人口密度与学校密度指标系列的平均数。

2. 基于区域经济状况的学校布局分析

以人均 GRP（PG）与千万人均职业院校数量（SP）作为基础比较项目，设定区域经济与职业学校匹配度（ES）概念，作为衡量京津冀三地下属行政区域职业院校布局与区域经济相适应的程度。人均 GRP（PG）数据来源于京津冀三地政府发布的统计公告，其余指标的具体计算公式为：

人均学校数量：$SP_{ij} = X_{ij}/R_{ij}$

其中：SP_{ij} 为京津冀三地下属行政区域人均职业院校数量指标的系列数值。

区域经济与职业院校密度的匹配度：$ES_{ij} = F_{ij} - G_{ij}$

其中：ES_{ij} 为京津冀三地下属行政区域经济与职业院校匹配度指标系列数值，F_{ij}、G_{ij} 分别为对应行政区域人均 GRP 指标和千万人均学校数量指标无量纲化处理后的数值。

无量纲化处理公式为：$F_{ij}（G_{ij}）= Q_{ij}（T_{ij}）/\text{AVG } Q_{ij}（T_{ij}）$

其中：AVG Q_{ij}、AVG T_{ij} 分别为对应行政区域人均 GRP 与千万人均学校数量指标系列平均数。

3. 基于人口经济状况的综合匹配指数

设定基于区域人口经济状况的综合匹配指数，用于表达区域职业院校布局与区域人口、经济状况的综合匹配度（PE）。计算方法为：

$$PE = PS_{ij} + ES_{ij}$$

其中：PE 为综合匹配度，PS_{ij} 为区域人口密度与职业院校密度的匹配度，ES_{ij} 为区域经济状况与职业院校密度的匹配度。

二　研究结果及分析

（一）京津冀高职院校布局分析

1. 基于区域人口数量分析

依据 2015 年度相关指标计算获取的京津冀二级区域人口密度与高职院校密度的匹配度分析结果如表 8—1 所示。可见，天津市人口密度与学校密度为负向匹配，且匹配度绝对值较大，说明高职院校数量相对较多；河北省和北京市均为正向匹配，说明高职院校数量相对较少。

表 8—1　京津冀二级区域人口密度与高职院校密度的匹配度的分析结果（2015 年）

地区	人口数量（万人）	高职学校数量（所）	人口密度（人/平方千米）	学校密度（所/平方千米）	匹配度
北京	2170.50	25	1322.51	0.0015	0.16
天津	1546.95	25	1299.63	0.0021	-0.31
河北	7424.92	59	393.89	0.0003	0.15

2. 基于区域经济状况分析

依据 2015 年度相关指标计算获取的京津冀三地经济状况与高职院校数量的匹配度分析结果如表 8—2 所示。可见，北京市区域经济与高职院校数量为正向匹配，且匹配度绝对值较大，说明高职院校数量偏少；天津市呈负向匹配，但匹配度绝对值较小，说明天津市区域经济发展水平与高职院校数量基本处于均衡状态。河北省呈负向匹配,且匹配度绝对值高于天津,说明高职院校数量相对充足。

表 8—2　　　京津冀二级区域经济状况与高职院校数量的匹配度的分析结果（2015 年）

地区	人均 GRP（万元）	高职院校数量（所）	千万人均高职院校数量（所）	匹配度
北京	10.58	25	11.52	0.28
天津	10.69	25	16.16	-0.09
河北	4.04	59	7.95	-0.19

3. 基于人口与经济状况的综合分析

计算获取基于人口经济状况的高职院校数量综合匹配指数如表 8—3 所示。可见,依据高职院校数量综合匹配指数分析,北京市高职院校数量处于正向匹配状态,说明高职院校数量偏少;天津市高职院校数量处于负向匹配状态,说明高职院校数量相对较多。河北省高职院校数量虽为负向匹配,但综合匹配指数绝对值较低,说明河北省高职院校数量处于相对平衡状态。

表 8—3　　　京津冀二级区域职业院校数量综合匹配指数分析结果

地区	基于人口密度的匹配度	基于经济状况的匹配度	高职院校数量综合匹配指数
北京	0.16	0.28	0.44
天津	-0.31	-0.09	-0.40
河北	0.15	-0.19	-0.04

（二）京津冀中职学校布局分析

1. 基于区域人口数量分析

依据 2015 年度相关指标计算获取的京津冀二级区域人口密度与中职学校密度的匹配度如表 8—4 所示。可见,北京市和天津市中职学校与人口分布均为正向匹配,说明京津两市中职学校数量相对较少。河北省人口密度与中职学校密度为负向匹配,且匹配度值绝对值较大,说明河北省中职学校数量相对较多。

表8—4　京津冀二级区域人口密度与中职学校密度的匹配度分析结果

地区	人口数量（万人）	中职学校数量（所）	人口密度（人/平方千米）	学校密度（所/平方千米）	匹配度
北京	2170.50	105	1322.51	0.0064	0.06
天津	1546.95	75	1299.63	0.0063	0.06
河北	7424.92	499	393.89	0.0026	-0.13

依据2015年度相关指标计算获取的北京市三级区域人口密度与中职学校密度的匹配度如表8—5所示。可见,东城区和西城区均为负向匹配,说明中职学校数量相对较多,中职学校存在资源冗余现象。怀柔、房山和顺义3个区虽为正向匹配,但匹配度绝对值相对较小,说明中职学校数量与区域人口基本处于平衡状态。其他11个区中职学校数量处于较少状态。

依据2015年度相关指标计算获取的天津市三级区域人口密度与中职学校密度的匹配度如表8—6所示。可见,河北、河东、南开、河西和西青5个区均为负向匹配,说明五个区中职学校数量相对较多,中职教育存在资源冗余现象;其余11个区匹配度均为正向匹配,说明中职学校数量相对较少。其中,宁河区虽为正向匹配,但匹配度绝对值较小,说明该区中职学校数量与区域人口数量处于平衡状态,可满足本区中职学校数量需求。

依据2015年度相关指标计算获取的河北省三级区域人口密度与中职学校密度的匹配度如表8—7所示。可见,石家庄、张家口、衡水和秦皇岛四市均为负向匹配,说明四市中职学校数量较为充足。其余七市均为正向匹配,说明中职学校数量相对较少。匹配度绝对值在1以上的仅有石家庄市,其余十市匹配度绝对值均在0—0.5。石家庄市为正向匹配,匹配度绝对值达1.64,说明该市中职教育出现严重的资源冗余现象。唐山市为正向匹配，匹配度绝对值达0.46，说明该市中职学校数量相对较少，无法满足区域人口需求。承德市和张家口市匹配度绝对值均为0.02，说明两市人口与中职学校数量处于基本平衡状态。

2. 基于区域经济状况分析

表8—5 北京市辖区人口密度、经济状况与中职学校数量的匹配度分析结果

北京	PG	人口数量（万人）	中职学校数量（所）	SP	P	S	PS	ES	PE
怀柔	6.10	38.40	2	52.08	180.88	0.0009	0.01	-0.37	-0.36
丰台	5.03	232.40	8	34.42	7594.77	0.0261	0.73	-0.13	0.60
通州	4.31	137.80	7	50.80	1520.97	0.0077	0.08	-0.54	-0.46
房山	5.30	104.60	7	66.92	525.63	0.0035	0.01	-0.75	-0.74
西城	25.20	129.80	11	84.75	25450.98	0.2157	-0.87	1.12	0.25
大兴	10.19	156.20	10	64.02	1507.72	0.0097	0.03	-0.15	-0.12
门头沟	4.69	30.80	1	32.47	212.27	0.0007	0.02	-0.13	-0.11
平谷	4.64	42.30	1	23.64	445.26	0.0011	0.05	0.04	0.09
延庆	3.42	31.40	1	31.85	157.47	0.0005	0.02	-0.26	-0.24
东城	20.53	90.50	10	110.50	21547.62	0.2381	-2.17	0.08	-2.09
昌平	3.35	196.30	5	25.47	1460.57	0.0037	0.17	-0.14	0.03
石景山	6.60	65.20	3	46.01	7761.90	0.0357	0.51	-0.19	0.32
朝阳	11.73	395.50	18	45.51	8692.31	0.0396	0.58	0.40	0.98
密云	4.73	47.90	1	20.88	214.89	0.0004	0.03	0.11	0.14
顺义	14.13	102.00	7	68.63	1000.00	0.0069	0.01	0.20	0.21
海淀	12.49	369.40	13	35.19	8570.77	0.0302	0.80	0.69	1.49

注：PG表示人均区域国民生产总值（万元）；SP表示千万人均学校数量（所），P、S分别表示人口密度（人/平方千米）和学校密度（所/平方千米）。PS、ES分别为基于人口密度、经济状况的职业院校数量匹配度，PE为职业院校数量综合匹配指数。下同。

表 8—6　天津市辖区人口密度、经济状况与中职学校数量的匹配度分析结果

天津	PG	人口数量（万人）	中职学校数量（所）	SP	P	S	PS	ES	PE
北辰	11.87	80.85	3	37.11	1691.42	0.0063	0.08	0.45	0.53
滨海	31.21	297.01	5	16.83	1308.41	0.0022	0.09	2.76	2.85
静海	8.48	76.67	0	0.00	519.44	0.0000	0.04	0.84	0.88
宁河	11.61	47.46	1	21.07	335.64	0.0007	0.02	0.74	0.76
和平	20.76	37.81	2	52.90	37810.00	0.2000	1.09	1.02	2.11
武清	9.61	113.43	3	26.45	722.48	0.0019	0.04	0.43	0.47
河北	4.58	90.84	8	88.07	33644.44	0.2963	-0.24	-1.26	-1.5
津南	11.40	70.89	3	42.32	1767.83	0.0075	0.07	0.30	0.37
河东	3.14	98.85	9	91.05	25346.15	0.2308	-0.26	-1.47	-1.73
南开	5.02	116.91	14	119.75	29976.92	0.3590	-1.19	-1.84	-3.03
河西	4.58	101.52	9	88.65	27437.84	0.2432	-0.22	-1.28	-1.50
红桥	3.34	58.76	4	68.07	27980.95	0.1905	0.37	-1.00	-0.63
宝坻	7.00	90.04	1	11.11	591.20	0.0007	0.04	0.48	0.52
西青	11.99	84.24	9	106.84	1545.69	0.0165	-0.04	-0.90	-0.94
东丽	12.62	71.70	2	27.89	1558.70	0.0043	0.08	0.70	0.78
蓟区	4.51	90.71	2	22.05	569.43	0.0013	0.03	0.02	0.05

依据 2015 年度相关指标计算获取的京津冀二级区域经济状况与中职学校密度匹配度如表 8—8 所示。可见，北京市和天津市区域经济状况与中职学校数量均为正向匹配，说明中职学校数量相对较少。河北省经济状况与中职学校数量为负向匹配，说明中职学校数量相对较多。

表8—7　河北省各市人口密度、经济状况与中职学校数量的匹配度分析结果

河北	PG	人口数量（万人）	中职学校数量（所）	SP	P	S	PS	ES	PE
保定	2.61	1155.24	57	49.34	520.61	0.0026	0.26	-0.12	0.14
石家庄	5.12	1070.16	156	145.77	675.27	0.0098	-1.64	-0.98	-2.62
邯郸	3.36	943.30	50	53.01	781.78	0.0041	0.30	0.01	0.31
唐山	7.85	780.12	31	39.74	579.07	0.0023	0.46	1.32	1.78
沧州	4.39	744.30	34	45.68	554.66	0.0025	0.34	0.38	0.72
邢台	2.43	729.44	42	57.58	584.21	0.0034	0.14	-0.29	-0.15
廊坊	5.31	456.32	21	46.02	709.78	0.0033	0.42	0.60	1.02
衡水	2.76	443.54	33	74.40	503.17	0.0037	-0.13	-0.47	-0.6
张家口	3.08	442.17	31	70.11	120.13	0.0008	-0.02	-0.32	-0.34
承德	3.85	353.01	20	56.66	89.33	0.0005	0.02	0.07	0.09
秦皇岛	4.08	307.32	24	78.09	393.34	0.0031	-0.15	-0.20	-0.35

表8—8　京津冀经济状况与中职学校密度的匹配度分析结果

地区	人均GRP（万元）	中职学校数（所）	千万人均中职学校数量（所）	匹配度
北京	10.58	105	48.38	0.37
天津	10.69	75	48.48	0.38
河北	4.04	499	67.21	-0.75

依据2015年度相关指标计算获取的北京市三级区域经济状况与中职学校密度的匹配度如表8—5所示。可见，西城、平谷、东城、朝阳、密云、顺义和海淀7个区均为正向匹配，说明中职学校数量相对较少。其余9个区均为负向匹配，说明中职学校数量相对较多，可能存在中职教育资源冗余问题。其中，平谷区虽为正向匹配，但匹配度绝对值仅为0.04，说明该区中职学校数量与经济发展水平处于基本平衡状态。

依据2015年度相关指标计算获取的天津市三级区域经济状况与中职

学校密度的匹配度如表8—6所示。可见,河北、河东、南开、河西、红桥和西青6个区为负向匹配,说明中职学校数量相对较多,可能会出现中职教育资源冗余现象,其余10个区均为正向匹配,说明中职学校数量相对较少。特别是滨海区,经济状况与中职学校数量的匹配度高达2.76,说明亟待发展中职教育。天津市辖各区经济状况与中职学校数量的匹配度在-1.84—2.76,说明该市中职学校分布存在极不平衡的问题。

依据2015年度相关指标计算获取的河北省三级区域经济状况与中职学校密度的匹配度如表8—7所示。可见,邯郸、唐山、沧州、廊坊和承德五市均为正向匹配,说明中职学校数量相对较少;其余六市均为负向匹配,说明中职学校数量相对较多,可能存在中职教育资源冗余现象。唐山市为正向匹配,匹配度绝对值在1以上,说明该市中职教育发展与经济发展水平之间存在极不均衡现象,应大力发展中职教育。石家庄市为负向匹配,匹配度绝对值近于1,说明该市中职学校数量过多。邯郸市匹配度绝对值仅为0.01,说明该市中职学校数量与经济发展水平之间处于基本平衡状态。

3. 基于人口与经济状况的综合分析

京津冀二级区域中职学校数量综合匹配指数如表8—9所示。可见,京、津两市中职学校数量均为正向匹配,说明中职学校数量相对较少,难以满足经济社会发展需求;河北省中职教育数量为负向匹配,说明河北省中职教育数量相对较多,可能存在中职教育资产冗余现象。

表8—9　　　　　京津冀二级区域职业院校数量
综合匹配指数分析结果

地区	基于人口密度的匹配度	基于经济状况的匹配度	中职学校数量综合匹配指数
北京	0.06	0.37	0.43
天津	0.06	0.38	0.44
河北	-0.13	-0.75	-0.88

由表8—5可见,北京市丰台、西城、石景山、朝阳、密云、顺义、海淀等七区人口经济对中职学校数量均为正向匹配,说明中职学校数量

相对较少；平谷、昌平两区虽为正向匹配，其综合匹配指数均低于 0.1，说明中职教育数量与当地人口密度、经济状况处于基本匹配状态；其余七区中职学校数量匹配指数均小于 0，说明中职学校数量相对较多，可能存在中职教育资源冗余问题。

由表 8—6 可见，天津市北辰、滨海、静海、宁河、和平、武清、津南、宝坻、东丽等九区人口经济对中职学校数量均为正向匹配，说明中职学校数量相对较少。蓟区虽为正向匹配，其综合匹配指数均低于 0.1，说明中职教育数量与当地人口密度、经济状况处于基本匹配状态；其余六区中职学校数量匹配指数均为负值，说明中职学校数量相对较多，可能存在中职教育资源冗余问题。

由表 8—7 可见，河北省保定、邯郸、唐山、沧州、廊坊等五市人口经济对中职学校数量均为正向匹配，说明中职学校数量相对较少。承德市虽为正向匹配，其综合匹配指数均低于 0.1，说明中职教育数量与当地人口密度、经济状况处于基本匹配状态；其余五市中职学校数量匹配指数均为负值，说明中职学校数量相对较多，可能存在中职教育资源冗余问题。

第三节　京津冀职业院校布局失衡的具体表现

综合本书基于区域人口数量和基于区域经济发展状况对区域职业院校数量的分析结论，结合其他相关研究成果，确认京津冀区域职业院校分布失衡具体表现在以下 5 个方面。

一　基于地理位置

根据常住人口计算，京津冀三地每千万人均中职学校数量分别为 48.38 所、48.48 所、67.21 所，表现出一定的差异，也导致下辖区（河北省为市）中职学校分布表现出失衡现象。北京市辖 16 区平均拥有 6.56 所中职学校，朝阳区拥有 18 所，占北京市中职学校总量的 17.14%。朝阳区常住人口 395.5 万人，千万人均中职学校 45.51 所。而密云区常住人口为 47.9 万人，千万人均中职学校仅 20.88 所。天津市辖 16 区平均拥有

4.69所中职学校，南开区拥有14所，是天津市区均中职学校数量的三倍。南开区常住人口116.91万人，千万人均中职学校119.75所，而静海区却没有设立中职学校。河北省辖11市平均拥有45.36所中职学校，石家庄拥有中职学校156所，占河北省中职学校总量的31.26%。石家庄市常住人口1070.16万人，千万人均中职学校数为145.77所。唐山市常住人口780.12万人，千万人均中职学校数仅39.74所，为石家庄市的27.26%。

京津冀三地高职院校分布也存在失衡现象。按常住人口计算，北京市和天津市千万人均高职院校数量11.52所、16.16所，而河北省仅7.95所，分别是北京市、天津市的69.01%、49.2%。河北省石家庄市拥有高职学校24所，占河北省高职学校总数的40.68%，而衡水市仅有1所高职学校，占河北省高职学校总数的1.69%。可见，京津冀三级区域也存在着高职院校分布失衡的状况。

二　基于人口密度

人口密度反映了区域人口聚集状况，对合理职业院校布局至关重要。京津冀三地人口密度分别为1322.51人/平方千米、1299.63人/平方千米、393.89人/平方千米，北京市人口密度最大，天津市次之，河北省最小。在高职教育方面，京津冀三地高职院校密度分别为0.0015所/平方千米、0.0021所/平方千米、0.0003所/平方千米，天津市高职院校密度最大，北京市次之，河北省最小。可见，基于人口密度的京津冀高职院校分布情况存在失衡现象。在中职教育方面，京津冀三地中职学校密度分别为0.0064所/平方千米、0.0063所/平方千米，0.0026所/平方千米。北京市中职学校密度最大，天津市次之，河北省最小。可见，基于人口密度的京津冀三地中职学校布局也存在失衡现象。

三级区域也存在职业院校布局失衡的现象。以河北为例，本书研究结果表明，河北省石家庄、衡水、张家口、秦皇岛等四市人口密度与中职学校密度均为负向匹配，说明三市中职学校数量相对充足，其余七市均为正向匹配，说明中职学校数量相对较少。承德市和张家口市人口密度与中职学校密度匹配度绝对值较小，说明两市中职学校数量与人口数量处于基本平衡的状态,中职教育能够满足广大民众的需求。需要说明的是,承德市中职学校数量与人口数量为正向匹配,而张家口市为负向匹配,如果调整两市中职学校布局,应采取不同措施。

三 基于经济状况

本书研究结果表明,从高职院校布局看,北京市区域经济与高职学校数量呈正向匹配,天津市和河北省区域经济与高职院校数量均为负向匹配,说明北京市高职院校数量相对较少。与之相反,天津市和河北省高职院校数量相对较多。北京市区域经济与高职院校匹配度的绝对值最大,说明该市经济发展程度优于高职院校数量的发展程度。天津市和河北省两地经济发展程度落后于高职院校数量的发展,高职院校数量相对较多。从中职学校布局看,无论京津冀三地之间还是各自行政区域内,均存在区域经济发展与中职学校数量的失衡现象。北京市、天津市和河北省分别有七区、十区和五市的区域经济发展与中职学校数量为正向匹配,说明22个三级区域中职学校数量较少,其余21个三级区域经济发展与中职学校数量为负向匹配,说明中职学校数量较多,可能出现资源冗余问题。京津冀三地分别有一区、七区、一市九个三级区域经济发展与中职学校数量的匹配度绝对值大于1,说明九个三级区域经济发展与中职学校数量存在较为严重的失衡问题。京津冀三地分别有十二区、五区、八市25个三级区域经济发展与中职学校数量的匹配度绝对值小于0.5,说明25个三级区域经济发展与中职学校数量处于基本平衡状态。

四 基于招生规模

京津冀一级区域共有高职院校109所,校均在校生2510.35人。二级区域北京市和天津市均有25所高职院校,校均在校生分别为3198.20人和1420.24人;河北省拥有59所高职院校,校均在校生2680.80人。可见,以在校生数量评判,北京市高职院校校均在校生最多,河北省次之,天津市最少。天津市高职院校校均在校生仅为北京市、河北省的44.41%、52.98%。

京津冀一级区域共有中职学校679所,校均在校生1188.29人。二级区域北京市、天津市分别拥有中职学校 105 所、75 所, 校均在校生分别为 916.92 人、1302.43 人; 河北省拥有中职学校 499 所, 校均在校生为 1228.24 人。可见, 以在校生数量评判, 天津市中职学校规模相对较大, 是北京市、河北省的 1.42 倍和 1.06 倍。河北省次之, 为天津市校均规模的 94.30%, 是北京市的 1.34 倍。北京市中职学校规模最小, 仅分别为河北省、天津市的 74.65% 和 70.4%。根据教育经济学理论, 只有在校生数量达到一定规模的前提下, 才能有效发挥学校教育教学资源的作用, 实现学校的规模效益。[①] 以此推断, 京津冀三地职业院校规模存在不均衡现象, 很难获得应有的规模效益。

在优质学校布局方面。目前京津冀三地各有国家示范性高职院校 4 所, 北京市和天津市国家示范性高职院校占本区域高职院校总量的 16%, 河北省仅占本区域高职院校总量的 6.78%。京津冀三地各有国家骨干高职院校 2 所、3 所、4 所, 分别占本行政区域高职院校总量的 8%、12%、6.78%。可见, 京津冀三地国家示范性高职院校和国家骨干高职院校布局也存在失衡问题。

五　基于宏观调控

自身利益的最大化和优势互补是区域合作的基础, 互利共赢是区域合作的前提。北京市职业教育资源丰富, 科技发达, 但需要纾解人口承载压力; 天津市职业教育具有明显特色, 但职业院校分布失衡; 河北省具有丰富的职业教育生源, 但经济发展落后于京津两地。目前, 尽管京津冀协同发展政策已经"落地", 但国家教育行政主管部门一直未发布京津冀职业教育一体化发展的纲领性文件, 对京津冀职业院校布局未能实现统一管理, 缺乏相应领导机构、管理机制和引导政策, 导致三地职业教育各自为政、相互封闭现象依然突出, 三地职业院校布局调整只能在各自的行政区域内实施, 职业教育资源尚未实现京津三地共享, 职业院校布局仍不能根据京津冀三地经济发展进行一体化布局, 三地职业院校难以实现优势互补。

[①] 靳希斌:《教育经济学》, 人民教育出版社 2003 年版, 第 152 页。

区域职业教育合作的基础是办学主体的多元化，但多元化办学也需要统一的领导机构，否则极易造成职业院校布局以本区域需求为主，难以形成全局观念和统筹机制。就北京市而言，25所高等职业院校中有13所由相关委办局或总公司举办，教育行政部门所属4所，区县政府所属3所，另外9所为民办院校。[①] 疏解人口承载压力，亟须建立市域职业教育发展统筹系统和京津冀区域职业教育发展协调系统，立足疏解北京市非首都功能要求，组织部分职业院校实施外迁。否则，跨行政区域的职业院校的调整、合并、搬迁等均难以实现。天津市和河北省也存在多个办学主体，承接北京市职业教育资源转移，也需要建立相应的职业教育发展统筹系统和区域协调系统。

第四节　推进京津冀职业院校一体化布局的对策

京津冀职业院校一体化布局是京津冀职业教育一体化发展的基础，也是三地职业院校实现优势互补、增强育人能力的关键。然而，与其他职业教育结构性调整不同，职业院校的兴办、搬迁等需要政府教育行政部门统筹规划、实施统一引导。基于目前京津冀三地职业院校布局存在的严重失衡问题，建议国家及京津冀三地教育行政部门按照《国务院关于加快发展现代职业教育的决定》的要求，积极推进京津冀职业院校一体化布局调整工作。

一　持续营造京津冀职业院校一体化布局的条件

（一）加快京津冀区域交通设施建设

美国国际教育设施规划委员会（CEFPI）曾明确说明，高中校址距离居民区的距离应控制在60分钟（驾车）以内。中职教育是现代职业教育体系建设的基础，对实现普及高中阶段教育的目标也具有重要的意义。调整中职学校布局，需要充分考虑区域人口入学的距离需求。同时，如

---

① 杨振强：《京津冀高等职业教育一体化发展研究》，《成人教育》2014年第8期，第100—101页。

果交通不便，也将限制各类职业院校实施产教融合、校企合作。因此，实施京津冀职业院校一体化布局，需要充分依托京津冀"一核、双城、三轴、四区、多节点"的城镇体系规划及产业功能布局，构建多节点、网格状、全覆盖的区域交通网络，加强京津冀区域交通设施建设，努力达到交通畅达高效的目标，为区域人口接受职业教育、职业院校实施校企合作提供更为高效、便捷的交通服务，以此推动职业院校的一体化布局。

（二）加快疏解北京市城区人口存量

实施京津冀协同发展战略，要破解北京市"大城市病"问题，疏解其"非首都功能"和城区人口存量。各级各类职业学校作为典型的人口聚集实体，也直接影响着区域人口规模。近年来，北京市颁布了多项有关职业教育疏解人口的"控""疏"措施，取得了一定成效。在"控"方面，《北京市新增产业的禁止和限制目录（2015年版）》明确提出，不再新设立中职学校，不再扩大中职教育办学规模，中职学校不再新增占地面积；不再设立和新升格普通高校，不再扩大高等教育办学规模，高校不再新增占地面积等。在"疏"方面，2015年北京市人民政府《关于加快发展现代职业教育的实施意见》提出，"引导东城区、西城区中等职业学校向郊区疏解，支持其他有条件的职业院校通过搬迁、办分校、联合办学等方式向外疏解"。2016年初，北京市专门成立了教育和培训机构功能疏解工作小组，具体负责推进职业教育疏解工作。然而，目前北京市实施的疏解多为城六区职业学校向远郊区县的疏解，仍局限于北京市的"小空间"内，难以从根本上解决北京市人口疏解问题。因此，建议北京市着眼于京津冀协同发展"大空间"，在一小时交通圈内统筹职业院校布局问题。

（三）积极推进京津冀产业合理布局

长期以来，京津冀三地产业结构自成体系、自我封闭和产业同构现象较为突出。实施京津冀协同发展战略，需打破现有产业封闭格局，持续优化京津冀产业结构。目前，京津冀三地已签署若干府际协议，如京津之间的《共同推进天津未来科技城合作示范区建设框架协议》《共建滨海——中关村科技园合作框架协议》，京冀之间的《共同打造曹妃甸协同发展示范区框架协议》《共建北京新机场临空经济合作区协议》《共同推进中关村与河北科技园区合作协议》以及津冀之间的《共同打造（涉县·天铁）循环经济产业示范区框架协议》等。进一步分析发现，京津之间的合作多集中在科技创新转化领域，津冀的合作多着眼于传统产业的优化升级，而京冀合作较为广泛，三地正在形成北京研发、天津转化、河北配套的产业错位发展和互补发展的雏形。职业教育需要产教融合、校企合作，理应随产业转移而转移。在京津冀产业布局持续优化的新格局下，职业院校布局应与区域产业布局融为一体，不断壮大区域京津冀职业教育实力。

二　明确京津冀职业院校一体化布局的具体措施

（一）推进中职学校向中小城市转移

目前，京津冀中职学校数量庞大，但部分中职学校在校生数量呈持续减少趋势，严重影响了中职教育资源的使用效率与效益。张光跃从经济性和社会性两个方面分析了中职学校布局向中小城市转移的优势，认为中职学校向中小城市转移更有利于开展校企合作，实现产教融合和互惠互利，也有利于区域经济发展和新生劳动力聚集，同时，也有利于中心城市发展高端产业，拉动中小型城市经济的发展。[1] 北京市"十三五"教育发展规划明确指出，"要有序疏解部分教育功能，促进区域协同发展""逐步压缩中等职业教育和成人教育规模"，强调"支持北京有条件的中等职业学校由中心城区向外疏解"。因此，在调整京津冀职业院校布局时应充分考虑三地经济社会发展现状和人口布局趋势，将部分中职学校转移到中小型城市。本书研究结果表明，河北省石家庄市中职学校数量较多，与当地的人口和产业之间出现了不相匹配的情况，应将部分中职学校向中小城市，特别是县域转移，以此缓解区域职业教育发展不平衡的问题。

---

[1] 张光跃：《对中等职业学校布局中小城市办学的思考》，《职教论坛》2010年第21期，第27—29页。

（二）在大型城市发展高端职业教育

高端职业教育指优质高职教育和应用型本科及以上层次的职业教育。本研究结果表明，京津冀职业院校布局不均衡的状况不仅存在于三地之间，也存在于京津冀各自行政区域之内。目前，京津冀部分大型城市及中心城区内的职业院校专业发展滞后，特别是部分规模较小的职业院校失去了发展空间。因此，应重新评估大型城市职业院校布局状况，促其集中力量发展高端职业教育。对部分不尽符合大型城市发展需要的职业院校，均应考虑逐步搬出。如北京市为特大型城市，应积极引导不符合首都产业和就业需求的职业院校疏解到天津市或河北省。对保留的高职院校，也应促其转型升级为应用型本科高校，提升其办学层次。天津市和河北省则应立足于自身经济社会发展需求，选择适合承接北京市职业教育资源的城市（城区），完善配套政策措施，加强基础设施建设，以此推动京津冀职业院校的一体化布局。

（三）建设一批龙头和骨干职业院校

目前有关职业院校布局的研究多依据区域人口和经济社会发展现状实施，职业院校之间缺少必要的联系和合作。特别是中职学校，其影响力多限于所在行政区域，辐射范围较窄。龙头和骨干高职院校布局无论是按人口分布还是区域经济发展状况布局，均存在发展不均衡和覆盖面较窄的问题。京津冀职业教育一体化发展，应突破京津冀行政区域的制约，调整龙头和骨干职业院校布局。合理平衡人口聚集区和产业聚集区的需求，通过推进龙头和骨干职业院校建设，促进京津冀区域内职业院校整体实力的提升。通过优质职业院校的辐射作用，形成更大区域的职业教育网络，使职业教育发挥更大的社会服务能力和影响能力。

（四）撤销或合并规模较小职业院校

遵循规模与效益协调发展的原则，改变现有职业院校布局"遍地开花"的方式。"十二五"期间，天津市提出了中职学校数量控制在50所以内、校均规模达到2000人至2500人的目标，强调重点支持建设40所中职示范学校和20个优势特色专业。目前，教育部已经调整了职业院校的设置标准，京津冀现有部分规模较小的职业院校不利于技术技能人才培养。推进京津冀职业院校一体化进程，需要适当整合、调整办学条件差、规模小的职业院校，或直接将其取消，或直接并入龙头学校或骨干学校。当然，也不能过分追求职业院校的规模，避免因规模过大、专业涵盖过多，导致其缺乏发展特色。

(五) 积极推行职教园区的布局模式

职教园区是借鉴工业向开发区集中发展的思路，吸引各级各类职业教育机构集聚一地，实现资源共享并产生集聚效应的职业院校布局模式。自1996年浙江省温岭市建成首个职业教育园区之后，各地职业教育园区建设进入高潮。在职教园区建设过程中，各地均贯彻了"共建、共享、共管"理念。在京津冀职业教育一体化发展过程中，应积极推进职教园区布局模式。特别是河北省，应充分利用土地价格较低、城市发展外延空间较大、人口资源相对丰富等优势，在加快已有石家庄、衡水、邢台等职教园区建设基础上，着手谋划环京津冀区域的职教园区建设工作，以此提升对京津两地职业学校资源外溢的承接力度。同时，京津两地政府主管部门应积极引导本地职业院校以整体搬迁、建立分校等形式融入职教园区，到河北省拓业务、求发展。

三 加强京津冀职业院校一体化布局的组织领导

(一) 建立京津冀职业院校一体化布局组织系统

基于职业教育资源的地域属性和资本属性以及京津冀三地之间存在的合作竞争关系，三地优质职业教育资源流动必将受到一定的行政阻力和社会阻力。事实证明，北京市为疏解城区人口实施的职业教育资源流动多为城区向郊区的流动，津冀两地在承接北京市职业教育资源流动方面也存在着一定的利益冲突。因此，推进京津冀职业院校布局一体化应建立完备、统一的组织系统。

首先，中央政府及教育行政部门应成立京津冀职业院校布局一体化领导小组，并建立相应的组织协调机构。充分考虑京津冀三地人口分布情况、经济社会发展现状和职业教育发展情况，充分协商、科学制定京津冀职业院校一体化布局总体规划。积极推进职业教育资源随产业流动而流动，职业学校布局随人口变化而变化。特别要注意平衡京津冀三方利益，推动职业院校布局突破地域阻隔和行政壁垒，实现科学化、合理化。

其次，建立京津冀职业院校布局协调机构，如各种协会、联盟等，将京津冀职业院校的校长、专家教授、专业教师等均纳入合作协会（联盟），为京津冀职业院校的合理化布局提供专业性建议，供政府教育行政部门决策参考。同时，对京津冀区域职业院校布局一体化行为进行监督和评估，防止一级区域内职业院校重复布局，避免职业院校的同质化，促进职业院校发展特色化。通过建立合作协会（联盟）等组织，提高各级各类职业院校的主体意识，充分发挥职业院校的合作积极性，进而更好地体现国家意志，推动京津冀职业教育一体化政策"落地"。

（二）建立京津冀职业院校一体化布局信息系统

京津冀职业院校一体化布局需要将京津冀作为一个整体区域看待，涉及各级各类职业教育资源及多个职业教育主体等。实现京津冀职业院校的一体化布局需建立完善的信息系统，强化各主体之间的协调。目前，中国职业教育与成人教育网建立了全国职业院校信息数据库，但诸多数据与国家及地方年鉴数据不符，需要及时更正。如该网站显示2015年京津冀三地分别拥有中职学校114所、88所和770所，但经核实三地实际拥有中职学校105所、75所和499所。因此，应通过"互联网＋"等技术，建立全新、全面且开放的职业院校数据库，将京津冀所有职业院校基本信息录入到动态信息库中，包括职业院校地理位置、在校生规模、师资情况、设施设备情况以及专业设置等，方便社会各界动态监控京津冀职业教育院校的布局情况，为区域职业院校布局结构调整提供及时、有效的信息。

（三）建立京津冀职业院校一体化布局政策系统

近年来，国家相继颁布了一系列促进京津冀协同发展的政策文件，三地合作程度日益加深。但时至今日，却仍未颁布有关京津冀职业教育一体化发展的政策文件，制约了京津冀职业教育一体化进程。建议建立上至国家层面、下至地方政府层面的京津冀职业教育一体化政策系统，有效规范京津冀职业教育一体化行为，为京津冀职业院校合理布局提供制度保障。同时，国家层面制定相关政策可有效减少府际间、职业院校间的隔阂，实现京津冀职业教育的深层次合作，规范职业院校布局调整过程中各利益主体的行为，减少利益冲突，进而实现"双赢"或"多赢"。

（四）建立京津冀职业院校一体化布局评价系统

京津冀职业院校一体化布局不可能一蹴而就，会始终处于动态变化和动态调整过程之中。推进京津冀职业院校合理布局，需建立相应的职业教育布局评价系统，做到动态评价、及时调整。当前，京津冀三地职业院校布局尚未形成完整、统一的调整思路、调整机制和布局目标。建议各级政府教育行政部门主动协调相关部门，做好职业院校布局现状、区域人口发展现状和区域经济发展现状的调查工作，准确把握京津冀区域经济社会发展的需求，制定职业院校布局总体规划和具体目标。在此基础上，由政府教育行政部门牵头，并吸纳行业企业等各类社会主体多方参与，建立区域职业院校布局评价组织，明确评价标准和评估机制，及时对各级各类职业院校布局状况进行评估，作为调整职业院校布局的依据，最终形成"政府统筹、总体规划、分地域实施、动态监控"的职业院校布局评价系统，进而实现持续优化京津冀职业院校布局的目标。

（五）建立京津冀职业院校一体化布局调节系统

职业院校布局是一项社会系统工程，仅凭政府部门或教育系统内部很难达成，必须充分发挥市场的力量，"看不见的手"和"看得见的手"都要用好。因此，推进京津冀职业院校一体化布局，应在充分发挥政府作用的同时，构建完整的市场调节系统，利用市场力量推动京津冀职业院校布局实现科学化、合理化。充分发挥市场决定职业教育资源配置的决定性作用，让职业院校能够"优胜劣汰"。通过引入共同市场机制，使职业院校能够结合区域人口需求、经济发展需求调整办学行为。通过建立京津冀职业教育资源整合机制、共享机制以及毕业生就业服务机制，积极推进各级各类职业教育资源依据市场规则实现流动。

第九章

京津冀职业院校专业的一体化设置

职业教育具有积累人力资源资本的根本属性[①]，专业设置是职业教育与区域经济联系的纽带。2014年，教育部等六部门制定的《现代职业教育体系建设规划（2014—2020年）》强调，职业院校"专业设置适应经济社会需求"。同年，《国务院关于加快发展现代职业教育的决定》提出，职业院校要"科学合理设置专业，健全专业随产业发展动态调整的机制"。随着京津冀职业教育的一体化发展，有关京津冀职业院校专业设置的研究亦逐步增多。胡晓颖提出，在京津冀协同发展背景下，河北省高职院校应瞄准产业结构调整及经济发展方式转变调整专业布局，加强应用学科建设，及时调整与河北省主导产业优化升级相关的专业。[②] 李强分析了京津冀职业教育层次结构、学科结构和地区分布状况与京津冀经济发展之间的协调性，认为京津冀地区应建立专业的动态调整机制。[③] 马建富等认为，学界主动探求职业院校专业结构与产业结构的适应规律，建立专业建设预警机制，目的在于提升职业教育服务社会能力。[④] 京津冀协同发展必将引发三地产业结构发生一系列变化，亟须推进职业教育一体化进程，实

[①] 荣利颖：《京津冀协同发展背景下职业教育的协同发展研究》，《首都师范大学学院报》2016年第2期，第121—126页。

[②] 胡晓颖：《京津冀主体功能区视域下河北省高等教育结构优化研究》，硕士学位论文，河北科技大学，2011年。

[③] 李强：《京津冀地区职业教育与经济协调发展现状分析》，《天津学术文库》（下），2015年，第973—980页。

[④] 马建富、周如俊、潘玉山等：《职业院校专业结构与产业结构吻合度研究——以江苏省为例》，《职业技术教育》2017年第15期，第38—44页。

现区域职业院校专业的一体化设置。

第一节 京津冀产业结构现状与发展趋势

根据职业教育的"职业性"属性,职业院校必须服务服从于区域经济发展,培养人力资源市场需要的技术技能人才,专业设置应服务区域重点产业、新兴产业、支柱产业和特色产业。① 目前,随着京津冀协同发展战略的实施,三地产业流动明显加快,京津冀区域职业院校专业的设置理应随产业变化而变化。

一 北京市

2011—2015 年北京市产业结构变化情况如表 9—1 所示。2011 年北京市国民生产总值为 16251.9 亿元,三次产业比重为 0.8∶23.1∶76.1;2015 年北京市国民生产总值达到 23014.6 亿元,三次产业比重调整为 0.6∶19.7∶79.7。与 2011 年比较,第一、第二产业比重分别下降了 0.2%、3.4%,第三产业比重上升了 3.6%。5 年间,北京市产业结构呈现出"三二一"特征,第三产业占主导地位,第二产业次之,第一产业比重最小。第一产业与第二产业产值比重逐年递减,第三产业产值比重逐年递增。

表 9—1　　　　　北京市 2011—2015 年产业结构变化表

年份	国民生产总值（亿元）	第一产业 产值（亿元）	第一产业 比重(%)	第二产业 产值（亿元）	第二产业 比重(%)	第三产业 产值（亿元）	第三产业 比重(%)
2011	16251.9	136.3	0.8	3752.5	23.1	12363.2	76.1
2012	17879.4	150.2	0.8	4059.3	22.7	13669.9	76.5
2013	19800.8	159.6	0.8	4292.6	21.7	15348.6	77.5
2014	21330.8	159.0	0.7	4544.8	21.3	16627.0	78.0
2015	23014.6	140.2	0.6	4542.6	19.7	18331.7	79.7

资料来源:根据国家统计局发布的相关数据等整理。

---

① 于如、闫志利:《特色职业院校建设:理据、目标与策略》,《河北科技师范学院学报》(社会科学版) 2015 年第 4 期,第 102—107 页。

由表9—2可见,"十三五"期间北京市要持续优化三次产业结构,确保"十三五"末全市服务业占国民生产总值的比重高于80%。大力发展生态农业、特色农业;重点发展生物医药、新能源、新材料、智能创造、航天航空、新能源汽车、轨道交通等行业,就地淘汰一批有色金属、建材、化工、机械、印刷等污染较大、耗能耗水较高的行业和生产工艺,加快完成1200家污染企业退出任务;在稳定服务业的同时,大力发展金融、信息、科技、商务服务、文化设计、新闻广播、旅游会展等产业,有序退出区域性物流基地、区域性专业市场等部分第三产业,引导和推动区域性农副产品、基础原材料等大宗商品的仓储物流功能外迁,积极推进服装、小商品、建材等区域性批发市场向周边有较好集聚基础的地区集中疏解。①

表9—2　　　　　　北京市"十三五"期间产业结构调整要点

产业	发展产业	外迁产业
一产	特色农业、生态农业、林业等	无
二产	生物医药、新能源、新材料、智能创造、航天航空、新能源汽车、轨道交通等	有色金属、建材、化工、机械、印刷、小商品、服装等
三产	金融、信息、科技、商务服务、文化设计、新闻广播、旅游会展等	农副产品、基础原材料等大宗商品仓储物流功能;服装、小商品等区域性批发市场

资料来源:依据《北京市国民经济和社会发展第十三个五年规划纲要》相关信息整理。

二　天津市

2011—2015年天津市产业结构变化情况如表9—3所示。2011年天津市国民生产总值为11307.3亿元,三次产业比重为1.4∶52.4∶46.2;2015年天津市国民生产总值上升到16538.2亿元,三次产业比重为1.3∶46.5∶52.2。与2011年比较,第一、第二产业比重分别下降了0.1%和5.9%,第三产业比重上升了6%。5年间,第一产业比重最小,第二、第

---

① 《北京市国民经济和社会发展第十三个五年规划纲要》,2016年3月5日(http://www.bjpc.gov.cn/zwxx/ghjh/gzjh/201603/P020160325385159270138.pdf)。

三产业占主导地位,产业结构趋向"三二一"特征。其中,第一、第二产业比重逐年递减,第三产业比重逐年递增。

表9—3　　　　　天津市2011—2015年产业结构变化表

年份	国民生产总值（亿元）	第一产业 产值(亿元)	比重(%)	第二产业 产值(亿元)	比重(%)	第三产业 产值(亿元)	比重(%)
2011	11307.3	159.7	1.4	5928.3	52.4	5219.2	46.2
2012	12893.9	171.6	1.3	6663.8	51.7	6058.5	47.0
2013	14442.0	187.0	1.3	7275.5	50.4	6979.6	48.3
2014	15726.9	199.9	1.3	7731.9	49.1	7795.2	49.6
2015	16538.2	208.8	1.3	7704.2	46.5	8625.2	52.2

资料来源：根据国家统计局发布的相关数据整理。

由表9—4可见,"十三五"期间天津市要大力发展第一产业,推进农业结构调整,提升农业科技水平和基础设施水平,不断创新农业经营方式;不断壮大发展高端装备、航空航天、节能与新能源汽车、新材料、生物医药、新能源、现代石化和现代冶金、轻工纺织和土木建筑等九大产业;重点发展新一代信息技术产业、节能环保、财经商贸（金融、电子商务、物流等）、环境治理、旅游行业、公共服务事业等。可见,"十三五"期间天津市经济发展仍将以第二、三产业为主,第一产业为辅。

表9—4　　　　　天津市"十三五"期间产业发展重点

产业	重点发展方向
一产	推进农业结构调整,提升农业科技水平和基础设施水平,创新农业经营方式,保障农产品质量安全
二产	高端装备、航空航天、节能与新能源汽车、新材料、生物医药、新能源、现代石化和现代冶金、轻工纺织、制造设备、新能源与动力、交通轨道、医药卫生、轻工纺织、生物化工、土木建筑等
三产	新一代信息技术、节能环保、财经商贸、环境治理行业、旅游行业、公共服务行业等

资料来源：依据《天津市国民经济和社会发展第十三个五年规划纲要》相关信息整理。

三 河北省

2011—2015年河北省产业结构变化情况如表9—5所示。2011年河北省国民生产总值为24515.8亿元，三次产业比重为11.9∶53.5∶34.6；2015年河北省国民生产总值增加到29806.1亿元，三次产业比重调整为11.5∶48.3∶40.2。与2011年比较，第一产业和第二产业比重分别下降了0.4%和5.2%，第三产业比重上升了5.6%。5年间，河北省产业结构呈现"二三一"特征，第二产业占主导地位，第三产业快速发展，第一产业保持稳定。第一产业和第二产业产值比重逐年减少，第三产业比重逐年增加。

表9—5　　　　　　　河北省2011—2015年产业结构变化表

年份	国民生产总值（亿元）	第一产业 产值（亿元）	第一产业 比重（%）	第二产业 产值（亿元）	第二产业 比重（%）	第三产业 产值（亿元）	第三产业 比重（%）
2011	24515.8	2905.7	11.9	13126.9	53.5	8483.2	34.6
2012	26575.0	3186.7	12.0	14003.6	52.7	9384.8	35.3
2013	28443.0	3382.0	11.9	14781.9	52.0	10279.1	36.1
2014	29421.2	3447.5	11.7	15012.9	51.0	10960.8	37.3
2015	29806.1	3439.5	11.5	14386.9	48.3	11979.8	40.2

资料来源：根据国家统计局发布的相关数据整理。

由表9—6可见，"十三五"期间，河北省重点发展现代农业、生物农业、生物医药、新能源、新材料、新能源汽车、智能制造、冶金、轻工食品、建材、化工、轨道交通、通用航空等行业，加快发展新一代信息技术、节能环保、数字创意等产业。可见，"十三五"期间河北省经济社会发展仍将以第二产业为主，第一、第三产业为辅。

表9—6　　　　　　　河北省"十三五"期间产业发展重点

产业	重点发展方向
一产	生物农业、现代农业创新等
二产	生物医药、新能源、新材料、新能源汽车、智能制造、冶金、轻工食品、建材、化工、轨道交通、通用航空等
三产	信息技术（大数据）、节能环保、数字创业、财经商贸、旅游业、公共服务与管理等

资料来源：依据《河北省国民经济和社会发展第十三个五年规划纲要》相关信息整理。

由表9—7可见，京津冀"十三五"规划对河北省辖市的发展定位也有所差异。保定、廊坊两市为京津核心功能区，主要承接北京市非首都功能的转移。唐山、沧州和秦皇岛三市为沿海率先发展区，将大力发展钢铁、高端装备制造、石油化工、生物医药等制造业和现代物流、休闲旅游、健康养生等现代服务业，石家庄、邯郸、邢台和衡水等四市为冀中南功能拓展区，将发展各城市特色产业。承德和张家口两市为冀西北生态涵养区，将大力发展生态服务行业。

表9—7　　　　京津冀"十三五"规划对河北省各城市发展的定位

定位	城市	任务
京津核心功能区	保定，廊坊	加快北京非首都功能承接平台的建设，实现与京津深层联动发展
沿海率先发展区	唐山，沧州，秦皇岛	大力发展钢铁、高端装备制造、石油化工、生物医药等制造业和现代物流、休闲旅游、健康养生等现代服务业
冀中南功能拓展区	石家庄，邯郸，邢台，衡水	提升石家庄市省会功能，抓好正定新区建设，打造京津冀城市群南部中心城市；依托冀南新区打造邯郸市成为京津冀南部门户和省际合作交流桥头堡；加快邢台市、衡水市特色产业发展，打造区域重要节点城市，形成新的经济支撑带
冀西北生态涵养区	承德，张家口	发挥生态保障、水源涵养、旅游休闲、绿色产品供给等功能，打造全国生态文明先行示范区

第二节 京津冀就业结构现状与发展趋势

一 北京市

2011—2015 年北京市就业人员结构变化情况如表9—8 所示。2011 年北京市就业人员1069.7 万人，2015 年增至1186.1 万人，5 年间就业人员增加了11.2%。第一、第二产业就业人数比重均逐年下降，5 年间分别下降了1.3%、3.5%；第三产业就业人数比重逐年上升，5 年间比重上升了4.8%。由此推断，2011—2015 年北京市劳动力从第一、二产业逐渐向第三产业转移，第三产业的就业容量在不断扩大，为解决就业做出了贡献。

表9—8　　　　　北京市2011—2015 年三次产业就业人数

年份	就业总人数（万人）	第一产业 就业人数（万人）	占比（%）	第二产业 就业人数（万人）	占比（%）	第三产业 就业人数（万人）	占比（%）
2011	1069.7	59.1	5.5	219.2	20.5	791.4	74.0
2012	1107.3	57.3	5.2	212.6	19.2	837.4	75.6
2013	1141.0	55.4	4.9	210.9	18.5	874.7	76.7
2014	1156.7	52.4	4.5	209.9	18.2	894.4	77.3
2015	1186.1	50.3	4.2	200.8	17.0	935.0	78.8

资料来源：根据国家统计局发布的相关数据整理。

有研究表明，产业结构的演进和就业结构变化的一致性已被各国经济发展历程所验证。[1] 由表9—1、表9—8 可见，北京市2011 年、2015 年三次产业比例分别为0.8∶23.1∶76.1、0.6∶19.7∶79.7，三次产业就业人员分别为5.5∶20.5∶74、4.2∶17∶78.8，三次产业结构和三次产业就业人员结构的变化趋势基本一致。2011—2015 年北京市第一、第二产业比重逐年下降，与之对应的第一、第二产业就业人员的比重也逐年

---

[1] 天津市发展和改革委员会课题组：《天津产业结构与就业结构协调发展研究》，《天津经济》2013 年第3 期，第14—21 页。

下降;第三产业生产总值比重逐年上升,与之对应的第三产业就业人数也逐年上升。

依据国家数据统计局发布的相关数据,对 2011—2015 年北京市各项产业就业人员数量进行年度间比较,获取各项产业的"新增就业人数",以此表达对应专业的"新增就业岗位人数",分析结果如表 9—9 所示。可见,2015 年北京市采矿业、制造业、建筑业、交通运输、仓储及邮政业、住宿和餐饮业、科学研究、技术服务和地质勘查业等产业的"新增就业人数"均为负数,说明这些产业就业人员总量呈下降趋势,职业院校应适当控制此类产业对应专业的发展。农林牧渔业新增就业岗位达 20% 以上,说明人员需求处于旺盛时期,应加快发展对应专业。租赁和商务服务业、信息传输、计算机服务和软件业两项产业就业人员增幅均在 10% 以上,说明也处于劳动力需求时期,职业院校亦应大力发展此类产业对应专业。其他十项产业就业人员增幅仅为个位数或 0,说明市场人才需求趋于饱和。

表 9—9　　　　　北京市 2011—2015 年各产业新增就业岗位人数　　　(万人,%)

产业	2011 年 总量	2011 年 增幅	2012 年 总量	2012 年 增幅	2013 年 总量	2013 年 增幅	2014 年 总量	2014 年 增幅	2015 年 总量	2015 年 增幅
农林牧渔业	-0.8	-25.0	0.1	4.2	0.6	24.0	0.1	3.2	0.7	21.9
采矿业	2.2	48.9	0.2	3.0	-0.1	-1.4	-0.7	-10.3	-0.8	-13.1
制造业	7.5	7.5	0.2	0.2	-4.5	-4.2	-3.5	-3.4	-7.8	-7.8
电力、燃气及水的生产供应业	2.2	32.4	-0.1	-1.1	-0.2	-2.2	-0.5	-5.7	0.0	0.0
建筑业	3.1	7.9	0.2	0.5	1.2	2.8	1.7	3.9	-0.3	-0.7
交通运输、仓储及邮政业	6.4	12.5	0.4	0.7	1.4	2.4	1.0	1.7	-0.2	-0.3
信息传输、计算机服务和软件业	7.4	17.7	3.5	7.1	5.6	10.6	2.9	5.0	6.9	11.3

续表

产业	2011年 总量	2011年 增幅	2012年 总量	2012年 增幅	2013年 总量	2013年 增幅	2014年 总量	2014年 增幅	2015年 总量	2015年 增幅
批发和零售业	8.2	14.8	5.0	7.9	0.2	0.3	3.5	5.1	4.8	6.6
住宿和餐饮业	1.2	4.3	2.8	9.6	-1.0	-3.1	-0.7	-2.3	-0.5	-1.7
金融业	5.7	21.0	4.7	14.3	1.5	4.0	4.1	10.5	4.0	9.3
房地产业	3.6	11.4	2.0	5.7	3.5	9.4	0.4	1.0	1.2	2.9
租赁和商务服务业	-19.1	-24.6	2.7	4.6	4.8	7.8	4.6	6.9	9.3	13.1
科学研究、技术服务和地质勘查业	4.9	10.7	3.5	6.9	5.9	10.9	-0.2	-0.3	-0.4	-0.7
水利、环境和公共设置管理业	0.2	2.3	0.4	4.4	0.4	4.3	0.1	1.0	0.3	3.0
居民服务和其他服务业	-0.1	-1.4	1.3	17.8	0.5	5.8	-0.3	-3.3	0.2	2.3
教育	2.0	4.9	1.8	4.2	1.7	3.8	-0.3	-0.7	1.5	3.3
卫生、社会保障和社会福利业	1.7	8.2	0.6	2.7	1.8	7.8	0.6	2.4	1.9	7.5
文化、体育和娱乐业	1.2	7.8	0.6	3.6	1.0	5.8	-0.7	-3.9	0.9	5.2
公共管理和社会组织	2.0	4.9	1.6	3.7	0.8	1.8	1.2	2.6	0.0	0.0
总计	39.3	6.1	31.5	4.6	24.9	3.5	13.6	1.8	35.6	4.7

资料来源：依据国家数据统计局发布的相关数据整理。

二 天津市

2011—2015年天津市就业人员结构变化情况如表9—10所示。2011年天津市就业人员763.2万人，2015年增至896.9万人，5年间就业人员增加了17.52%。第一产业、第二产业就业人数比重呈逐年下降，5年间分别下降了2.2%、5.7%；第三产业就业人数比重逐年上升，5年间上升了7.9%。由此推断，2011—2015年天津市劳动力从第一、二产业逐渐向第三产业转移，第三产业的就业容量在不断扩大，和第二产业一起吸纳了多数劳动力。

由表9—3、表9—10可见，天津市2011年、2015年三次产业比重分别为1.4∶52.4∶46.2、1.3∶46.5∶52.2，三次产业就业人员比重分别为9.6∶41.4∶49、7.4∶35.7∶56.9，三次产业结构和三次产业就业人员机构的变化趋势基本一致。2011—2015年天津市第一产业生产总值比重呈下降趋势，与之相应的第一产业就业人员比例也呈小幅下降趋势；第三产业产值权重逐年上升，与之对应的第三产业就业人员比例也逐年上升；第二产业生产总值比重逐年下降，与之对应的就业人员比例呈"先降后升再降"趋势。根据配第—克拉克定理，2012—2013年天津市就业人员从第一产业逐渐向第二产业流动，导致第二产业就业人员逐年增多。此后，第二产业就业人员亦开始向第三产业流动。

表9—10　　　　　　　天津市2011—2015年三次产业就业人数

年份	就业总人数（万人）	第一产业 就业人数（万人）	占比（%）	第二产业 就业人数（万人）	占比（%）	第三产业 就业人数（万人）	占比（%）
2011	763.2	73.2	9.6	316.0	41.4	374.0	49.0
2012	803.1	71.2	8.9	330.9	41.2	401.0	49.9
2013	847.5	69.0	8.1	353.9	41.8	424.6	50.1
2014	877.2	68.0	7.8	341.5	38.9	467.7	53.3
2015	896.9	66.2	7.4	320.2	35.7	510.5	56.9

资料来源：根据国家统计局发布的相关数据整理。

由表9—11可见，2015年天津市就业人口呈下降趋势。其中，采矿业、制造业、交通运输、仓储及邮政业、住宿和餐饮业等4项产业新增就业人数均呈下降趋势，说明4项产业劳动力处于饱和状态，职业院校应适当控制此类产业对应专业的发展。金融业、租赁和商务服务业、信息传输、计算机服务和软件业等 3 项产业增幅分别超过 30%、20% 和 10%，说明对此类产业对应专业需求人员数量较大，应加快发展对应专业。其他 12 项产业就业人员增幅仅为个位数或 0，应适时决定专业发展方向及规模。

表9—11　　天津市 2011—2015 年各产业新增就业岗位人数　　（万人,%）

产业	2011年 总量	2011年 增幅	2012年 总量	2012年 增幅	2013年 总量	2013年 增幅	2014年 总量	2014年 增幅	2015年 总量	2015年 增幅
农林牧渔业	-0.1	-14.3	0.0	0.0	-0.1	-16.7	0.0	0.0	0.0	0.0
采矿业	1.4	15.6	-3.5	-33.7	0.7	10.1	-1.0	-13.2	-0.1	-1.5
制造业	37.4	49.7	7.6	6.7	2.0	1.7	-3.3	-2.7	-8.2	-6.9
电力、燃气及水的生产供应业	0.9	27.3	0.2	4.8	0.1	2.3	0.0	0.0	0.0	0.0
建筑业	20.4	200.0	0.5	1.6	-0.1	-0.3	0.3	1.0	-1.8	-5.8
交通运输、仓储及邮政业	-1.1	-8.8	2.7	23.7	0.3	2.1	-0.1	-0.7	0.7	4.9
信息传输、计算机服务和软件业	-0.1	-4.5	1.2	57.1	0.3	9.1	0.3	8.3	0.5	12.8
批发和零售业	2.35	19.0	2.8	18.6	-0.3	-1.7	0.1	0.6	0.6	3.5
住宿和餐饮业	1.9	39.6	0.2	3.0	-0.3	-4.3	-0.6	-9.1	-0.8	-13.3
金融业	0.7	10.0	0.1	1.3	0.3	3.8	0.8	9.9	3.2	36.0
房地产业	0.6	16.7	1.3	31.0	3.7	-2.5	-27.2	0.6	9.0	67.3
租赁和商务服务业	-0.5	-7.2	-1.0	-15.6	0.4	7.4	0.9	15.8	1.5	22.4
科学研究、技术服务和地质勘查业	-0.9	-14.5	3.0	56.6	2.5	30.1	-0.1	-0.9	0.6	5.6

续表

产业	2011年 总量	2011年 增幅	2012年 总量	2012年 增幅	2013年 总量	2013年 增幅	2014年 总量	2014年 增幅	2015年 总量	2015年 增幅
水利、环境和公共设置管理业	-0.1	-2.9	0.3	8.2	0.4	11.4	0.0	0.0	0.0	0.0
居民服务和其他服务业	-0.1	-1.4	4.1	60.3	-0.1	-0.9	0.2	1.9	0.0	0.0
教育	0.1	0.6	-0.2	-1.2	2.6	16.0	-1.5	-7.9	0.6	3.4
卫生、社会保障和社会福利业	-0.1	-1.1	-0.1	-1.1	0.5	5.7	0.0	0.0	0.4	4.3
文化、体育和娱乐业	-0.2	-11.1	0.3	18.8	0.4	21.1	-0.2	-8.7	0.1	4.8
公共管理和社会组织	0.4	2.9	1.4	9.9	0.0	0.0	-0.1	-0.6	1.1	7.1
总计	63.0	30.6	20.8	7.8	13.3	4.6	-6.8	-2.2	-1.0	-0.3

三 河北省

2011—2015年河北省就业人员结构变化情况如表9—12所示。2011年河北省就业人员3962.4万人，2015年增至4212.5万人，5年间就业人员增加了3.6%，仅分别为京津两市增幅的32.2%、20.5%。第一、第二产业就业人数比重均逐年下降，5年间分别下降了2.2%、5.7%；第三产业就业人数比重逐年上升，5年间比重上升了7.9%。第一产业就业人员数量逐年下降，所占比重下降了3.3%；第二产业就业人数虽呈逐年增长趋势，但比重下降了0.8%；第三产业就业人数逐年增长，所占比重增加了2.5%。河北省第一产业就业人员比例逐渐减少，第二产业就业人数比例呈先升再降趋势，第三产业就业人数比例逐渐上升。总体看，三次产业就业人数分布较为均衡，呈现"三足鼎立"的局面。

由表9—5、表9—12可见，2011年、2015年河北省三次产业比重分别为11.9∶53.5∶34.6、11.5∶48.3∶40.2，三次产业就业人员比重分别为 36.3∶33.3∶30.4、33∶34.1∶32.9。可见，2011—2015 年河北省三次产业生产总值比重与就业人员比重存在一定的偏离，产业结构变化和就业人员变化表现出同一趋势。随着河北省三次产业结构的调整，三次产业就业人员结构也产生了相应变化。第一、第二产业比重均呈现下降趋势（第一产业 2011—2012 年略有上升），与之对应的第一、第二产业就业人员比重也呈现下降趋势（2011—2012 年有上升趋势）；第三产业生产总值权重逐年上升，与之对应的第三产业就业人员比重也逐年上升。

表 9—12　　　河北省 2011—2015 年三次产业就业人数

年份	就业总人数（万人）	第一产业 就业人数（万人）	第一产业 占比（%）	第二产业 就业人数（万人）	第二产业 占比（%）	第三产业 就业人数（万人）	第三产业 占比（%）
2011	3962.4	1439.6	36.3	1319.8	33.3	1203.0	30.4
2012	4085.7	1426.3	34.9	1400.8	34.3	1258.7	30.8
2013	4183.9	1404.5	33.6	1438.1	34.4	1341.4	32.0
2014	4202.7	1398.9	33.3	1437.8	34.2	1366.0	32.5
2015	4212.5	1387.8	33.0	1437.4	34.1	1387.2	32.9

资料来源：根据《河北经济年鉴——2016》数据整理。

表 9—13　　河北省 2011—2015 年各产业新增就业岗位人数　　（万人，%）

产业	2011 年 总量	2011 年 增幅	2012 年 总量	2012 年 增幅	2013 年 总量	2013 年 增幅	2014 年 总量	2014 年 增幅	2015 年 总量	2015 年 增幅
农林牧渔业	-0.9	-13.6	-0.2	-3.5	-0.3	-5.5	0.0	0.0	0.0	0.0
采矿业	0.6	2.2	0.4	1.4	-0.5	-1.7	-1.0	-13.2	-0.1	-1.5
制造业	10.9	9.1	14.8	11.3	4.9	3.4	-3.3	-2.7	-8.2	-6.9
电力、燃气及水的生产供应业	0.3	1.5	1.1	5.4	-1.7	-8.0	0.0	0.0	0.0	0.0
建筑业	14.1	38.6	30.8	60.9	9.2	11.3	0.3	1.0	-1.8	-5.8
交通运输、仓储及邮政业	-0.7	-2.8	-0.1	-0.4	3.3	13.6	-0.1	-0.7	0.7	4.9

续表

产业	2011年 总量	2011年 增幅	2012年 总量	2012年 增幅	2013年 总量	2013年 增幅	2014年 总量	2014年 增幅	2015年 总量	2015年 增幅
信息传输、计算机服务和软件业	-0.4	-6.3	0.6	10.2	2.1	32.3	0.3	8.3	0.5	12.8
批发和零售业	1.0	4.4	2.8	11.9	2.6	9.9	0.1	0.6	0.6	3.5
住宿和餐饮业	0.8	17.8	1.5	28.3	0.1	1.5	-0.6	-9.1	-0.8	-13.3
金融业	-0.4	-1.7	0.9	3.8	0.9	3.6	0.8	9.9	3.2	36.0
房地产业	0.7	16.7	1.9	38.8	2.4	35.3	-2.5	-27.2	0.6	9.0
租赁和商务服务业	0.2	4.1	0.1	2.0	6.3	121.2	0.9	15.5	1.5	22.4
科学研究、技术服务和地质勘查业	1.1	12.4	2.5	25.0	1.5	12.0	-0.1	-0.9	0.6	5.6
水利、环境和公共设置管理业	0.0	0.0	1.2	11.9	0.2	1.8	0.0	0.0	0.0	0.0
居民服务和其他服务业	0.1	5.0	0.1	4.8	-0.8	-36.4	0.2	1.9	0.0	0.0
教育	2.5	2.9	1.1	1.2	-0.2	-0.2	-1.5	-7.9	0.6	3.4
卫生、社会保障和社会福利业	2.2	7.9	2.2	7.3	1.5	4.7	0.0	0.0	0.4	4.3
文化、体育和娱乐业	0.1	2.0	0.1	2.0	0.1	1.9	-0.2	-8.7	0.1	4.8
公共管理和社会组织	3.8	4.9	2.8	3.5	1.6	1.9	-0.1	-0.6	1.1	7.1
总计	36.0	6.9	64.6	11.6	33.2	5.4	-6.8	-2.2	-1.0	-0.3

由表9—13可见，2015年河北省就业总人数呈下降趋势。农林牧渔

业、采矿业、制造业、电力、燃气及水的生产供应业、建筑业、批发和零售业、住宿和餐饮业、租赁和商务服务业、教育业、公共管理和社会组织等产业"新增就业人数"也呈下降趋势，说明这10项产业劳动力处于饱和状态，应适当控制此类产业对应的职业教育专业发展规模。其他9项产业就业人员增幅仅为个位数或0，说明劳动力市场容量较少，应密切关注人力资源市场的需求动态。从另一个角度考虑，河北省应通过加快第二产业转型升级、加快发展第三产业等措施，扩大就业容量，增加民众就业机会，并引导职业院校及时关注市场动态，科学预估未来市场劳动力需求状况，准确合理地设置专业，使专业和产业实现融合发展。

第三节　京津冀职业院校专业设置的现状

一　京津冀中职学校的专业设置

本书基于2010年教育部修订的《中等职业学校专业目录》进行研究分析，该目录以产业分类为依据划分了专业类别，共设置了321个专业。其中，与第一产业对应的为农林牧渔类，设置了32个专业；与第二产业对应的为资源环境类、能源与新能源类等6类，设置了122个专业；与第三产业对应的包含交通运输类、信息技术类等12类，设置了167个专业。据此，分析了京津冀三地中职学校专业设置的现状。

（一）北京市

由于中职学校专业数量众多，且在不断变化之中，很难获取全部数据。为便于分析，本书研究基于专业大类实施。中国职业学校库网站表明，北京市拥有中职学校106所，专业设置情况如表9—14所示。可见，北京市中职学校设置专业覆盖了《中等职业学校专业目录（2010）》设定的19个专业大类，专业大类设置总量达到284个（含不同学校重复设置数量，下同），平均每所中职学校设置专业大类2.68个。各专业大类设置数量占所有专业大类的比例由高到低排序依次为：信息技术类（13.4%）、文化艺术类（12.7%）、财经商贸类（10.9%）、旅游服务类（9.5%）、交通运输类（7.7%）、土木水利类（7.4%）、教育类（6.0%）、其他类（6.0%）、医药卫生类（4.9%）、公共管理与服务类

（4.9%）、加工制造类（3.5%）、体育与健身类（2.8%）、农林牧渔类（2.5%）、轻纺食品类（2.1%）、休闲保健类（2.1%）、石油化工类（1.4%）、资源环境类（1.1%）、司法服务类（0.7%）、能源与新能源类（0.4%）。

表9—14　　北京市2015年中职学校专业大类设置及毕业生数量

产业	专业大类	专业大类设置总量（个）	设置比例（%）	毕业生数量（人）	毕业生比例（%）
一产	农林牧渔类	7	2.5	431	1.4
二产	资源环境类	3	1.1	117	0.4
	能源与新能源类	1	0.4	289	0.9
	土木水利类	21	7.4	984	3.1
	加工制造类	10	3.5	2435	7.8
	石油化工类	4	1.4	36	0.1
	轻纺食品类	6	2.1	236	0.8
三产	交通运输类	22	7.7	4309	13.7
	信息技术类	38	13.4	3547	11.3
	医药卫生类	14	4.9	3564	11.4
	休闲保健类	6	2.1	545	1.7
	财经商贸类	31	10.9	4328	13.8
	旅游服务类	27	9.5	1977	6.3
	文化艺术类	36	12.7	3710	11.8
	体育与健身类	8	2.8	808	2.6
	教育类	17	6.0	2985	9.5
	司法服务类	2	0.7	370	1.2
	公共管理与服务类	14	4.9	507	1.6
	其他类	17	6.0	181	0.6
	总计	284	100.0	31359	100.0

注：专业大类设置总量包括不同学校之间重复设置的专业大类数量。下同。

《北京市2016年经济年鉴》显示，北京市2015年中职学校毕业生数量、招生数量、在校生数量分别为3.1万人、1.7万人、6.6万人，各专业大类毕业生数量从高到低排序依次为：财经商贸类（13.8%）、交通运输类（13.7%）、文化艺术类（11.8%）、医药卫生类（11.4%）、信息技术类（11.3%）、教育类（9.5%）、加工制造类（7.8%）、旅游服务类（6.3%）、土木水利类（3.1%）、体育与健身类（2.6%）、休闲保健类（1.7%）、公共管理与服务类（1.6%）、农林牧渔类（1.4%）、司法服务类（1.2%）、能源与新能源类（0.9%）、轻纺食品类（0.8%）、其他类（0.6%）、资源环境类（0.4%）、石油化工类（0.1%）。

（二）天津市

表9—15　天津市2015年中职学校专业大类设置及毕业生数量

产业	专业大类	专业大类设置总量（个）	设置比例（%）	毕业生数量（人）	毕业生比例（%）
一产	农林牧渔类	2	1.0	2060	6.7
	资源环境类	2	1.0	60	0.2
	能源与新能源类	0	0.0	90	0.3
二产	土木水利类	31	16.1	932	3.0
	加工制造类	2	1.0	6323	20.7
	石油化工类	7	3.6	143	0.5
	轻纺食品类	6	3.1	140	0.5
三产	交通运输类	13	6.8	2241	7.3
	信息技术类	33	17.2	7857	25.7
	医药卫生类	6	3.1	1332	4.4
	休闲保健类	2	1.0	84	0.3
	财经商贸类	31	16.1	5434	17.7
	旅游服务类	14	7.3	854	2.8
	文化艺术类	13	6.8	918	3.0
	体育与健身类	5	2.6	224	0.7
	教育类	8	4.2	1808	5.9
	司法服务类	0	0.0	39	0.1
	公共管理与服务类	5	2.6	11	0.04
	其他类	12	6.3	68	0.2
总计		192	100.0	30618	100.0

天津市共有中职学校共 75 所，专业设置情况如表 9—15 所示。可见，天津市中职学校专业设置覆盖了《中等职业学校专业目录（2010）》的 17 个大类，专业大类设置总量达到 192 个，平均每所中职学校设置专业大类 2.56 个。各专业大类设置数量占所有专业大类的比例由高到低排序依次为：信息技术类（17.2%）、土木水利类（16.1%）、财经商贸类（16.1%）、旅游服务类（7.3%）、文化艺术类（6.8%）、交通运输类（6.8%）、其他类（6.3%）、教育类（4.2%）、石油化工类（3.6%）、轻纺食品类（3.1%）、体育与健身类（2.6%）、公共管理与服务类（2.6%）、农林牧渔类（1.0%）、资源环境类（1.0%）、加工制造类（1.0%）、休闲保健类（1.0%）。

《天津市 2016 年经济年鉴》显示，天津市 2015 年中职学校毕业生数量、招生数量、在校生数量分别为 3.06 万人、3.80 万人、9.77 万人，各专业大类毕业生数量从高到低排序依次为：信息技术类（25.7%）、加工制造类（20.7%）、财经商贸类（17.7%）、交通运输类（7.3%）、农林牧渔类（6.7%）、教育类（5.9%）、医药卫生类（4.4%）、土木水利类（3.0%）、文化艺术类（3.0%）、旅游服务类（2.8%）、体育与健身类（0.7%）、石油化工类（0.5%）、轻纺食品类（0.5%）、能源与新能源类（0.3%）、休闲保健类（0.3%）、其他类（0.2%）、资源环境类（0.2%）、司法服务类（0.1%）、公共管理与服务类（0.04%）。

（三）河北省

河北省共有中职学校共 503 所。由表 9—16 可见，河北省中职学校专业设置覆盖了《中等职业学校专业目录（2010）》设定的 19 个专业大类，专业设置总量达 1754 个，平均每个学校设置专业 3.49 个。各专业大类设置数量占所有专业大类的比例由高到低排序依次为：信息技术类（15.2%）、土木水利类（14.3%）、财经商贸类（11.9%）、交通运输类（9.3%）、文化艺术类（7.9%）、教育类（7.8%）、农林牧渔类（6.8%）、旅游服务类（6.0%）、医药卫生类（4.2%）、加工制造类（4.0%）、其他类（3.5%）、公共管理与服务类（2.1%）、轻纺食品类（2.0%）、休闲保健类（1.3%）、体育与健身类（1.1%）、石油化工类（0.9%）、资源环境类（0.7%）、司法服务类（0.6%）、能源与新能源类（0.4%）。

表9—16　　河北省2015年中职学校专业大类设置及毕业生数量

产业	专业大类	专业大类设置总量（个）	设置比例（%）	毕业生数量（人）	毕业生比例（%）
一产	农林牧渔类	119	6.8	78118	30.7
二产	资源环境类	13	0.7	1019	0.4
	能源与新能源类	7	0.4	1134	0.4
	土木水利类	250	14.3	7199	2.8
	加工制造类	70	4.0	30159	11.9
	石油化工类	15	0.9	1025	0.4
	轻纺食品类	35	2.0	1816	0.7
三产	交通运输类	163	9.3	15637	6.2
	信息技术类	266	15.2	30715	12.1
	医药卫生类	74	4.2	20372	8.0
	休闲保健类	23	1.3	580	0.2
	财经商贸类	209	11.9	18312	7.2
	旅游服务类	106	6.0	4975	2.0
	文化艺术类	138	7.9	12297	4.8
	体育与健身类	20	1.1	1152	0.5
	教育类	136	7.8	27671	10.9
	司法服务类	11	0.6	493	0.2
	公共管理与服务类	37	2.1	897	0.4
	其他类	62	3.5	571	0.2
总计		1754	100.0	254142	100.0

《河北省2016年经济年鉴》显示，河北省2015年中职学校毕业生数量、招生数量、在校生数量分别为25.4万人、24.3万人、61.3万人。各专业大类毕业生数量从高到低排序依次为：农林牧渔类（30.7%）、信息技术类（12.1%）、加工制造类（11.9%）、教育类（10.9%）、医药卫生类（8.0%）、财经商贸类（7.2%）、交通运输类（6.2%）、文化艺

类（4.8%）、土木水利类（2.8%）、旅游服务类（2.0%）、轻纺食品类（0.7%）、体育与健身类（0.5%）、能源与新能源类（0.4%）、石油化工类（0.4%）、资源环境类（0.4%）、公共管理与服务类（0.4%）、休闲保健类（0.2%）、其他类（0.2%）、司法服务类（0.2%）。

二 京津冀高职院校的专业设置

京津冀经济年鉴各专业大类毕业生均依据2004年《普通高等学校高职高专教育指导性专业目录（试行）》进行分类统计，本书亦参照于此。与第一产业对应的农林牧渔类专业大类设置了38个专业，与第二产业对应的包含交通运输类、生化药品类等九个专业大类设置了258个专业，与第三产业对应的电子信息等九个专业大类设置了235个专业。

2015年教育部修订的《高等职业教育（专科）专业目录》以产业分类为依据划分了专业类别，第一产业为农林牧渔专业大类，设置了51个专业；第二产业包括资源环境与安全类、能源动力与材料类、土木建筑类等八个专业大类，设置了295个专业；第三产业包括交通运输类、电子信息类等十个专业大类，设了置401个专业。

（一）北京市

据中国职业学校库信息，北京市现有高职院校25所，设置专业546个，覆盖了19个专业大类，具体如表9—17所示。各专业大类设置数量占所有专业大类的比例由高到低排序依次为：电子信息类（18.1%）、财经类（16.8%）、艺术设计传媒类（13.2%）、文化教育类（11.5%）、制造类（8.4%）、交通运输类（7.7%）、公共事业类（7.0%）、土建类（6.0%）、医药卫生类（4.6%）、旅游类（3.8%）、公安类（2.9%）、法律类（2.2%）、农林牧渔类（2.2%）、环保、气象与安全类（2.2%）、资源开发与测绘类（0.7%）、材料与能源类（0.4%）、生化与药品类（0.4%）、轻纺食品类（0.4%）、水利类（0.2%）。

表 9—17　北京市 2015 年高职院校专业大类设置及毕业生数量

产业	专业大类	专业大类设置总量（个）	设置比例（%）	毕业生数量（人）	毕业生比例（%）
一产	农林牧渔类	12	2.2	576	1.6
二产	环保、气象与安全类	12	2.2	240	0.7
	生化与药品类	2	0.4	310	0.8
	资源开发与测绘类	4	0.7	146	0.4
	材料与能源类	2	0.4	84	0.2
	土建类	33	6.0	2420	6.6
	水利类	1	0.2	44	0.1
	制造类	46	8.4	3721	10.1
	轻纺食品类	2	0.4	260	0.7
三产	交通运输类	42	7.7	2310	6.3
	电子信息类	99	18.1	4176	11.3
	财经类	92	16.8	9154	24.9
	医药卫生类	25	4.6	1864	5.1
	旅游类	21	3.8	1736	4.7
	公共事业类	38	7.0	1783	4.8
	文化教育类	63	11.5	3512	9.5
	艺术设计传媒类	72	13.2	3184	8.7
	公安类	16	2.9	352	1.0
	法律类	12	2.2	926	2.5
	总计	546	100.0	36798	100.0

《北京市统计年鉴》相关数据表明，北京市 2015 年高职院校毕业生数量、招生数量、在校生数量分别为 3.7 万人、3.1 万人、9.8 万人。各专业大类毕业生数量占毕业生总量的比例从高到低排序依次为：财经类（24.9%）、电子信息类（11.3%）、制造类（10.1%）、文化教育类（9.5%）、艺术设计传媒类（8.7%）、土建类（6.6%）、交通运输类（6.3%）、医药卫生类（5.1%）、公共事业类（4.8%）、旅游类（4.7%）、法律类（2.5%）、农林牧渔类（1.6%）、公安类（1.0%）、生化与药品类（0.8%）、环保、气象与安全类（0.7%）、轻纺食品类

(0.7%)、资源开发与测绘类（0.4%）、材料与能源类（0.2%）、水利类（0.1%）。

(二) 天津市

表9—18　天津市2015年高职院校专业大类布点及毕业生数量

产业	专业大类	专业大类设置总量（个）	设置比例（%）	毕业生数量（人）	毕业生比例（%）
一产	农林牧渔类	3	0.5	267	0.5
二产	环保、气象与安全类	9	1.6	424	0.8
	生化与药品类	15	2.7	2915	5.2
	资源开发与测绘类	22	3.9	1318	2.3
	材料与能源类	9	1.6	669	1.2
	土建类	52	9.3	5901	10.4
	水利类	1	0.2	50	0.1
	制造类	88	15.8	9745	17.3
	轻纺食品类	6	1.1	845	1.5
三产	交通运输类	32	5.7	6947	12.3
	电子信息类	71	12.7	5412	9.6
	财经类	93	16.7	11978	21.2
	医药卫生类	26	4.7	2928	5.2
	旅游类	22	3.9	1763	3.1
	公共事业类	6	1.1	651	1.2
	文化教育类	51	9.2	1678	3.0
	艺术设计传媒类	34	6.1	2286	4.0
	公安类	11	2.0	370	0.7
	法律类	6	1.1	339	0.6
总计		557	100.0	56486	100.0

天津市拥有高职院校25所，设置专业557个，覆盖了19个专业大类，具体如表9—18所示。各专业大类设置数量占所有专业大类的比例由高到低排序依次为：财经类（16.7%）、制造类（15.8%）、电子信息类（12.7%）、土建类（9.3%）、文化教育类（9.2%）、艺术设计传媒类

(6.1%)、交通运输类（5.7%）、医药卫生类（4.7%）、资源开发与测绘类（3.9%）、旅游类（3.9%）、生化与药品类（2.7%）、公安类（2.0%）、材料与能源类（1.6%）、环保、气象与安全类（1.6%）、轻纺食品类（1.1%）、公共事业类（1.1%）、法律类（1.1%）、农林牧渔类（0.5%）、水利类（0.2%）。

《天津市2016年经济年鉴》相关数据表明，天津市2015年高职院校毕业生数量、招生数量、在校生数量分别为5.7万人、6.1万人、17.9万人。各专业大类毕业生数量占毕业生总量的比例从高到低排序依次为：财经类（21.2%）、制造类（17.3%）、交通运输类（12.3%）、土建类（10.4%）、电子信息类（9.6%）、医药卫生类（5.2%）、生化与药品类（5.2%）、艺术设计传媒类（4.0%）、旅游类（3.1%）、文化教育类（3.0%）、资源开发与测绘类（2.3%）、轻纺食品类（1.5%）、公共事业类（1.2%）、材料与能源类（1.2%）、环保、气象与安全类（0.8%）、公安类（0.7%）、法律类（0.6%）、农林牧渔类（0.5%）、水利类（0.1%）。

（三）河北省

河北省拥有高职院校59所，设置专业大类2017个，也覆盖了19个专业大类，具体如表9—19所示。各专业大类设置数量占所有专业大类的比例由高到低排序依次为：财经类（18.4%）、制造类（13.5%）、电子信息类（13.1%）、文化教育类（9.6%）、艺术设计传媒类（9.4%）、土建类（8.2%）、交通运输类（7.8%）、医药卫生类（7.7%）、旅游类（3.9%）、农林牧渔类（2.3%）、材料与能源类（2.6%）、资源开发与测绘类（2.4%）、轻纺食品类（2.4%）、生化与药品类（1.9%）、环保、气象与安全类（1.6%）、公共事业类（1.6%）、公安类（0.8%）、法律类（0.4%）、水利类（0.1%）。

表9—19　河北省2015年高职院校专业大类设置及毕业生数量

产业	专业大类	专业大类设置总量（个）	设置比例（%）	毕业生数量（人）	毕业生比例（%）
一产	农林牧渔类	46	2.3	3486	2.1
二产	环保、气象与安全类	32	1.6	429	0.3
	生化与药品类	38	1.9	3602	2.2
	资源开发与测绘类	49	2.4	2113	1.3
	材料与能源类	52	2.6	2027	1.2
	土建类	166	8.2	20330	12.3
	水利类	2	0.1	302	0.2
	制造类	273	13.5	18744	11.4
	轻纺食品类	49	2.4	1198	0.7
三产	交通运输类	157	7.8	4836	2.9
	电子信息类	265	13.1	15920	9.7
	财经类	372	18.4	37475	22.7
	医药卫生类	155	7.7	20454	12.4
	旅游类	79	3.9	4383	2.7
	公共事业类	33	1.6	1405	0.9
	文化教育类	193	9.6	17922	10.9
	艺术设计传媒类	189	9.4	7963	4.8
	公安类	16	0.8	0	0.0
	法律类	8	0.4	2140	1.3
	总计	2017	100.0	164729	100.0

《河北省2016年经济年鉴》数据表明，河北省2015年高职院校毕业生数量、招生数量、在校生数量分别为16.5万人、16.8万人、48.5万人。各专业大类毕业生数量占毕业生总量的比例从高到低排序依次为：财经类（22.7%）、医药卫生类（12.4%）、土建类（12.3%）、制造类（11.4%）、文化教育类（10.9%）、电子信息类（9.7%）、艺术设计传媒类（4.8%）、交通运输类（2.9%）、旅游类（2.7%）、生化与药品类（2.2%）、农林牧渔类（2.1%）、资源开发与测绘类（1.3%）、法律类（1.3%）、材料与能源类（1.2%）、公共事业类（0.9%）、轻纺食品类（0.7%）、环保、气象

与安全（0.3%）、水利类（0.2%）、公安类（0.0%）。

第四节　专业结构与产业结构适应性分析

潘懋元认为，经济产业结构是制约教育学科结构的主要因素，评价教育学科结构是否合理应看其是否与产业结构对于人才的需求相匹配。[①] 职业教育以培养技术技能人才为己任，职业院校的专业结构与高等教育的学科结构相似，也必须与区域经济产业结构、劳动力就业结构（或称"人力资源市场需求结构"）相匹配。因此，判断京津冀职业院校专业结构设置是否科学、合理，必须分析专业结构与区域产业结构的适应性。

一　理论假设

依据劳动力迁移理论，在自由市场环境下，劳动力可实现"纵向流动"和"横向流动"，劳动力富裕区域可跨区域流动到劳动力紧缺区域，某一层次技术技能人才可被高层次技术技能人才替代。[②] 依据产业带动效应理论，某一行业（产业）的兴起会带动相关行业（产业）发展，也会导致就业人员总量及其就业结构发生变化。[③] 依据劳动力结构理论，社会生产力发展、经济类型转变、劳动力政策变动以及人口再生产等均会引发劳动力结构的变化。在任何历史阶段，劳动者群体均具层次性，人力资源市场总会对技术技能人才产生需求，其总量也会随社会进步和科技水平发生变化。本书假设上述理论引发的劳动力数量变化未对京津冀职业院校专业结构与劳动力结构、产业发展产生重大影响。[④] 基于职业教育就业导向，对口升学、专升本等接受高层次教育的职业院校毕业生也未

[①] 潘懋元：《教育的基本规律及其相互关系》，《高等教育研究》1988年第3期，第6—12页。
[②] 盛来运：《国外劳动力迁移理论的发展》，《统计研究》2005年第8期，第72—73页。
[③] 王颖：《上海浦东会展业发挥产业带动效应探析》，《广西社会科学》2005年第1期，第69—72页。
[④] 茅锐、徐建炜：《劳动力结构与产业结构调整》，《浙江大学学报》（人文社会科学版）2015年第2期，第164—183页。

纳入本书研究范围之内。换言之，本书研究假设职业院校毕业生全部就业，且所有专业与就业岗位对口。

二 分析方法

本书运用崔晓迪等的职业教育专业设置与区域产业匹配度公式，分析了京津冀职业院校专业设置与区域产业发展的匹配度。[①]借鉴王春艳的吻合度分析方法确定了职业教育专业设置与区域产业吻合度模型，分析了京津冀职业院校专业设置与对应产业的吻合度。[②]

（一）匹配度的计算方法

本书采用的匹配度分析公式为：

$$TM = \frac{\sum_{i=1}^{3}(M_i \times G_i)}{\sum_{i=1}^{3} G_i}$$

公式中：TM 表示专业与产业的总匹配度，i 表示产业级次（取值范围为整数1、2和3，分别代表第一、二、三次产业）。M_i 表示三次产业结构的匹配度，G_i 表示2011—2015年三次产业生产总值比重。

$M_i = |$某次产业对应专业毕业生比例年增长率 - 某次产业产值权重年增长率$|$

显然，匹配度值越大，说明某次产业与对应专业越不匹配。

（二）吻合度的计算方法

匹配度分析不能获知某一专业与其对应行业（或岗位）之间的适应性，极易导致专业设置与产业结构出现不匹配现象。本书研究利用吻合度分析模型，进一步分析了京津冀职业院校专业设置与产业发展的吻合度。计算公式为：

$$F_i = \frac{Ng_i - E_i}{E_i} \times 100\%$$

[①] 崔晓迪、翟希东、张晓凤：《京津冀中职教育与地区经济发展的匹配度分析》，《教育与经济》2017年第2期，第27—32页。

[②] 王春燕：《职业教育专业设置与区域重点产业吻合度的测算与分析》，《职教论坛》2014年第15期，第58—59页。

公式中：i 代表某个专业，F_i 代表某专业与产业的吻合度；Ng_i 代表某年 i 专业"毕业生人数所占比例"；E_i 代表对应年度 i 专业"新增就业人数所占比例"。如果 Ng_i 与 E_i 相等，吻合度为零（$F_i=0$），表示对应年度本专业人才供给与市场需求"完全吻合"。如果 Ng_i 大于 E_i，吻合度 F_i 为正数（$F_i>0$），表示对应年度本专业人才数量"供过于求"；如果 Ng_i 小于 E_i，吻合度 F_i 为负数（$F_i<0$），表示对应年度本专业人才数量"供不应求"。

依据李德方等的观点，专业与产业的吻合度偏差在20%以内可被政府及社会接受。[①] 本书设定，当 $-20\% \leqslant F_i \leqslant 20\%$ 时，表示对应年度该专业及其人才培养规模与产业"吻合良好"，应保持该专业及其人才培养规模；当 $F_i>20\%$ 时，表示对应年度该专业人才培养规模"供过于求"，应适量减少该专业人才培养数量；当 $F_i<-20\%$ 时，表示对应年度该专业人才"供不应求"，应适当扩大该专业人才招生规模。

设定职业院校专业大类与产业对接分析表（表9—20），以此作为专业与产业吻合（对接）情况的分析依据。

三 分析结果

（一）专业与产业匹配情况

计算获取的京津冀职业院校专业结构与产业结构匹配度如表9—21所示。

河北省中职学校专业结构与三次产业结构的总匹配度最高（0.094），天津市次之（0.0095），北京市最低（0.0039），说明北京市中职学校专业结构与区域产业结构最为匹配，天津市次之，河北省匹配较差。京津冀区域的总匹配度为0.0036，小于三地各自匹配度。由此推断，京津冀中职教育专业一体化设置能够促使中职学校专业结构与产业结构实现优化匹配。

[①] 李德方、徐海峰、贺文瑾等：《职教专业结构与产业结构吻合度实证研究》，《职教论坛》2010年第30期，第4—8期。

表 9—20　　　　　职业院校专业大类与产业对接分析表

产业	产业（行业）	中职专业大类	高职专业大类
一产	农林牧渔业	农林牧渔类	农林牧渔类
二产	采矿业	资源环境类，石油化工类	资源开发与测绘类
二产	制造业	加工制造类、轻纺食品类	生化与药品类，制造类，轻纺食品类
二产	电力燃气及水的生产供应业，科学研究、技术服务和地质勘查业	能源新能源类	环保、气象与安全类，材料与能源类
二产	水利、环境和公共设施管理业	土木水利类	水利类
三产	交通运输、仓储及邮政业	交通运输类	交通运输类
三产	信息传输、计算机和软件业	信息技术类	电子信息类
三产	住宿和餐饮业	旅游服务类	旅游类
三产	金融业，租赁和商务服务业，批发和零售业	财经商贸类	财经类
三产	房地产业和土建业	—	土建类
三产	居民服务业和其他服务业	其他类	—
三产	卫生、社保和社会福利业，公共管理和社会组织业	医药卫生类，公共管理类，休闲保健类，司法服务类	医药卫生类，公安类，法律类，公共事业类
三产	教育业，文化、体育和娱乐业	文化艺术类，教育类，体育健身类	文化教育类，艺术设计传媒类

表9—21　京津冀职业院校专业结构与产业结构的匹配度

区域	第一产业 权重	第一产业 中职	第一产业 高职	第二产业 权重	第二产业 中职	第二产业 高职	第三产业 权重	第三产业 中职	第三产业 高职	总匹配度 中职	总匹配度 高职
北京	0.7	0.0740	0.1380	21.7	0.0050	0.0900	77.6	0.0030	0.4090	0.0039	0.3379
天津	1.3	0.0050	0.0240	50.0	0.0150	0.0190	48.7	0.0040	0.0230	0.0095	0.0210
河北	11.8	0.3650	0.1000	51.5	0.0520	0.0790	36.7	0.0650	0.0520	0.0940	0.0720
京津冀	6.1	0.0050	0.0082	43.8	0.0019	0.0096	50.1	0.0069	0.0179	0.0036	0.0137

注：1. 权重（%）为该产业产值占三次产业产值的比例，为2011—2015年平均数；

2. 中职、高职分别表示中职学校、高职院校专业设置与对应产业的匹配度。

北京市高职院校专业结构与三次产业结构的总匹配度最高（0.3379），河北省次之（0.072），天津市最低（0.021），说明天津市高职院校专业结构与区域产业结构最为匹配，河北省次之，北京市匹配最差。京津冀区域的总匹配度为0.0137，小于三地匹配度。由此推断，推进京津冀高职院校专业的一体化设置，也能促使高职院校专业结构与产业结构实现优化匹配。

（二）专业与产业吻合情况

分析发现，京津冀三地中职学校均未开设与第二产业中的建筑业、第三产业中的房地产业的对应专业，高职院校未开设与第三产业中的居民服务和其他服务业对应的专业。依据改良后的吻合度计算方法获取的京津冀三地及京津冀整体职业院校专业结构与产业结构吻合度如表9—22至表9—25所示。

1. 北京市

由表9—22可见，北京市中职学校与农林牧渔业，信息传输、计算机服务和软件业，金融业、租赁和商务服务业及批发和零售业等3项产业（实际为行业，下同）对应的农林牧渔类、信息技术类、财经商贸类等3类专业的吻合度均为负值，且小于-20%，说明4类专业人才"供不应求"，应适当扩大其发展规模。与水利、环境和公共设施管理业，卫生、社会保障和社会福利业、公共管理和社会组织业，教育业、文化、体育和娱乐业等3项产业对应的土木水利类、医药卫生类、公共管理类、休闲保健类、司法服务类、文化艺术类、教育类、体育健身类等 8 类专业的吻合度均为正值，且大于 20%，说明 7 类专业人才"供过于求"，应当适当缩减其发展规模。与居民服务和其他服务业对应的其他类专业吻合度在适应范围之内，应保持其发展规模，注重提升专业建设水平。其他产业新增就业人员均为负值，说明中职学校应缩减对应专业的发展规模。

表 9—22　　北京市职业院校专业人才供给与产业结构吻合度

产业	行业	新增岗位 人数	新增岗位 比例（%）	中职学校 毕业生	中职学校 比例（%）	高职学校 毕业生	高职学校 比例（%）	吻合度 中职	吻合度 高职
一产	I_1	7000	2.2	431	1.5	576	1.8	-30.5	-20.8
二产	I_2	-8000	—	153	0.6	146	0.4	—	—
	I_3	-78000	—	2671	9.6	4291	13.2	—	—
	I_4	-4000	—	289	1.0	324	1.0	—	—
	I_5	3000	1.0	984	3.5	44	0.1	270.3	-85.9
三产	I_6	-2000	—	4309	15.5	2310	7.1	—	—
	I_7	69000	22.0	3547	12.8	4176	12.8	-42.0	-41.7
	I_8	-5000	—	4328	15.6	9154	28.1	—	—
	I_9	181000	57.6	1977	7.1	1736	5.3	-87.7	-90.8
	I_{10}	9000	2.9	0	0.0	2420	7.4	—	158.8
	I_{11}	2000	0.6	181	0.7	0	0.0	2.2	—
	I_{12}	19000	6.1	4986	17.9	4925	15.1	196.3	149.5
	I_{13}	24000	7.6	7503	27.0	6696	20.5	253.0	168.5

注：1. I_1 表示农林牧渔业，I_2 表示采矿业，I_3 表示制造业；I_4 表示电力、燃气及水的生产供应业，科学研究、技术服务和地质勘查业；I_5 表示水利、环境和公共设施管理业；I_6 表示交通运输、仓储及邮政业；I_7 表示信息传输、计算机服务和软件业；I_8 表示住宿和餐饮业；I_9 表示金融业、租赁和商务服务业及批发和零售业；I_{10} 表示建筑业、房地产业；I_{11} 表示居民服务和其他服务业；I_{12} 表示卫生、社会保障和社会福利业，公共管理和社会组织业；I_{13} 表示教育业、文化、体育和娱乐业。

2. 若新增岗位为负数或零，说明毕业生数"供大于求"，不计算吻合度。若职业院校未开设对应专业，也不计算吻合度。用"—"表示。

3. 新增岗位数量、毕业生单位为"人"。下同。

北京市高职院校与农林牧渔业，水利、环境和公共设施管理业，信息传输、计算机服务和软件业，金融业、租赁和商务服务业及批发和零售业等4项产业对应的农林牧渔类，水利类，电子信息类，财经类等4类专业的吻合度均为负值，且小于-20%，说明4类专业人才"供不应求"，应适当扩大其发展规模。与建筑业、房地产业，卫生、社会保障和社会福利业和公共管理、社会组织业，教育业、文化、体育和娱乐业3项产业对应的土建类，医药卫生类，公安类，法律类，公共事业类，文化教育类，艺术设计传媒类等7类专业的吻合度均为正值，且大于20%，说明7类专业人才"供过于求"，应当适当缩减其发展规模。其他产业新增就业人员均为负值，高职院校应缩减对应专业的发展规模。

2. 天津市

由表9—23可见，天津市中职学校与电力燃气及水的生产供应业、科学研究、技术服务和地质勘查业，批发和零售业和金融业及租赁和商务服务业，卫生、社保和社会福利业以及公共管理和社会组织业等3项产业对应的能源新能源类、财经商贸类、医药卫生类、公共服务与管理类、休闲保健类、司法服务类等6个专业大类的吻合度均为负值，且小于-20%，说明6个专业大类培养的人才"供不应求"，应适当扩大其发展规模。与信息传输、计算机服务和软件业，教育业、文化、体育和娱乐业两项产业对应的信息技术类、文化艺术类、教育类、体育与健身类4个专业大类的吻合度均为正值，且大于20%，说明4个专业大类人才培养"供过于求"，应当适当缩减其发展规模。与交通运输、仓储及邮政业对应的交通运输类专业的吻合度在适应范围之内，应保持其发展规模，注重提升专业建设水平。其他产业新增就业人员均为负值，中职学校应缩减对应专业大类的发展规模。

天津市高职院校与电力燃气及水的生产供应业、科学研究、技术服务和地质勘查业，金融业、租赁和商务服务业及批发和零售业，卫生、社保和社会福利业以及公共管理和社会组织业等3项产业对应的环保、气象与安全类、材料与能源类、财经类、医药卫生类、公安类、法律类、公共事业类等7个专业大类的吻合度均为负值，且小于-20%，说明这些专业大类培养的人才"供不应求"，应适当扩大其发展规模。与交通运输、仓储及邮政业,信息传输、计算机服务和软件业两项产业对应的交通运输类、电子信息类两个专业大类的吻合度均为正值,且大于20%,说明这两个专业大类培养的人才"供过于求",应当适当缩减其发展规模。与居民服务和其他服务业、教育业、文化、体育和娱乐业对应的文化教育类、艺术设计传媒类两个专业大类的吻合度在适应范围之内,应保持其发展规模,注重提升专业建设水平。其他产业新增就业人员均为负值或零,高职院校应缩减与其对应专业大类的发展规模。

表9—23　　　　　　天津市职业院校专业人才供给与产业结构吻合度

产业	行业	新增岗位 人数	新增岗位 比例(%)	中职学校 毕业生	中职学校 比例(%)	高职学校 毕业生	高职学校 比例(%)	吻合度 F_i 中职	吻合度 F_i 高职
一产	I_1	0	—	2060	6.7	267	0.5	—	—
二产	I_2	-1000	—	203	0.7	1318	2.3	—	—
二产	I_3	-82000	—	6463	21.1	13505	23.9	—	—
二产	I_4	6000	6.5	90	0.3	1093	1.9	-95.4	-70.0
二产	I_5	0	—	932	3.0	5901	10.4	—	—
三产	I_6	7000	7.5	2241	7.3	6947	12.3	-2.8	63.4
三产	I_7	5000	5.4	7857	25.7	5412	9.6	377.3	78.2
三产	I_8	-8000	—	5434	17.7	11978	21.2	—	—
三产	I_9	53000	57.0	854	2.8	1763	3.1	-95.1	-94.5
三产	I_{10}	-12000	—	0	0.0	50	0.1	—	—
三产	I_{11}	0	—	68	0.2	0	0.0	—	—
三产	I_{12}	15000	16.1	1466	4.8	4288	7.6	-70.3	-52.9
三产	I_{13}	7000	7.5	2950	9.6	3964	7.0	28.0	-6.8

3. 河北省

由表9—24可见,河北省中职学校与水利、环境和公共设施管理业,金融业及租赁和商务服务业、批发和零售业,居民服务和其他服务业,卫生、社会保障和社会福利业及公共管理和社会组织业等4项产业对应的土木水利类、财经商贸类、医药卫生类、公共管理类、休闲保健类、司法服务类、其他类等 7 个专业大类的吻合度均为负值，且小于 -20%，说明这 7 个专业大类培养的人才"供不应求"，应适当扩大其发展规模。与交通运输、仓储及邮政业，信息传输、计算机服务和软件业两项产业对应的交通运输类、信息技术类两个专业大类的吻合度在适应范围之内，应保持其发展规模，注重提升专业建设水平。其他产业新增就业人员均为负值，中职学校应相对缩减对应专业大类的发展规模。

表 9-24 河北省职业院校专业人才供给与产业结构吻合度

产业	行业	新增岗位 人数	比例(%)	中职学校 毕业生	比例(%)	高职学校 毕业生	比例(%)	吻合度 F_i 中职	高职
一产	I_1	-4000	—	78118	30.7	3486	2.1	—	—
二产	I_2	-27000	—	2044	0.8	2113	1.3	—	—
	I_3	-68000	—	31975	12.6	23544	14.3	—	—
	I_4	-2000	—	1134	0.4	2456	1.5	—	—
	I_5	4000	14.8	7199	2.8	20330	12.3	-81.1	-20.0
三产	I_6	2000	7.4	15637	6.2	4836	2.9	-16.9	-152.3
	I_7	3000	11.1	30715	12.1	15920	9.7	8.8	-15.0
	I_8	-5000	—	18312	7.2	37475	22.7	—	—
	I_9	7000	25.9	4975	2.0	4383	2.7	-92.4	-874.4
	I_{10}	-42000	—	0	0.0	302	0.2	—	—
	I_{11}	2000	7.4	571	0.2	0	0.0	-97.0	—
	I_{12}	9000	33.3	22342	8.8	23999	14.6	-73.6	-128.8
	I_{13}	-6000	—	41120	16.2	25885	15.7	—	—

河北省高职院校与交通运输、仓储及邮政业，金融业及租赁和商务服务业、批发和零售业，卫生、社保和社会福利业及公共管理、社会组织业等 3 项产业对应的交通运输类、财经类、医药卫生类、公共事业类、

公安类、法律类等6个专业大类的吻合度均为负值,且小于-20%,说明这6个专业大类培养的人才"供不应求",应适当扩大其发展规模。与水利、环境和公共设施管理业,信息传输、计算机服务和软件业两项产业对应的水利类、信息技术类两个专业大类的吻合度在适应范围之内,应保持其发展规模,注重提升专业建设水平。其他产业新增就业人员均为负值,高职院校应缩减对应专业大类的发展规模。

4. 京津冀

由表9—25可见,将京津冀视为整体区域,京津冀中职学校与农林牧渔业,水利、环境和公共设施管理业,交通运输、仓储及邮政业,教育业及文化、体育和娱乐业等4项产业对应的农林牧渔类、土木水利类、交通运输类、文化艺术类、教育类、体育与健身类6个专业大类的吻合度均为正值,且大于20%,说明这6个专业大类培养的人才"供过于求",应适当缩减其发展规模。与信息传输、计算机服务和软件业,金融业及租赁和商务服务业、批发和零售业,居民服务和其他服务业等3项产业对应的信息技术类、财经商贸类、其他类等3个专业大类的吻合度均为负值,且小于-20%,说明这3个专业大类人才培养"供不应求",应适当扩大其发展规模。与卫生、社会保障和社会福利业、公共管理和社会组织业对应的医药卫生类、司法服务类、休闲保健类、公共管理类4个专业大类的吻合度在适应范围之内,应保持其发展规模,注重提升专业建设水平。其他产业新增就业人员均为负值,中职学校应缩减对应专业大类的发展规模。

京津冀高职院校与农林牧渔业,水利、环境和公共设施管理业,交通运输、仓储及邮政业,卫生、社会保障和社会福利业及公共管理、社会组织业,教育业及文化、体育和娱乐业对应的农林牧渔类、水利类、交通运输类、医药卫生类、公安类、法律类、公共事业类、文化教育类、艺术设计传媒类9个专业大类的吻合度均为正值,且大于20%,说明这9个专业大类培养的人才"供过于求",应适当缩减其发展规模。信息传输、计算机服务和软件业,金融业及租赁和商务服务业、批发和零售业两项产业对应的电子信息类、财经类两个专业大类的吻合度均为负值,且小于-20%,说明这两个专业大类培养的人才"供不应求",应适当扩大其发展规模。其他产业新增就业人员均为负值,说明高职院校应缩减相应专业大类发展规模。

表9—25　　　京津冀职业院校专业人才供给与产业吻合度

产业	行业	新增岗位 人数	新增岗位 比例(%)	中职学校 毕业生	中职学校 比例(%)	高职学校 毕业生	高职学校 比例(%)	吻合度 中职	吻合度 高职
一产	I_1	3000	0.7	80609	25.5	4329	1.7	3359.4	127.6
二产	I_2	-36000	—	2400	0.8	3577	1.4	—	—
二产	I_3	-228000	—	41109	13.0	41340	16.0	—	—
二产	I_4	0	—	1513	0.5	3873	1.5	—	—
二产	I_5	7000	1.7	9115	2.9	26275	10.2	70.6	492.1
三产	I_6	7000	1.7	22187	7.0	14093	5.5	308.1	217.6
三产	I_7	77000	18.9	42119	13.3	25508	9.9	-29.6	-47.7
三产	I_8	-18000	—	28074	8.9	58607	22.7	—	—
三产	I_9	241000	59.2	7806	2.5	7882	3.1	-95.8	-94.8
三产	I_{10}	-45000	—	0	0.0	2772	1.1	—	—
三产	I_{11}	4000	1.0	820	0.3	0	0.0	-73.6	—
三产	I_{12}	43000	10.6	28794	9.1	33212	12.9	-13.8	21.8
三产	I_{13}	25000	6.1	51573	16.3	36545	14.2	165.6	130.6

第五节　职业院校专业设置一体化的措施

京津冀职业院校专业一体化设置的目的在于推动区域技术技能人才供给与需求的平衡,促使三地职业院校发挥各自资源优势,实现合理分工,兴办特色专业。追寻部分区域职业院校专业结构调整的成功经验,不难发现其专业结构调整的过程实际上是人力资源市场(社会用人单位)、学生(及其家长)、学校三方需求协调、妥协的过程。因此,推进京津冀职业院校专业一体化设置,需要在明确遵循原则的基础上,采取有效措施,实施整体推进。

一 遵循原则

（一）适应性原则

适应区域产业结构和就业结构的需要，需要职业院校专业设置与区域产业结构、就业结构相匹配。京津冀协同发展必将带来三地经济发展水平、生产技术水平以及社会职业分工、劳动组织形式的变化，职业院校应从京津冀整体区域出发，不断优化专业设置。同时，要适应职业院校自身发展需要，不断提升职业教育资源利用效率与效益，包括设备设施以及师资队伍建设等各个方面。要坚持"有所为有所不为"理念，立足学校地理环境、经济环境、科技文化环境、人口环境和政治环境等，兴办优势专业、特色专业。

（二）整体性原则

根据匹配度分析得出，将京津冀作为一个整体区域时，职业院校专业结构与产业结构最为匹配。因此，应将整体性作为京津冀职业院校专业一体化设置的基本原则。这样，既可以节约职业院校的办学成本，又能优化配置职业教育教学资源，促进区域内各级各类职业院校取长补短，优势互补，实现长久合作。统一京津冀区域人力资源市场，充分利用市场机制整合职业院校专业建设资源，做到科学配置，合理布局，确保专业建设从学制确定到培养目标制定、课时安排、课程选择、质量评价等各个方面满足可持续发展的需要。

（三）稳定性原则

专业建设是立校之本，既需求配备相应的师资，也涉及实验实习设备的完善以及实践教学基地的建设等，关联到教学计划、课程设置与开发、人才培养等各个方面。因此，职业院校专业建设是一个长期积累的过程。同时，职业院校专业结构的内涵极其丰富，既涉及类型结构、规模结构、周期结构等多个方面，也关系到市场、政府、学校、企业等多项要素。根据吻合度分析，京津冀三地职业院校专业布局存在很多不尽理想之处，在调整专业布局时根据稳定性原则，尽力保持专业稳定，减少职业教育资源的闲置或浪费。

（四）效益性原则

效益性原则指职业院校专业结构调整要在满足社会需求、实现服务社会功能的同时，还要考虑专业建设的经济效益和社会效益。职业院校以专业为载体组织教育教学活动，所需师资、教学设备都有其特殊要求，专业师资、实验实习设备配置等均具有具体的标准。因此，要保持专业的适度规模。专业规模过小容易造成职业教育资源利用率过低，专业规模过大容易导致教育教学资源不足，影响教育质量。同时，频繁更换专业也会加大职业院校的办学成本。

二 具体措施

（一）基于区域整体调整职业院校专业设置

党中央、国务院批准的《京津冀协同发展规划纲要》已对京津冀三地发展实施了明确定位，京津冀职业院校专业设置应树立"一盘棋"思想，努力形成优势互补、错位发展的局面，推动职业教育在现有优势基础上，再造新的优势。各级各类职业院校应改变"资源独享、生源独有、规划独设"观念，确立"资源共享、生源共有、规划一体"思维[①]，实现合作发展、共同发展。在清晰各级各类职业院校优势与劣势的基础上，积极拓展职业院校专业结构的互补作用和协同空间，实现京津冀职业院校专业的一体化设置，促使专业设置形成适应产业布局、契合市场导向的合理结构，避免因产业迁移带来的职业资源闲置或浪费问题。

本书的研究结果表明，津冀两地职业院校专业设置同质性较大，中职学校以信息技术类、土木水利类、财经商贸类专业为主，高职院校以财经类、制造类、电子信息类专业为主。以区域产业状况判断，河北省中职学校应控制信息技术类、土木水利类、财经商贸类专业规模，高职院校也应缩减制造类专业规模，控制财经类、电子信息类等专业大类规模。但进一步分析发现，河北省职业院校控制或缩减规模的专业正是天

---

① 薛二勇、刘爱玲：《政策创新：教育协同的关键——建立京津冀教育协同发展体制机制的建议》，《中国教育报》2017年10月26日，第12版。

津市急需的专业，通过京津冀职业院校专业一体化设置，完全可以避免天津市新建或扩建相关专业。此外，京津两地也可基于本区域产业需要，吸纳河北省职业院校相关专业毕业生就业。

(二) 基于产业结构调整职业院校专业结构

职业院校专业设置必须与区域产业结构对接，随产业结构调整而调整[①]。京津冀协同发展必将引发区域产业结构发生系列变化，职业院校专业设置应积极应对。为避免某一专业人才培养过剩，政府教育行政部门应发挥宏观调控职能，通过投资杠杆的作用，限制人力资源市场"供过于求"专业的发展。对"供不应求"专业，可将相应技术技能人才培养纳入激励相关产业发展政策之内，加大专业设置与建设的政府投入力度。如，为鼓励中职学校发展财经商贸类专业，政府可通过设置奖学金和专业发展基金的方式，激励学生积极选择，进而满足京津冀现代租赁和商务服务业、金融业、批发和零售业等的需要。

基于教育培育人才的滞后性，政府教育行政部门应加强人才资源市场需求预测工作，从未来劳动力市场供求关系角度平衡某些专业潜在的"供过于求"。职业院校应主动与政府相关部门、行业企业及社会相关组织合作，搞好区域产业发展趋势调研，及时获取区域产业发展信息，以此判断技术技能人才需求情况。与行业企业保持经常性联系，了解其转型发展、技术升级对技术技能人才的特殊需求。目前，京津冀经济呈现出产业集群发展的新动态，为职业院校加强专业群建设、兴办特色学校带来了契机。政府教育行政部门应帮助职业院校积极整合现有资源，实施传统专业改造，并不断孵化新的专业，以专业群建设应对产业链变革，不断提升专业（集）群和产业集群的契合度。

(三) 立足现实提升职业院校专业建设水平

专业建设涉及师资配备、实习实验设备配置以及课程资源建设等多个方面，提升职业教育区域影响力和吸引力必须持续提升职业院校专业建设水平。要切实加强专业课程资源建设，不断丰富专业建设内涵。配

[①] 滕青：《职业教育专业对接产业结构发展的探讨》，《江苏教育》（职业教育版）2011年第2期，第32—34页。

合国家"走出去"开放战略，积极吸纳国外高端课程资源，[①] 引用跨国企业通用的职业教育标准，不断提升专业建设标准。要立足于实践案例的"真度"，技术应用的"深度"，创新空间的"广度"，教学内容的"厚度"，软硬结合的"密度"，虚拟仿真的"效度"，学习过程的"乐度"，人才培养的"适度"等方面，自主开发教育教学资源，[②] 强化学生专业认知实习、跟岗实习、顶岗实习等过程，培养学生创新意识和创业能力，为区域经济社会发展提供人力资源支撑和智力保障。

从本质上看，职业院校专业结构调整不是一个独立的事件，而是集结于时间、空间、学科三维网络中一个"网结"，存在于社会生态环境之中。推进京津冀职业院校专业一体化设置，需要持续优化相应的外部环境，积极拓展社会空间，引导各类社会主体以及资本、知识、技术、管理等要素积极参与到职业院校专业建设中来，[③] 调动行业企业特别是一些小微企业参与职业教育的积极性，使学生能在一定的"情景"中专注于专业技能的提升和道德素质的养成，增强创新创业意识，形成较强的社会实践能力。注重教育系统的协同，鼓励利益相关者合作、共同开发技术技能人才培养方案实施人才培养，确保京津冀职业院校专业结构一体化设置获取最大的社会效益和经济效益。

（四）基于体制机制创新提高专业育人能力

党的十八届三中全会提出，要使市场在资源配置中起决定性作用，政府购买公共产品服务将逐步成为我国的基本制度。目前，我国社会力量参与职业教育的积极性较低，关键在于社会资本的趋利性和职业教育的公益性之间存在着一定的矛盾，迫切需要国家进一步修订《职业教育法》，激发社会各界参与职业教育的积极性。通过建立健全现代学校制度，提升职业教育的治理能力。完善职业院校治理结构，实现社会各界

---

① 全秋燕：《探析我国职业教育的供给侧改革》，《教育与职业》2017年第1期，第49—53页。

② 吕景泉、马雁、杨延：《职业教育：供给侧结构性改革》，《中国职业技术教育》2016年第9期，第15—19页。

③ 邵会婷、闫志利：《增强职业教育吸引力：域外经验与我国实践》，《河南科技学院学报》2015年第8期，第6—9页。

职业教育资源的有效凝聚，进而推动京津冀职业院校专业设置一体化进程。

与此同时，要强化政府制度供给，积极发展第三方专业建设质量评价机构。根据国务院《关于加快发展现代职业教育的决定》精神，政府教育行政部门应积极推进职业院校专业建设质量第三方评价，倒逼职业院校不断优化专业结构，在适应区域产业结构变化的同时提升专业育人能力。全面落实职业教育质量年度报告制度，强化对报告发布内容的监督管理，不断提高量化程度和可比程度，为社会第三方实施专业建设质量评价提供信息支撑。借鉴加拿大经验，协调区域行业企业组织与职业院校共同开展专业建设质量诊断工作，通过结果评价实施专业建设位次排名，引发社会各界的共同关注，促进职业院校专业建设水平和专业育人能力的持续提升。建议京津冀三地政府人力资源管理部门利用现代互联网技术建立技术技能人才供求平台，促进三地职业院校毕业生自由择业、就业。仿照电视台股市分析评论员的办法，让一些专家学者对区域人力资源市场供求趋势做出预测，为职业院校实施专业结构调整提供可靠依据。

第十章

京津冀职业教育资源的一体化共享

职业教育资源一体化共享是京津冀职业教育一体化的重要目标，也是实现区域职业教育一体化的关键所在。在现有条件下，保证区域各类职业教育资源得以充分利用，促使各个职业教育因素相互联系、相互作用，是完成职业教育目标和任务的关键所在。于本成等研究认为，区域职业教育资源共享可从区域共享、职业教育、教育资源3个关键词来理解。[1] 区域共享指职业教育教学资源的跨专业、跨校和同行业、同区域使用。职业教育不局限于各级各类职业院校教育，还包含行业、企业员工的继续教育和培训等。教育资源既包括课件、讲稿、试题、教学文件、课程教学大纲、案例等，也包括相关研究机构以及行业企业应用于职业教育的资源，如学生实习实训基地等。黄惟清提出，要遵循供给侧结构性改革思路，推进职业教育资源共建共享。从提高供给质量出发，扭转职业教育资源要素配置的扭曲状况，保障职业教育资源的有效供给，提高全要素生产率。[2] 基于目前京津冀三地职业教育资源差异较大的实际状况，唯有推进京津冀区域职业教育资源共建共享，才能增强京津冀区域职业教育的整体实力。

---

[1] 于本成、臧博、宋培森：《区域共享型的职业教育资源建设研究》，《教育现代化》2017年第46期，第301—302页。

[2] 黄惟清：《从供给侧结构性改革思考卫生职业教育资源整合》，《卫生职业教育》2016年第24期，第21—23页。

第一节　京津冀职业教育资源的共建

职业教育资源建设是依据用户需求，经过系统规划、设计、开发、选择等步骤收集资源，最终形成资源体系的整个过程。职业教育资源共建是职业教育资源共享的前提，共建并非仅强调共同建设，而是强调多方参与，唯有多方参与才能体现"共"的含义。[①] 共建只是行为、是动作进行时，其目的在于"共享"，也就是共享职业教育资源。

一　政策资源的共建

（一）职业教育投入政策

除职业院校基础设施外，职业教育投入主要体现在生均经费方面。生均经费是各级政府和社会办学主体（指非公办职业教育机构）实际用于学生的人均教育经费，是实现职业教育公平的重要手段。"十二五"期间，北京市职业教育生均经费投入远高于天津市和河北省，天津市职业教育经费基本实现了收支平衡，河北省则存在职业教育经费投入明显不足的情况，直接影响了职业院校教育教学工作的正常运行，也影响了技术技能人才的培养质量。因此，中央政府应给予河北省特殊政策，尽力平衡京津冀职业教育生均经费投入额度，保障各级各类职业教育的正常运行。针对河北省部分贫困地区的实际状况，京津冀三地政府应共同设立弱势地区职业教育投入专项经费，推进职业教育经费投入政策的共建。建立京津冀职业教育协同招生、协同培养、协同实习实训机制，鼓励京津两地职业院校面向河北省招生，或与河北省职业院校实施联合培养，在防止京津两地职业教育资源出现冗余的同时，弱化区域职业教育资源配置不均的问题。

（二）职业教育发展政策

府际协议是实现不同行政区域职业教育资源共建的基础。京津冀三

---

① 冯策：《高等职业教育信息化资源共建共享研究》，硕士学位论文，中国地质大学（北京），2015年。

地政府及教育行政部门应对京津冀职业教育合作项目,特别是三地职业教育资源共建共享项目给予政策倾斜,联合制定京津冀职业教育一体化发展时间表与路线图,促进区域职业教育资源的共建共享。集结三地优势职业教育研究力量,共同进行课程资源、教学资源、信息化教学资源等的开发研究,不断推出一批新的职业教育资源共享。统筹三地职业教育资源主体的建设实力,建立以服务高新技术为核心的北京市职业院校专业集群,以机械、冶金、电子为核心的天津市职业教育专业集群,以农业、纺织、化工医药、石油加工为核心的河北省职业教育专业集群。以专业集群为基础,建立跨行政区域的职业教育实习实训基地,面向京津冀区域职业教育机构全面开放,通过政府及各级各类职业教育机构购买服务的方式,实现各类实习实训基地的正常运转。

(三) 职业教育配套政策

重新审视与评估京津冀三地政府及相关行政部门的职业教育配套政策,取缔所有不利于京津冀职业教育一体化发展的地方保护政策性壁垒和制度性障碍。高度重视区域财税政策和人事政策,强化对京津冀职业教育一体化政策的配套功能。统一税收扶持政策,引导行业企业主动与当地职业院校开展校企合作,将部分生产经营资源融入职业教育。适应北京市疏解人口的需要,鼓励企业向津冀两地迁移,带动产业结构调整,增强对区域职业教育发展的影响力。统一京津冀职业教育人事政策,为职业教育人员流动提供公平的待遇,实现能力标准、资格认证、工作调任、工资待遇、福利保险等方面的互认互通。鼓励不同职业院校教师相互兼职,动员企业部分技术技能人才与职业院校教师一起开展新型学徒制和现代学徒制职业教育,共同培育支撑地方经济发展的现代工匠。

二 教育主体的共建

教育主体共建指各类职业教育主体共建职业教育资源。京津冀三地政府及教育行政部门要充分发挥京津冀职业教育一体化的统筹作用,协调各方利益,打破地域体制障碍,合理布局三地职业院校、专业设置及层次调整等,加强跨行政区域的职业教育资源整合与对口帮扶力度,让区域优质职业教育资源发挥更大的辐射作用;高度重视行业企业职业教育主体的作用，引导区域各类企业积极融入京津冀职业教育一体化发展，使企业员工、随迁子女等都能享受到同等职业教育资格；各级各类职业院校应立足自身优势与办学特色，实施跨区域校企合作，或与优质院校合作，组建京津冀职业教育一体化发展共同体，联合推进三地职业院校教师培养、课程改革等方面的工作，促进三地职业教育人才培养标准、人才培养规格的统一。职业培训机构应统一推广与使用各种职业培训包，满足京津冀职业教育培训内容、课程规范、考核大纲与教学资源等要求，使技术技能人才能够在京津冀共同劳动力市场上得到共同认可。

三　教育环境的共建

与普通教育不同，职业教育需要实施产教融合、校企合作、工学结合。因此，要特别关注校企合作外部环境的共建。河北省职业院校应充分利用京津两地较为优越的校企合作环境，与对口企业建立长期合作关系，定期派专业对口学生到京津两地企业实习，推动跨区域校企合作人才培养模式的形成，为职业院校在校生提供更为宽阔、更为先进的实习实践环境。高度重视三地政策实施环境的共建，探索建立跨行政区域、跨主管部门的职业教育资源协调配置机制，推动职业教育政策、优质课程、教学成果、名师资源等的互联互通，鼓励京津两市加大对河北省职业教育发展的补偿力度和帮扶力度，为京津冀职业教育一体化发展创建优质的外部环境。

四　师资队伍的共建

（一）个体双师型教师队伍的共建

目前，京津冀三地职业院校个体双师型教师的数量依然较少，三地之间、学校与学校之间存在明显的差距。按照中共中央、国务院《关于全面深化新时代教师队伍建设改革的意见》要求，应积极推动京津冀职业教育双师型教师队伍的共建进程。通过加强京津冀职业院校之间、职业院校与行业企业的深度合作，共同培养双师型职业教育教师队伍。联合行业精英、企业专家和职业院校专业骨干教师实施跨行政区域合作，共建双师型教师培育培训基地。全面落实教育部《职业学校教师企业实践规定》，鼓励职业院校专业教师到企业或生产服务一线开展专业实践活动，提升教师专业技能、实践教学能力和信息技术应用能力、教学研究能力，促进职教师资的专业发展。深化职业院校之间的合作，按专业大类组建京津冀职业院校教师联盟（或联合会），推动区域职业院校教师学习共同体的形成，组织同专业（同学科）的教师定期或不定期开展专业教学研究、职业教育发展研究，不断提升区域职业院校科学研究能力、生产实践能力。完善职业院校教师评价制度，充分体现双师型教师的技术技能水平和专业教学能力。强化京津冀区域各级各类职业教育师资的合理流动，构建三地双师型教师的互派、挂职、访学等交流机制，不断增强区域职业教育双师型教师队伍的整体实力。[①]

（二）群体双师型教师队伍的共建

群体双师型教师队伍由学校专职教师和来自行业企业的兼职教师共同构成，共同实施技术技能人才培养工作。加快京津冀职业教育群体双师型教师队伍建设，需要政府职业教育行政部门适应新时期职业教育改革与发展的需求，扩大职业院校用人自主权，允许职业院校在编制内自主聘任教师，鼓励行业企业技术人员及各类专门人才担任职业院校的兼职教师。着眼京津冀战略新兴产业体系的逐步形成，全面加强先进制造业、互联网、现代农业、现代服务业群体双师型教师队伍的建设，满足特色专业教育教学的实际需要。完善职业院校教师入职政策，将行业企业从业经历作为认定教育教学能力、取得职业院校教师任职资格的必要条件。完善职业院校教师标准，将标准聚焦于专业知识、专业技能、专业性情和专业信念4个方面[②]。全面贯彻落实国务院《关于深化产教融合的若干意见》，建立企业经营管理者、技术能手与职业院校管理者、骨干教师相互兼职的常态化机制，加强群体指向的职业教育双师型教师队伍建设。

---

① 肖红梅：《京津冀教育协同发展背景下职业院校师资共享机制探讨》，《北京劳动保障职业学院学报》2016年第3期，第23—27页。

② Harris, D. N., Sass, T. R., "The effects of NBPTS certified teachers on student achievement", *Journal of Policy Analysis & Management*, Vol. 28, No. 1, 2009, pp. 55–80.

五 职教集团的共建

职业教育集团是由行业、企业、学校、研究机构等多主体参与，以集团章程为共同行为规范，基于行业、区域等形成的多法人职业教育组织。相关报告显示，到 2016 年底，我国已经组建行业性、区域性、复合性职业教育集团 1406 个，拥有成员 3.59 万个。[①] 推进京津冀职业教育一体化，要注重凝聚三地职业教育合力，聚合优势职业教育资源，组建各类职业教育集团。集团通过充分协商，使各成员充分发挥优势，形成职业教育综合体，促进教育链、人才链与产业链、创新链的有机衔接，实现技术技能人才的一体化培养。引导各类职业教育集团成员通过专业技术与管理人员担任职业院校兼职教师、职业院校专业教师到企业挂职锻炼等形式，形成群体双师型教学团队，实现校企深度合作。要打破行政区域界限，对一些相同或共性程度大的专业实现模块教学和实习实训环节的贯通培养，以此促进京津冀职业院校教育资源、社会职业教育资源（特别是企业职业教育资源）的有效聚集，为京津冀职业教育资源一体化共享奠定基础。

六 职教共同体共建

职业教育共同体是各类职业教育组织的集合体，是继续教育、远程教育、电化教育以及社区教育等不同形态、不同领域职业教育要素的集合。京津冀三地共建职业教育共同体，可有效拓展职业教育服务功能，扩大职业教育服务领域，提升职业教育服务能力，实现职业教育资源的共建共享。推进京津冀职业教育一体化，需制定相关政策，促进多功能职业教育共同体的形成。充分发挥市场在职业教育资源配置方面的决定性作用，打破现有职业教育的组织边界，使不同形态、不同领域的职业教育要素能够顺利地结合在一起，依据市场需求为广大民众提供便捷、高效的职业教育服务，以此推动职业教育共同体成员共享区域职业教育

---

① 《中国职业教育集团化办学年度发展报告（2017）发布会在京召开》，2017 年 12 月 4 日（http://www.chinazy.org/models/adefault/news_detail.aspx?artid=65212&cateid=1517）。

设施设备以及教师资源、教育教学资源等，不断提升京津冀职业教育服务整体实力，增强京津冀职业教育在全国乃至全世界的影响力。

第二节　京津冀职业教育资源的共享

改革开放以来，京津冀区域职业教育发展取得了一系列重大成就。但不容忽视的是，各级各类职业院校之间仍存在专业设置重复、招生手段雷同、教学资源浪费等问题。职教集团、职教共同体的出现为解决这些问题开辟了新的道路，实现了区域职业教育资源的共享。同时，京津冀三地在推进职业教育一体化的过程中，也通过校企合作、校校合作等途径，探索出诸多职业教育资源共享模式，实现了师资共享、厂房和设备共享、技术共享以及信息资源共享等，调动了行业企业及其他社会组织参与职业教育的积极性。当前急需的是，政府相关部门、各级各类职业教育机构积极推进区域职业教育资源共享机制化、常态化。

一　分段式共享

分段式共享职业教育是京津冀三地职业教育机构在合作办学实践中逐步探索出的实践模式，已被三地职业教育机构广泛应用。该模式以三地职业教育机构合作为基础，依托各自优势分阶段承担学生培养任务，实现职业院校人才培养过程所需教育资源的共享。从已有实践看，分段式共享模式可分为3种类型。一是"1+2"职业教育资源共享模式，即学生一年级在某行政区域职业院校学习，二年级后再到另一行政区域的职业院校学习，并由后者安排学生实训实习以及提供就业服务等工作；二是"2+1"共享模式，即学生在某行政区域职业院校学习两年，第三年到不同行政区域的企业进行顶岗实习，学生可留在实习企业就业；三是"1.5+1.5"共享模式，即学生在某行政区域的职业院校学习一年半，然后到另一行政区域的职业院校学习半年，再由该校负责安排学生到企业实习一年，并负责就业服务等。

分段式合作可将学生整个学习过程划分为若干个阶段，由不同行政区域的职业院校或企业通过合作方式实现共同育人，一方面可充分利用不同行政区域内优质职业教育资源,开展高质量的职业教育人才培养;另一方面也有助于职业教育培养的人才适应不同区域的就业环境,提高毕业生的就业能力和就业质量。例如,河北省唐山市某中职学校利用北京市高级宾馆众多、旅游业发达的优势,与北京市相关职业院校开展合作,实施了餐饮旅游专业学生的共同培养。学生第一年在唐山市中职学校学习,第二年在北京市中职学校学习,第三年在北京市宾馆实习,有效提高了唐山市餐饮旅游专业学生的技能水平,促进毕业生在北京市的就业。此外,分段式合作能让农村生源地的学生受到大都市环境的熏陶,可以在经济发展水平更高的地区接受更优质的职业教育,不仅与城市学生共享了职业教育资源,也共享了职业教育环境,有效提升了"环境育人"的效果。

二 集团化共享

集团化共享基于职业教育集团实施,是国内外先进地区职业教育合作的具体实践。从目前看,职业教育集团吸引了职业院校、职业培训机构以及相关企业、科研机构的共同参与,以建立理事会、董事会等方式形成了共同决策组织结构和治理结构,通过产教结合、校企合作、工学结合等方式,实现集团内部职业教育资源的共享。自 2005 年以来,我国职业教育集团已经覆盖了 1000 多家行业协会、10000 多家企业、600 家科研机构、50% 多的中职学校和 80% 多的高职学校。[①] 然而,目前京津冀职业教育集团多为松散型组织,难以最大化协调集团成员及相关要素发挥其拥有的效能,特别是跨行政区域职教集团数量仍然较少,需要逐步向实体型发展、跨行政区域拓展,进而实现京津冀区域职业教育资源的共享。

组建综合性职业教育集团,应发挥京津冀三地的积极性,以品牌职业教育机构及大型企业为主,汇聚区域优质职业教育资源,不断做大、做强;组建行业性职业教育集团,应立足京津冀三地优势行业(产业),

---

[①] 鲁昕:《在 2012 年职业教育与成人教育工作会议上的讲话》,2012 年 3 月 16 日(http://www.moe.gov.cn/publicfiles/business/htmlfiles/moe/moe_1485/201203/132316.html)。

选择合适地理位置，实现产业与专业的融合。京津冀教育行政部门应引导职业教育机构及行业企业突破行政区域限制，推动区域职业教育向专业化分工、科学化管理方向发展，通过组建职业教育集团实现职业院校的合理布局。河北省应充分利用土地价格较低、城市发展外延空间较大、人口资源相对丰富等优势，加快石家庄、衡水、邢台等已有的职业教育集团建设，着手谋划环京津职业教育集团建设，以此为载体提升京津两地职业学校资源外溢的承接力度。京津两地政府教育主管部门也应积极引导本地职业教育机构以建设职业教育集团的形式，到河北省拓业务、求发展。

三 联盟式共享

联盟式职业教育资源共享的基础是职业教育联盟。职业教育联盟是由一个或若干个发展较好的职业教育机构以及相关行业企业等牵头，以扩大职业教育办学规模、提升教育质量和实现共同发展为目标，以签订联盟章程为共同行为规范构建的多法人联合体。[①] 与职业教育集团比较，职教联盟成员众多，包括政府部门、职业院校、典型企业和行业协会及其他社会中介机构、教育质量评价组织等都可以成为职业教育联盟的成员。世界发达国家职业教育联盟具有较长的发展历史，有政府主导型、学校主导型、企业主导型和行业主导型等多种类型，有效地加强了职业教育机构之间、职业教育机构与行业企业之间以及社会其他组织之间的职业教育资源共享，提高了技术技能人才培养质量。目前，我国已建成的职业教育联盟达700多个，[②] 组织形式多为政府主导型，但跨行政区域的职业教育联盟仍然较少。

京津冀应率先建立"政府主导型"职业教育联盟，以政府为管理核心，以学校和企业为运营主体，以行业协会与社会机构为测评反馈中心，依据京津冀三地功能定位，以产业为先导，合作开发职业教育课程、合

[①] 储诚炜、吴一鸣、谭维奇：《职业教育联盟框架构建和运行机制实践探索与研究——以安庆市职业教育联盟为例》，《职教论坛》2014年第12期，第21—24页。

[②] 王河：《构建符合国情的职教集团治理结构》，《中国教育报》2013年1月2日，第5版。

作培养职业院校教师等。政府搭建平台，提供后勤保障，确保受教育者在职业教育联盟中能够提高技术技能水平，提升适应不同企业文化的就业能力。同时，利用京津两地拥有众多国内知名职业教育机构及大中型企业的优势，由品牌职业教育机构和具有一定竞争优势的大中型企业牵头，组建"企业主导型"和"行业主导型"职业教育联盟。联盟参与者或作为分部，或作为其他联盟组织，可借用联盟优势共享职业教育品牌效应，实现职业教育资源共享。在联盟内部，学生可互选课程，联盟主体可互聘师资、互认学分，实行统一的人才培养标准，统一发布就业信息，统一实施就业服务，保证毕业生能够顺利就业、创业。

四 园区式共享

职业教育园区作为世界各国职业教育集约化发展的典型模式，逐渐成为我国职业教育机构共享职业教育资源的主要方式之一。借鉴工业企业向开发区集中发展的思路，职业教育园区吸引京津冀部分职业教育机构集聚一地，实现职业教育资源的共享。据不完全统计，自 2000 年以来全国 25 个省（直辖市、自治区）已经建立的 65 个职业教育园区，包括"资源指向型""发展需求型"和"规划引导型"三种类型。[①] 实践证明，职教园区使职业院校和科研机构、企业等在区域内形成了新的关系链，从更广阔的空间优化了职业教育资源配置，实现了职业教育资源的有效整合与共享，促进了区域产学研一体化的形成。但从目前情况看，我国职业教育园区建设受到行政区域限制，入园机构多为同一行政区域内的职业教育机构。

推进京津冀职业教育一体化发展，河北省、天津市应充分发挥土地相对充裕的优势，积极推进职业教育园区建设。根据京津冀三地经济社会发展需求、产业发展情况及职业院校布局情况，应把职教园区建设纳入京津冀协同发展总体规划之中，对职教园区建设方案、发展规模、产业布局、入驻学校、专业设置、实训基地建设及园区配套设施等进行统

---

① 张扬、胡斌武：《职教园区建设研究述评》，《职教论坛》2011 年第 10 期，第 45—47 页。

一部署。将资源共享理念融入职教园区顶层设计，对入驻职业院校、企业和科研院所进行统一规划。加大对职教园区的经费投入力度，确保职教园区建设进度与建设质量，为职业教育资源共享奠定基础。河北省应通过加强职业教育园区建设，提升对京津两地职业教育资源外迁的承载力。通过建立职教园区，将河北省地域空间、人力资源等优势与京津两地的职业教育品牌优势聚集在一起，为京津冀民众提供高质量的职业教育服务。

五 多主体共享

多主体共享区域职业教育资源以多主体合作为基础，在兼顾社会效益的前提下，利用市场机制实现职业教育资源的合理流动与优化配置，促进社会各界参与京津冀职业教育一体化发展。事实上，我国"长三角"地区的职业教育合作首先源于民间合作，充分发挥市场机制作用，取得了较好的发展成果。"泛珠三角"地区、闽台地区的职业教育合作也得益于区域经济合作以及市场机制作用，实现了学校、企业、行业、科研机构等多主体的共同参与。建议京津冀三地政府共同制定鼓励合作办学的优惠政策，落实行业企业参与职业教育的各项权益与义务，激发行业企业投资兴办职业教育机构的积极性。通过建立促进民办职业教育发展以及社会资本融入公立职业教育机构的机制，激励京津冀区域内各类社会主体跨行政区域参与、兴办职业教育机构，不断扩大京津冀职业教育资源规模总量。

需要特别强调的是，在当前我国"一带一路"倡议的引领下，京津冀职业教育还应积极寻求国际合作，成为中国企业和产品"走出去"的协同者、保障者，为"优进优出"提供技术技能人才支撑。例如，随着我国高铁技术向海外的逐步转移，作为培养高铁维修、保养人才的京津冀相关职业教育机构，应尽快与相关企业取得联系，主动寻求海外合作伙伴，将职业教育服务延伸到国际市场。同时，积极引进发达国家优质职业教育资源，特别是引进国际先进、成熟适用的职业教育人才培养标准、专业课程体系等职业教育资源，推动京津冀技术技能人才培养实现国际化，增强京津冀职业教育的国际影响力和吸引力。

第三节 职业教育资源共享机制构建

京津冀协同发展战略的实施为京津冀职业教育实现一体化发展提供了前所未有的机遇。探索京津冀职业教育资源的共享机制，可促进各类职业教育资源由学校到区域、由社会到政府、由科技到经济的逐渐融合，是推进京津冀职业教育一体化进程的切入点。构建京津冀职业教育资源共享机制，对统筹区域内职业教育资源配置、促进产学研结合、实现体制机制创新以及提高职业教育质量均具有重要的现实意义。

一 教师资源共享机制

（一）组织协调机制

实现京津冀三地职业教育师资的共享，当务之急是打通制度障碍和政策壁垒，在区域内形成统一、开放、竞争、有序的师资共享市场。建议成立由国家教育行政部门领导任组长，京津冀三地教育行政部门主管领导任副组长的职业教育师资共享联盟，吸收京津冀区域职业院校负责人参加。通过制定相关规制，保障三地职业院校师资的自由流动与校际共享。设立京津冀职业教育师资共享中心对共享师资进行管理，具体负责共享教师的选拔、培训、聘任、绩效考核、薪酬发放等具体事务，确保京津冀优秀职业教育师资共享落到实处。

（二）经费保障机制

京津冀三地职业教育经费投入呈现出不均衡现象，特别是河北省职业教育财政投入明显不足，职业院校难以依靠自身财力支付共享师资薪酬，必然对京津冀职业教育师资共享形成阻碍。实际上，也正是由于河北省职业院校教师薪酬支付能力较低，难以对京津两市职业教育师资流入产生吸引力。解决这一问题，建议京津冀采取三地按比例出资的办法，建立京津冀职业院校师资共享专项基金，统一解决京津冀三地职业教育共享师资的薪酬问题。

（三）利益分享机制

京津冀职业教育一体化的实质是区域职业教育资源的整合、职教师资的重新配置。达成职教师资共享的目的，需要在强化行政引导的同时，遵循人力资源市场供求规律。人力资源市场上相对稀缺的教师资源必然会具有较高的交易价格，需要需求方支付更高的成本。唯有共享职业教育师资收益大于共享成本时，职业院校才愿意达成共享交易。因此，京津冀职业教育师资共享应当按照市场化的原则进行利益分享。同时，为了激励共享教师的积极性，应遵循优质优酬的原则，提高共享教师的收入水平。

（四）信息共享机制

实施京津冀职业院校师资共享，应利用互联网技术建立开放式的京津冀职业院校师资共享平台。加入职业教育师资共享联盟的职业院校应设专人专岗负责本校人才资源信息向共享平台的传送工作，力争辐射到师资共享联盟内的每所职业院校。京津冀三地各职业院校可在共享平台上及时发布师资共享需求信息，低成本、广范围地获取区域内优质职业教育师资，满足本单位开发专业课程、提升教育教学质量等的需要。

（五）培养共建机制

京津冀职业院校师资队伍的共建是共享的基础，应采用多种形式建立京津冀职业院校教师学习共同体，强化区域内职业教育师资队伍的培养共建。京津冀教育行政部门应定期开展师资轮训等交流合作项目、实训实践教师研修班等，组织同专业教师定期开展专业教学研究。联合建立京津冀重点实验室和新技术研发中心，开展重大课题联合攻关。注重发挥职业教育集团、职业教育联盟的作用，引导成员单位通过专业技术与管理人员担任职业院校兼职教师，专业教师赴企业挂职锻炼等措施，加强京津冀职业教育双师型教师队伍建设。

二 课程资源共享机制

（一）课程互选互认机制

课程尤其是优质课程是职业教育资源共享的核心，任何职业教育资源的整合，最终都要与课程相匹配。京津冀职业教育课程资源共享要达到课程互选、课程衔接、合作开发 3 个目标。课程互选指学生能够跨校、跨专业横向选择同一层次专业课程,各职业院校均认可其学习成绩;课程衔接指职业院校课程与普通高中或其他高等院校课程实现纵向衔接,职业院校毕业生进入对应层次或更高层次的职业院校学习时能够免修重复课程;合作开发指通过校际合作、校企合作等方式实施优质课程资源建设,开发更多不仅适合本校学生学习需求,而且适合其他同类院校学生学习需求的职业教育课程,使校际相同、相近甚至不同专业课程能够互补,供学生在专业范围内依据自己兴趣自主选择。

(二) 网络课程共享机制

网络课程是传统课堂教学的辅助和延伸,应集中京津冀优势课程资源,使之成为职业院校课堂教学的必要补充。目前,京津冀部分职业院校已经开设了部分国家和省级共享精品课程,建设了课程资源共享平台,但课程数量较少,社会影响力不大。借助互联网技术,各职业院校可将课程资源共享平台公开化,免费向社会提供,为构建学习型社会奠定基础。政府教育行政部门应组织部分职业院校教师,联合开发在线课程,通过视频讲授、线上讨论、答疑、作业批改、学生互评、考试等形式,让教师之间、师生之间、生生之间能够交流互动,实现自主学习。政府教育行政部门可通过访问量给予课程开发单位相应的资金补贴,[①] 激发各职业院校开发网络课程的积极性。

三 教学资源共享机制

(一) 实习实训基地共享

京津冀职业教育实习实训基地共享,需要通过校校、校企合作的方式共建一批"一体化"实习实训基地。也可采取有偿服务等措施,引导各级各类职业教育机构实践实训基地向其他学校开放,为学生技能训练提供优越条件。各企事业单位的科研实验室、创新实验室也可以成为职业院校学生提高专业认知、提升技能训练的场所,职业院校与企业合作建立的校外实践基地也可以进一步优化整合,实现师资共建、设备共享、

---

① 景文莉、刘建春、王华等:《京津冀卫生职业教育教学资源共享机制的探讨》,《职业技术教育》2017年第17期,第51—54页。

责任共担、合作共赢。广泛开展实习实训基地共建活动,引导职业院校教师和企事业单位科研人员围绕区域经济社会发展需要开展应用研究,推进产学研用一体化进程。职业院校教师在从事科学研究和社会服务过程中,逐步提升"服务力"和"教育力",进而不断提升人才培养质量。①

(二) 共享工作运行机制

落实京津冀职业教育实习实训基地共享,需要加强跨行政区域的校际合作、校企合作等,建立实习实训基地共享工作运行机制。实践证明,职业教育实习实训基地共享工作机制不健全和不合理是制约职业教育实习实训基地实现共享的重要原因。强化京津冀职业教育实习实训基地共享,需要建立相应的组织保障体系、工作协调机制、合作开发机制、利益补偿机制以及技术支持机制等,也需要京津冀三地政府教育行政部门建立相应的政策保障机制。唯此,才能确保京津冀职业教育实习实训基地共享工作的正常运行。

(三) 其他教学资源共享

除实习实训基地外,其他教学资源也可以采用 PPP(政府和社会资本合作)模式或股份制形式,本着优势互补、互惠互利、共同发展的原则实现共建共享。也可以使两个及以上的职业院校共建,也可以使职业院校与企业等其他社会主体共建。理论上,多主体共建职业教育教学资源能够较好地解决职业院校实训设备短缺、资金短缺、师资短缺等难题,对投资较大的职业教育教学资源建设与维护具有十分重要的意义。京津冀三地职业院校应立足自身优势,主动与专业契合的企业以及其他投资主体共建职业教育教学资源,共同投资、共同维护,进而实现京津冀所有职业教育教学资源的共享。②

---

① 黄小璜、王传金、潘雪涛:《区域现代职教共同体优质资源共建共享策略研究》,《职教论坛》2017 年第 31 期,第 63—66 页。

② 南海、龚孟伟:《我国职业教育实训资源开发与共享机制建立的政策建议》,《中国职业技术教育》2012 年第 27 期,第 21—23 页。

四　教育经费均衡机制

（一）经费适当倾斜机制

当前，河北省职业教育投入与京津两市差距巨大。推进京津冀职业教育资源共享，需要中央政府进一步优化区域生均经费拨款制度，充分发挥财政转移支付功能，促进河北省职业教育经费、职业教育资源与京津两市逐步趋向平衡，保障河北省职业教育质量，让该省职业院校培养的技术技能人才能够得到京津两地用人单位的普遍认可。立足京津冀三地职业教育发展的现实需求，建议设立区域职业教育专项发展资金，对京津冀区域职业教育发展弱势区域给予适当补助，增强区域职业教育投入的均衡性。同时，面对河北省生源规模较大、职业教育资源匮乏的现实，应加大对河北省民办职业教育、企业兴办的职业教育的补贴力度，推动河北省非公办职业教育的发展。

（二）经费投入保障机制

推动京津冀区域职业教育资源共享，需要按照区域基本公共服务均等化的要求，依据不同专业人才的培养成本，建立现代职业教育财政制度。各级政府应按照职业教育不同专业人才培养成本的实际需求核拨生均经费，并在年度财政预算中予以保证。建立职业教育经费投入与支出公开制度，动员社会各界力量和学生及其家长等对职业教育投入及支出情况进行监督，保证国家有限的职业教育财政投入资金用在刀刃上。建立职业教育经费投入绩效评价制度，强化预算监督和使用监督。建立职业教育经费投入的稳定增长机制，逐步完善京津冀职业教育经费财政投入保障制度。

（三）教育经费筹措机制

职业教育需要大量的资金投入，仅靠政府财政难以满足高质量职业教育的需要。实现京津冀职业教育资源共享，需建立多元化职业教育经费投入机制。各级政府在加强对职业教育投入的同时，要注重发挥行业企业兴办职业教育的积极性，鼓励社会团体、基金组织乃至个人等通过直接投资、合作办学、捐资助学等途径投入职业教育，努力打造职业教育投资主体多元化的格局。建议政府设立专项资金，支持职业教育集团、职业教育联盟等的发展，探索职业教育集团和联盟法人化，促进职业教育集团和联盟成员以产权为纽带，不断加大投入总量，推动职业教育集团和联盟上规模、上水平、上档次。对多元投资兴办的职业教育集团和职业教育联盟，要按照国务院有关加快民办职业教育发展的相关政策，强化财政、税收和金融方面的支持力度。①

五　教育政策共享机制

（一）政策协同机制

构建京津冀职业教育政策协同机制，促进区域职业教育全要素共享。在教师与学生层面，京津冀三地应制定统一的就业、福利、薪资、资格认定等政策，统一人才培养标准，调动教师"教"和学生"学"的积极性。实现毕业生创新创业环境的平衡，三地职业院校毕业生能够享受到均等的创业补贴、创业奖励、小额担保贷款等扶持政策；职业院校有权决定跨区域引进教师的薪酬福利待遇，促进职业教育教师资源依据市场规则合理流动。在职业院校层面，政府应制定职业教育园区建设共享政策，引导优质职业教育资源向园区集中，实现共享。在行业企业层面，京津冀三地政府及相关行政部门应统一人才使用政策，奖励统一的人才市场（或人力资源市场），减小区域劳动力流动、转移的阻力。

（二）区域联动机制

京津冀三地政府及有关部门应积极为区域内职业院校与行业企业合作搭建平台，包括人力资源需求信息共用共享平台、区域产教融合校企合作平台、创新创业人才培养平台、师资与学生交流交换平台、区域性产业技术研究平台等，促进区域职业教育主体与客体实现跨行政区域发展和联动发展。充分发挥行业企业在京津冀职业教育一体化进程的主体作用，明确跨行政区域产教融合、校企合作的政策规定，细化行业企业兴办职业教育的权利、责任和利益，制定清晰的国有资产管理、利益风险分担等实施细则，构建社会效益利益补偿机制，为行业企业参与京津

---

① 范其伟：《我国城市化进程中职业教育发展研究》，博士学位论文，中国海洋大学，2014年。

冀职业教育一体化发展保驾护航。

(三) 政策评价机制

随着京津冀协同发展战略的深入推进，职业教育资源共享环境也会不断发生变化，需要建立健全政策评价机制，使各项共享政策能够及时应对外部环境的变化。各级政府应对本地政策进行全面评估，及时调整、完善、废除阻碍京津冀职业教育一体化发展的内容，建立有助于京津冀职业教育资源共享的政策体系。建立政策实施评价中心，确保国家制定的促进京津冀职业教育一体化政策得到有效落实。建立职业教育需求预测与预警管理系统，促进三地职业教育资源依据市场规则合理流动，实现优化配置。强化政府对职业教育资源配置的宏观调控作用，用政府投入引导民间资本投入，不断扩大区域职业教育资源总量。加强京津冀职业教育资源共享政策的考核，保障京津冀职业教育资源共享过程中各利益相关方的利益。

第十一章

京津冀职业教育一体化的阻力分析

中共中央政治局审议通过的《京津冀协同发展规划纲要》提出，到 2030 年京津冀区域一体化格局基本形成，区域经济结构更加合理，生态环境质量总体良好，公共服务水平趋于均衡。[①] 目前，京津冀交通、生态环境治理、产业对接等领域协同发展取得了重大成效。相比之下，职业教育一体化发展较为迟缓。有研究表明，京津冀职业教育协同发展存在政策瓶颈，职业教育招生存在壁垒，专业设置不平衡，职业教育投入差距悬殊。[②] 张喜才认为，京津冀高等职业教育协同发展面临体制机制障碍、行业作用发挥不明显、企业参与职业教育程度不深、高职院校发展不协调、科研引领能力薄弱等问题。[③] 桑锦龙认为，京津冀教育协同发展存在高关注度、低共识度，有片段、无整章，重发展、轻改革以及外部呼声高、内部动力不足等问题。[④] 可见，明确京津冀职业教育一体化的阻力因素，构建相应的动力机制是推进京津冀职业教育一体化亟待解决的现实问题。

[①] 郑国萍、陈国华：《京津冀教育协同发展供需矛盾及应对策略》，《河北师范大学学报》（教育科学版）2017 年第 4 期，第 95—100 页。

[②] 刘爱玲、薛二勇：《京津冀职业教育协同发展的政策研究》，《北京师范大学学报》（社会科学版）2017 年第 2 期，第 21—28 页。

[③] 张喜才、房风文：《参与主体视角下京津冀高等职业教育协同发展分析》，《教育与职业》2017 年第 2 期，第 21—25 页。

[④] 桑锦龙：《推进京津冀教育协同发展的战略谋划和系统实施》，《前线》2018 年第 1 期，第 73—75 页。

第一节 京津冀职业教育一体化阻力因素的调查

一 调查方法

采用文献分析法，通过中国知网（CNKI）、万方数据库等资源，收集了近五年来有关京津冀职业教育一体化发展、协同发展的研究文献，对京津冀职业教育一体化的阻力因素进行了指标化处理，建立了职业教育一体化阻力因素"指标池"。在此基础上，按政治、经济、社会、文化、合作主体和合作资源等6个维度，对各项阻力因素指标进行了进行了分类整理，形成《京津冀职业教育一体化阻力因素及其阻力强度调查问卷（初稿）》。

仿照 Teng 的项目评估应用过程[1]，采用德尔菲法（Delphi method），将制定的《京津冀职业教育一体化阻力因素及其阻力强度调查问卷（初稿）》送达京津冀三地职业教育研究机构专家教授审阅，确定了《京津冀职业教育一体化的阻力因素及其阻力强度调查问卷（终稿）》。而后，采用李克特量表（Likert scale）法，设定了各阻力因素的阻力强度级次。具体标准为：1 为没有阻力，2 为略有阻力，3 为阻力一般，4 为阻力较大，5 为阻力非常大。当某因素阻力强度大于 3.00（不含）时，认定该因素为阻力因素。当某因素阻力强度大于本级次 0.5（不含）时，认定该因素阻力强度为近于上一级次强度。当某指标阻力强度等于或低于本级次 0.5（含）时，认定该因素的阻力强度为本级次强度。

二 调查过程

调查过程分为 4 个步骤。

第一步：在京津冀三地各确定两家（共 6 家）京津冀职业教育一体化（协同）发展研究机构为调研单位。其中：北京市调研单位为北京师范大学，北京市教育科学研究院；天津市调研单位为天津大学，天津市

---

[1] Teng, J. Y., *Project evaluation: Methods and applications*, National Taiwan Ocean University, 2002, p. 124.

职业教育中心；河北省调研单位为河北科技师范学院，河北省职业教育研究所。

第二步：每个调研单位确定两名专家教授（共12名）为调查对象，组成京津冀职业教育一体化阻碍因素决策小组（每个单位两名）。基于德尔菲法（Delphi method）要求，调查对象（小组成员）调研结果彼此之间处于保密状态，由其依据自身认知作出独立判断。

第三步：将课题组初步整理的《京津冀职业教育一体化阻力因素及其阻力强度调查问卷（初稿）》送达调查对象反复征求意见，最终形成《京津冀职业教育一体化阻力因素及其阻力强度调查问卷（终稿）》，由决策专家依据自身认知状况独立判定各阻力因素的阻力强度。

第四步：本研究课题组收集决策小组各位专家的独立判断结果进行汇总，对获取的京津冀职业教育一体化阻力因素的阻力强度进行平均化处理，最终获取了京津冀职业教育一体化的阻力因素及其阻力强度，供进一步分析使用。

三　调查结果

利用Excel软件汇总京津冀职业教育一体化的阻力因素及其阻力强度的调查结果，删除阻力强度在3.0以下的阻力因素，最终确定京津冀职业教育一体化阻力因素共有24项，涉及政治、经济、社会、文化、合作主体、合作资源6个维度。为便于分析，将各影响因素分别命名为a_1，…，a_n（$n=24$）。京津冀职业教育一体化阻力因素及阻力强度调查结果如表11—1所示。

（一）政治维度

政治维度内含有协调机制、实施体系、行政管理和法律规制等四个因素。协调机制（Coordination mechanism）指京津冀职业教育一体化（协同）发展的协调机制，涉及京津冀职业教育一体化的领导、组织、执行、督察、考评、奖惩等方面的制度建设与运行机制等。协调机制完善且运行高效，可促进京津冀职业教育一体化进程；协调机制缺失或运行低效，将对京津冀职业教育一体化发展形成阻力。实施体系（Implementation system）指实施京津冀职业教育一体化（协同）的政策体系、工作体系、保障体系等。实施体系完善有效会推进京津冀职业教育一体化发展；实施体系总体或某一方面缺失会阻碍京津冀职业教育一体化发展。行政管理（Administration management）指各级政府运用行政权力，对京津冀职业教育一体化的调控管理活动。现代行政管理以提高管理效能和效率为目标，强调系统性和有效性。行政管理体系完善、运行高效会推进京津冀职业教育一体化发展；行政管理体系缺失、运行低效会阻碍京津冀职业教育一体化发展。法律规制（Legal regulations）包括法律和规制两个方面。其中：法律包括通常意义的法律法规，也包括政府及其相关行政部门制定京津冀职业教育一体化的命令、政策及制度安排等。一般认为，在党中央、国务院实施京津冀协同发展战略的背景下，应建立完善的京津冀职业教育一体化发展法律规制。如果相关法律规制不尽完善，则会对京津冀职业教育一体化形成阻力。

表11—1 京津冀职业教育一体化的阻力因素及其阻力强度

维度	编码	阻力因素 指标	阻力强度	维度	编码	阻力因素 指标	阻力强度
政治	a_1	协调机制	3.50	社会文化	a_{13}	科技水平	3.75
	a_2	实施体系	3.58		a_{14}	价值观念	3.67
	a_3	行政管理	4.00		a_{15}	文化认同	3.42
	a_4	法律规制	3.58		a_{16}	合作意识	3.08
经济	a_5	经济利益	4.17	合作主体	a_{17}	合作方式	3.58
	a_6	产业结构	3.67		a_{18}	合作利益	4.17
	a_7	经济市场化程度	3.82		a_{19}	合作动力	3.83
	a_8	经济发展水平	3.67	合作资源	a_{20}	职业教育投入	3.83
社会	a_9	就业环境	3.25		a_{21}	职业教育设施设备	3.42
	a_{10}	人口状况	3.08		a_{22}	师资队伍	3.33
	a_{11}	城镇化水平	3.67		a_{23}	课程资源	3.08
	a_{12}	社会福利	3.75		a_{24}	招生制度	4.00

本书的调查结果表明，京津冀职业教育一体化发展行政管理因素的阻力强度为4.00，达到非常大的程度，说明行政管理已对京津冀职业教

育一体化形成了非常大的阻力；法律规制和实施体系两项因素的阻力强度均为 3.58，近于非常大的程度，说明有关促进京津冀职业教育一体化的法律规制亟待完善，需要进一步加强实施体系建设工作；协调机制因素的阻力强度为 3.50，达到了较大的程度，说明亟待完善京津冀职业教育一体化的协调机制。

（二）经济维度

经济维度内含经济利益、产业结构、经济市场化程度和经济发展水平等 4 项因素。经济利益（Economc interest）亦指物质利益，由合作共同体中的生产关系决定。京津冀职业教育一体化发展的经济利益表现为各级各类职业教育实施主体及相关主体获取的经济利益，具体包括国家利益、集体（如学校、企业等）利益和个人利益。经济利益均衡能够促进京津冀职业教育合作，增强京津冀区域职业教育资源的流动性；经济利益失衡甚至损害某一主体的利益，则会促使职业教育一体化相关参与主体形成对抗，阻碍京津冀职业教育一体化发展进程。产业结构（Industrial structure）指国民经济各产业部门之间以及各产业部门内部的构成，科学、合理的产业结构可有效利用各类资源，促进经济发展和社会进步，改善人民群众的物质文化生活。产业结构调整与变化会带来市场物资的供给结构、需求结构、贸易结构、投资结构的变化，也直接关联到职业教育发展。京津冀区域产业结构的合理性会影响职业教育资源的合理利用、专业设置与产业的契合度，劳动者就业环境以及人才的合理流动等，直接影响京津冀职业教育一体化发展进程。经济市场化程度（The degree of economic marketization）指市场在经济资源配置中发挥作用的程度，也指市场在社会经济活动中生产、分配、交换和消费等再生产过程的各个领域发挥作用的程度。[1] 经济市场化程度越高，越能提升京津冀职业教育资源的流动性、资源配置的合理性，有利于减少京津冀职业教育一体化发展中政府、学校与市场之间的矛盾。经济发展水平（Economic development level）指一个国家或区域经济发展的规模、速度等，也直接影响着区域职业教育发展的物质基础与财政投入，决定了职业教育内容、方法

---

[1] 马奎、杨梅：《经济市场化含义刍议》，《北方经贸》2001 年第 8 期，第 39—40 页。

与组织形式。区域经济发展水平越高,越能推动职业教育发展。反之,经济发展水平较低则不利于京津冀职业教育一体化发展。

本调查结果表明,京津冀职业教育一体化发展经济利益因素的阻力强度为4.17,达到了非常大的程度,说明推进京津冀职业教育一体化发展中存在明显的利益冲突,需要妥善解决;经济市场化程度、产业结构和经济发展水平等三项因素的阻力强度也为3.5—4.0,近于非常大的程度,也需要京津冀三地政府及相关部门统筹解决。该调查结果也表明了京津冀职业教育一体化与京津冀协同发展的内在逻辑关系,二者具有相互促进的作用。因此,京津冀协同发展战略的实施为三地职业教育一体化发展带来了契机。

(三) 社会维度

社会维度内含就业环境、人口状况、城镇化水平、社会福利和科技水平等五个因素。就业环境(Employment environment)指在就业的时间和空间上,以直接或间接的方式对民众就业发挥激励、约束、导向作用的主客观环境和社会发展环境的总和,[①] 受社会文化因素、政策因素、市场因素与用人单位价值取向的影响。职业教育以就业为导向,京津冀三地就业环境的差异会直接影响职业院校教师的流动以及毕业生就业,影响职业教育一体化进程。人口状况(Demographic situation)指在某一区域内人口总量、人口素质、人口结构的状况,承载着相应的经济、社会、环境与资源效益。一定的人口密度是人力资源开发的基础,也是经济社会发展的必要条件。人口密度超过区域资源承载力会成为经济发展和社会进步的阻碍因素。对某一城市而言,如果不能有效控制人口容量,就会引发"城市病"。因此,京津冀区域人口资源状况直接影响着职业教育市场、职业院校就业环境及经济社会发展水平。合理的人口承载容量、高素质的人口以及合理的人口结构能够促进区域职业教育资源的有效配置,促进职业教育实现一体化发展。反之,则会导致区域职业教育资源配置低下,影响职业教育一体化发展进程。城镇化水平(Urbanization lev-

---

① 刘相明、张恩生、李辉:《大学生求职择业指导》,山东大学出版社2006年版,第11页。

el）指一个地区或一个国家城镇化达到的程度，反映一个地区或一个国家居住于城镇的人口比例，也间接反映了区域经济发展水平。京津冀三地城镇化水平差异较大，职业教育发展受不同居民群体制约。城镇化水平较高说明从事非农产业人口较多，越有利于职业教育一体化发展。同时，较高的城镇化水平也能保障区域职业教育发展需要的物力、人力与财力，降低职业教育一体化发展的阻力。社会福利（Social welfare）指提高广大社会成员生活水平的各项政策和服务，旨在解决社会成员各方面的福利问题。京津冀三地民众社会福利不一，医疗卫生、文化教育、劳动就业、住宅服务等方面差异较大，会直接影响职业教育一体化进程。某一区域社会福利较好，会帮助职业教育机构吸引高质量师资，增强职业院校毕业生的就业吸引力，区域福利待遇均衡是促进职业教育一体化（协同）发展的基础条件。科技水平（Scientific and technological level）指科学技术在转化为生产力的过程中促进经济社会发展的程度，较高的科技水平会带来区域产业结构、劳动力就业结构乃至职业院校的专业结构、课程结构等方面的变化。

本书的调查结果表明，京津冀职业教育一体化发展社会福利、城镇化水平和科技水平等三项因素的阻力强度为3.5—4.0，近于非常大的程度，说明京津冀三地在社会福利、城镇化水平和科技水平方面存在较大的差异，需要通过实施京津冀协同发展战略逐步解决；就业环境和人口状况两项因素的阻力强度低于3.5，也达到阻力较大的程度，也需要通过实施京津冀协同发展战略协调解决。

（四）文化维度

文化维度内含价值观念和文化认同两项因素。价值观念（Values）指人们对各种事物和现象价值的认识和评价，含有个人价值观和社会价值观两个层次。个人价值观是从个人利益出发对事物的价值判断，社会价值观是人类在长期共同的生活环境中形成的共同价值观。价值观念同一，能引导人们从集体利益出发，通过协调、沟通与合作降低利益相关者的冲突与矛盾，实现合作共生。价值观念差异较大会阻碍社会发展、资源分配与项目合作。在京津冀职业教育一体化发展过程中，价值观统一会促进职业教育合作，协调各方利益，促进京津冀三地职业教育资源的分享。反之，会阻碍京津冀职业教育一体化发展进程。文化认同（Cultural Identity）是某一群体或个体对文化身份的认同，也指个人受其所属群体或文化的影响对该群体产生的认同感。京津冀三地存在较强的文化认同感会推动京津冀职业教育的一体化发展；反之，则会阻碍京津冀职业教育的一体化发展。

本书的调查结果表明，京津冀职业教育一体化发展价值观念因素的阻力强度达到 3.67，近于非常大的程度，应加强京津冀职业教育一体化发展政策宣传工作，以此强化三地民众认知；文化认同因素的阻力强度为 3.42，达到阻力较大的程度，也需要基于京津冀三地的文化渊源加以强化。

（五）合作主体

合作主体维度内含合作意识、合作方式、合作利益和合作动力等四项因素。合作意识（Cooperation awareness）指京津冀三地各级政府及教育行政部门、各级各类职业教育机构以及行业企业等合作主体的合作意识，反映了相关人员"破除一亩三分地思维"状况。合作意识强会促进京津冀三地职业教育一体化发展，合作意识淡薄则会阻碍京津冀职业教育一体化发展。合作方式（Cooperation method）指京津冀三地职业教育协调发展、合作发展、一体化发展所采用的方法和形式，目前有联合办学、共同招生、合作培养等。合作方式恰当可推进京津冀三地职业教育一体化进程，不断加深合作程度，实现互利共赢，反之，则会阻碍京津冀职业教育一体化发展进程。合作利益（Cooperation benefit）指京津冀三地通过职业教育合作能够获取的直接或间接的经济利益、社会效益，由合作方式、利益分配方法等决定。若合作利益巨大，且能实现共赢，则会推动京津冀职业教育的一体化发展；反之，合作利益有限或分配不均，甚至会损害某一方的利益，则会影响参与主体的合作积极性，阻碍京津冀职业教育的一体化发展。合作动力（Cooperation power）指推动京津冀三地职业教育合作、协调、一体化发展的力量，包括外部动力和内生动力两类。当前，党和国家积极推动京津冀协同发展战略的实施，为京津冀职业教育一体化提供强大的外部动力。但从内部动力看，京津两地部分教育行政部门和职业教育机构对河北省有"施舍"之意，在一定程度上阻碍了京津冀职业教育一体化发展进程。

本调查表明，京津冀职业教育一体化发展合作利益因素的阻力强度为 4.14，达到了非常大的程度，需要在推进京津冀职业教育一体化进程中给予妥善解决，努力实现互利共赢的目标；合作方式和合作动力两项因素的阻力强度为 3.5—4.0，近于非常大的程度，需要学界不断研究各级各类职业教育实施主体的合作方式，强化利益相关者的合作动力；合作意识因素的阻力强度为 3.08，达到阻力较大的程度，也需要不断强化。

（六）合作资源

合作资源维度内含职业教育投入、职业教育设施设备、师资队伍、课程资源和招生制度等五个因素。职业教育投入（Vocational education investment）是指京津冀三地政府及社会各界对职业教育投入的总额，也指职业教育的财政经费投入额度。一般认为，京津冀三地职业教育投入均衡，会促进职业教育一体化发展；反之，会阻碍职业教育一体化进程。职业教育设施设备（Facilities and Equipment in Vocational education）指职业教育机构设施设备的配置情况，有时也表达其使用情况。从区域整体看，职业教育设施设备配备齐全，且能高效应用于职业教育实践，则会促进京津冀职业教育的一体化发展；反之，职业教育设施设备缺失或应用效率不高，都会阻碍京津冀职业教育一体化发展。师资队伍（Teaching staff）指从事职业教育的专任教师和兼职教师队伍建设状况，包括专任和兼职教师的数量和质量两个方面。教师作为职业教育的直接实施者，对职业教育发展的影响较大。由于职业教育的特殊性，仅凭职业院校教师或企业师傅均不能满足培养高质量技术技能人才的要求，需建立一支校企结合的双师型职教师资队伍。京津冀三地职教师资能够实现互补，则会促进京津冀职业教育一体化发展进程。反之，职业教育机构双师型教师仅能够满足自身需求，缺乏合作意愿，则影响京津冀职业教育一体化发展。此外，职业院校师资队伍建设也涉及专业教师的合理流动以及在京津冀三地相互兼任课程的政策问题。课程资源（Course resources）指有利于实现课程目标的各种因素，如环境、知识、教材以及实施教育活动所需要的设施设备等[①]。若京津冀课程资源要素齐全，且相互协调，则能

---

① 楼一峰：《高等职业教育课程资源的开发和利用》，《职业技术教育》2007 年第 1 期，第 54—55 页。

促进职业教育一体化发展；反之，职业教育课程资源存在缺失或各要素之间互相割裂的状态，则会阻碍京津冀职业教育一体化发展。招生制度（Admission System）指京津冀三地各级各类职业院校的招生制度体系，包括面向对象、面向地域、招生方式等。京津冀三地如果能建立统一的招生制度，则会推进职业教育一体化发展。若三地招生制度处于割裂和不公平状态，则会阻碍京津冀职业教育的一体化发展。

本书的调查结果表明，京津冀职业教育一体化发展职业教育招生制度因素的阻力强度为4.00，达到了非常大的程度，说明招生制度因素是制约京津冀职业教育一体化发展的关键要素，应引起三地政府和教育行政部门的高度重视；职业教育投入因素的阻力强度为3.83，近于非常大的程度，说明京津冀三地职业教育投入存在极不平衡现象，应通过完善相关规制妥善解决；职业教育设施设备、师资队伍、课程资源等三项因素的阻力强度为3.0—3.5，阻力也较大，在推进京津冀职业教育一体化进程中应给予高度关注。

四 调查结论

本调查结果表明，当前京津冀职业教育一体化发展共有24项阻力因素。其中，阻力非常大的因素有4项，阻力近于非常大的因素有12项，阻力较大的因素有8项，需要在推进京津冀一体化进程中采取有效措施妥善解决。

（一）阻力非常大因素

京津冀职业教育一体化阻力非常大的因素包括政治维度中的行政管理因素，经济维度中的经济利益因素，合作主体维度中合作利益因素，合作资源维度中的招生制度因素。

政治维度中的行政管理因素严重阻碍了京津冀职业教育一体化发展进程，说明当前各级政府及相关部门缺乏应有的行政效率，对京津冀职业教育一体化的管理及调控明显不够。各级政府及教育行政部门应进一步增强责任意识、规划意识和效率意识，建立和完善京津冀职业教育一体化规划体系和行政推进体系。同时，建立相应的考评制度，激励和调动各级各部门以及各级各类职业教育实施主体参与京津冀职业教育一体化的积极性。

经济维度中的经济利益因素，合作主体维度中合作利益因素阻碍了京津冀职业教育一体化发展进程，说明各级各类职业教育实施主体及相关主体获取的经济利益不尽平衡，未能达到互利共赢的程度。同时，国家利益、集体（如学校、企业等）利益和个人利益也存在不协调现象，直接影响了全社会推动京津冀职业教育一体化发展的积极性。因此，在推进京津冀职业教育一体化进程中，政府应注重发挥市场的作用，建立相关法律规制，使各种合作机制、合作行为朝着互利共赢的方向发展。

合作资源维度中的招生制度因素阻碍了京津冀职业教育一体化发展，说明招生制度改革应纳入京津冀三地政府及教育行政部门的工作重点。目前，京津冀三地各自划定招生区域，且政策不一，特别是高等职业教育和应用型本科教育考试内容、录取比例不一，直接影响了京津冀职业教育一体化进程。同时，也直接影响了京津冀三地的职业教育公平问题。

（二）阻力近于非常大因素

京津冀职业教育一体化阻力近于非常大的因素有12项，分别是政治维度中的法律规制和实施体系因素，经济维度中的经济市场化程度、产业结构和经济发展水平因素，社会维度中的社会福利、城镇化水平和科技水平因素，文化维度中的价值观念因素，合作主体维度中的合作方式、合作动力因素，合作资源维度中的职业教育投入因素。

在政治维度方面，应尽快完善相关法律规制，消除一切阻碍京津冀职业教育一体化发展的行政壁垒和制度障碍。发挥区域人力资源市场（人才市场）配置职业教育资源的决定性作用，促进职业教育资源和职业教育要素的合理流动。进一步完善京津冀职业教育一体化发展实施体系，建立相应的组织领导机构和办事机构，做到人、责、权统一，使京津冀职业教育一体化发展工作做到有人管、有人抓，并确保取得应有的成效。

在经济维度方面，要积极推进京津冀区域市场一体化进程。按照党中央、国务院明确的京津冀三地定位，按照有所为、有所不为的思路，积极推进供给侧结构性改革，加快区域产业结构调整，进而不断提升区域经济发展实力，在持续扩张技术技能人才就业岗位容量的同时，提高职业教育投入。

在社会维度方面,要积极推进京津冀三地社会福利政策的统一,确保接受职业教育人员享受同等待遇;河北省应积极推动新型城镇化进程,不断加大城镇人口比重,通过发展职业教育促进农民向市民的转化。加大京津两地向河北省的科技转移,努力提升区域科技水平,以此增强京津冀三地经济发展、社会进步的内在动力。通过积极发展新业态,增加新岗位,带动京津冀职业教育资源的转移和流动,实现京津冀职业教育一体化发展。

在文化维度方面,各级各类舆论部门应加大对京津冀职业教育一体化的宣传力度,特别是做好京津冀职业教育一体化的好经验、好典型宣传工作,让人民群众产生实实在在的获得感,进而改变广大民众的价值观念,提升对京津冀职业教育一体化重要性的认知,使京津冀职业教育一体化受到全民关注,进而得以全社会推动。

在合作主体方面,应注重京津冀各级各类职业教育机构合作方式的研究,不断丰富合作类型,增强合作动力。不仅要关注京津冀三地职业院校之间的合作,还要注重职业院校与社会培训机构、与行业企业、与科研单位之间的合作。有效汇集京津冀三地有效职业教育资源,按照互利共赢的原则形成全方位合作态势,推动京津冀职业教育一体化发展进程。

在合作资源方面,要特别关注职业教育投入问题。目前,京津冀三地职业教育机构主要由政府投资,社会力量兴办职业教育的力度明显不够。京津冀三地政府应制定相关政策,吸引社会资本融入职业教育。要按照党的十九大要求,积极构建现代职业教育财政制度,在持续实施生均拨款制度基础上,引入成本单元和绩效评价制度,确保政府职业教育投入发挥应有的效益。

(三)阻力较大的因素

京津冀职业教育一体化阻力较大的因素有 8 项,分别是政治维度中的协调机制因素,社会维度中的就业环境和人口状况因素,文化维度中的文化认同因素,合作主体维度中的合作意识因素,合作资源维度中的职业教育设施设备、师资队伍和课程资源因素。要通过制定相应的法律规制,改善就业环境。通过有序疏解北京市人口,解决京津冀部分区域人口过度集中的状况。充分挖掘京畿文化资源,大力弘扬传统文化,强化三地文化认同,增强各级各类职业教育机构的合作意识。加强职业教育设施设备建设,严格落实职业院校教师企业实践制度,不断扩大双师型教师队伍的建设规模。加强职业教育课程资源共同开发及共享工作,不断提升京津冀职业教育发展的现代化水平,强化三地各级各类职业教育机构的信息沟通,为京津冀职业教育一体化发展奠定坚实的基础。

第二节 京津冀职业教育一体化阻力因素的分析

一 调查与分析方法

在明确京津冀职业教育一体化阻力因素的基础上,采用 DEMATEL(决策试验和评价实验室)分析法[1],确定了各阻力因素之间的因果逻辑关系及其重要程度。该方法通过专家法建立直接影响矩阵,而后得出综合影响矩阵等,计算某阻力因素对其他阻力因素的影响度(Influence Degree,ID)、被影响度(Influenced Degree,IDD)、原因度(Reason Degree,RD)和中心度(Centrality Degree,CD)。其中:影响度表示某阻力因素对其他阻力因素的影响程度,被影响度表示某阻力因素被其他阻力因素影响的程度,原因度体现某阻力因素与其他因素的因果逻辑关系,中心度用以描述某阻力因素在整个因素系统中的重要程度。按 Teng 的研究结果,将参与决策的专家数量控制在 5—15 人。[2]

二 调查与分析过程

(一)调查过程

京津冀职业教育一体化各阻力因素之间的逻辑关系及相互影响程度的调查过程与前述影响因素的调查过程一致,调研单位仍选择京津冀职业教育一体化发展相关课题研究的六个机构。北京市调研单位分别为北

---

[1] Shinichiro, H., Yujiro, S., "Designing methods of human interface for supervisory control systems", *Control Engineering practice*, No. 7, 1997, pp. 1413 – 1419.

[2] Teng J. Y., *Project evaluation: Methods and applications*, National Taiwan Ocean University, 2002, p. 116.

京师范大学、北京市教育科学研究院；天津市调研单位分别为天津大学、天津市职业教育中心；河北省调研单位分别为河北科技师范学院、河北省职业教育研究所。每个调研单位确定两名专家（共12名），各位专家的调研结果彼此间互不沟通。而后，课题组将《京津冀职业教育一体化阻力因素相互影响程度调查问卷》呈送12名专家，由专家依据自身认知状况实施独立判定，填写各阻力因素之间的相互影响程度。最后，课题组收集调查问卷并汇总调查结果，最终获取了京津冀职业教育一体化阻力因素的相互影响程度，供统计分析使用。

（二）分析过程

1. 建立京津冀职业教育一体化阻力因素的直接影响矩阵

建立京津冀职业教育一体化阻力因素直接影响矩阵表。设定建立京津冀职业教育一体化阻力因素直接影响矩阵表。设定 X_{ij}（$i=1,\cdots,n$，$j=1,\cdots,n$，$i\neq j$）为各阻力因素之间的相互影响程度，若 $i=j$，则 $X_{ij}=0$。而后，将矩阵表转换为调查问卷，由12名专家判定各阻力因素之间的相互影响程度（X_{ij}）。影响程度由弱到强分别取值为 0~3，0 为 i 因素（a_i）对 j 因素（a_j）没有影响，1 为 i 因素（a_i）对 j 因素（a_j）的影响程度一般，2 为 i 因素（a_i）对 j 因素（a_j）的影响程度较大，3 为 i 因素（a_i）对 j 因素（a_j）影响程度极大。收集调查问卷后，统计 X_{ij} 出现的频次，遵循少数服从多数原则，将 X_{ij} 出现最高的频次确定为 i 因素对 j 因素的影响程度，最终得到完整的直接影响矩阵 X。

2. 建立一体化各阻力因素的标准化矩阵和综合影响矩阵

对直接影响矩阵 X 的行元素进行求和，除以最大的行和，得到京津冀职业教育一体化阻力因素标准化矩阵 G。计算公式为：

$$G = \frac{1}{\max\limits_{1\leq i\leq n}\sum\limits_{j=1}^{n}A_{ij}} X$$

运用公式 $T = G_1 + G_2 + \cdots + G_n = G(I-G)^{-1}$，建立京津冀职业教育一体化阻力因素综合影响矩阵 T（其中：I 为单位阵），用于比较和描述各阻力因素的综合影响指数。具体如表 11-2 所示。

表 11—2　京津冀职业教育一体化阻力因素综合影响矩阵

因素	a_1	a_2	a_3	a_4	a_5	a_6	a_7	a_8	a_9	a_{10}	a_{11}	a_{12}	a_{13}	a_{14}	a_{15}	a_{16}	a_{17}	a_{18}	a_{19}	a_{20}	a_{21}	a_{22}	a_{23}	a_{24}
a_1	0.21	0.28	0.25	0.18	0.26	0.17	0.20	0.22	0.19	0.14	0.16	0.16	0.20	0.19	0.26	0.26	0.23	0.20	0.19	0.23	0.18	0.19	0.15	0.18
a_2	0.26	0.20	0.24	0.17	0.20	0.16	0.18	0.21	0.17	0.13	0.15	0.15	0.17	0.18	0.24	0.24	0.21	0.17	0.17	0.22	0.17	0.18	0.16	0.16
a_3	0.26	0.26	0.18	0.17	0.22	0.16	0.18	0.19	0.20	0.13	0.15	0.17	0.17	0.16	0.22	0.22	0.21	0.17	0.15	0.22	0.21	0.19	0.15	0.21
a_4	0.25	0.26	0.24	0.12	0.20	0.15	0.18	0.18	0.19	0.13	0.16	0.16	0.16	0.15	0.24	0.25	0.19	0.16	0.17	0.19	0.16	0.16	0.14	0.16
a_5	0.27	0.27	0.21	0.16	0.19	0.19	0.23	0.24	0.20	0.16	0.15	0.18	0.20	0.16	0.23	0.25	0.22	0.17	0.16	0.22	0.17	0.17	0.15	0.17
a_6	0.19	0.20	0.18	0.14	0.18	0.13	0.21	0.18	0.18	0.15	0.14	0.14	0.18	0.14	0.18	0.22	0.19	0.15	0.14	0.18	0.15	0.15	0.13	0.17
a_7	0.20	0.20	0.20	0.14	0.21	0.17	0.15	0.18	0.18	0.15	0.13	0.15	0.18	0.14	0.18	0.22	0.20	0.17	0.14	0.18	0.15	0.15	0.13	0.15
a_8	0.21	0.24	0.20	0.15	0.25	0.20	0.23	0.17	0.16	0.16	0.10	0.17	0.18	0.15	0.22	0.24	0.19	0.17	0.15	0.22	0.19	0.16	0.14	0.17
a_9	0.22	0.23	0.21	0.16	0.19	0.17	0.17	0.20	0.14	0.13	0.14	0.14	0.16	0.17	0.21	0.23	0.18	0.16	0.14	0.21	0.18	0.18	0.14	0.18
a_{10}	0.18	0.18	0.17	0.15	0.19	0.16	0.18	0.18	0.19	0.10	0.13	0.15	0.17	0.13	0.17	0.19	0.16	0.14	0.13	0.17	0.14	0.14	0.12	0.14
a_{11}	0.18	0.18	0.16	0.12	0.17	0.16	0.17	0.18	0.19	0.11	0.10	0.14	0.16	0.13	0.16	0.20	0.16	0.14	0.13	0.16	0.14	0.13	0.12	0.14
a_{12}	0.21	0.22	0.19	0.14	0.19	0.16	0.17	0.21	0.16	0.12	0.16	0.11	0.15	0.14	0.18	0.22	0.19	0.15	0.14	0.20	0.17	0.15	0.13	0.15
a_{13}	0.20	0.18	0.16	0.13	0.20	0.13	0.17	0.18	0.15	0.12	0.14	0.12	0.12	0.13	0.16	0.20	0.16	0.14	0.13	0.18	0.16	0.14	0.12	0.16
a_{14}	0.23	0.26	0.19	0.15	0.21	0.17	0.18	0.18	0.19	0.13	0.14	0.14	0.16	0.13	0.24	0.26	0.23	0.19	0.17	0.21	0.16	0.16	0.14	0.16
a_{15}	0.22	0.25	0.21	0.14	0.20	0.15	0.19	0.17	0.18	0.13	0.14	0.14	0.15	0.17	0.17	0.25	0.18	0.20	0.14	0.18	0.15	0.15	0.13	0.15
a_{16}	0.24	0.24	0.20	0.14	0.23	0.15	0.19	0.17	0.16	0.13	0.13	0.14	0.15	0.14	0.21	0.18	0.20	0.15	0.14	0.20	0.15	0.15	0.13	0.15

第十一章 京津冀职业教育一体化的阻力分析 ◇ 277

续表

因素	a_1	a_2	a_3	a_4	a_5	a_6	a_7	a_8	a_9	a_{10}	a_{11}	a_{12}	a_{13}	a_{14}	a_{15}	a_{16}	a_{17}	a_{18}	a_{19}	a_{20}	a_{21}	a_{22}	a_{23}	a_{24}
a_{17}	0.23	0.24	0.21	0.15	0.24	0.16	0.20	0.20	0.17	0.13	0.14	0.14	0.16	0.15	0.22	0.26	0.17	0.21	0.17	0.21	0.16	0.16	0.14	0.16
a_{18}	0.23	0.21	0.19	0.14	0.21	0.15	0.17	0.17	0.16	0.15	0.14	0.14	0.16	0.19	0.23	0.25	0.22	0.14	0.19	0.18	0.15	0.15	0.13	0.15
a_{19}	0.22	0.18	0.16	0.12	0.17	0.13	0.17	0.15	0.14	0.09	0.12	0.12	0.14	0.13	0.16	0.18	0.20	0.18	0.11	0.16	0.13	0.13	0.14	0.13
a_{20}	0.26	0.29	0.26	0.19	0.25	0.18	0.22	0.23	0.19	0.15	0.18	0.16	0.21	0.19	0.24	0.26	0.23	0.18	0.17	0.20	0.23	0.22	0.16	0.23
a_{21}	0.17	0.17	0.16	0.12	0.18	0.13	0.14	0.15	0.14	0.11	0.12	0.12	0.16	0.12	0.16	0.17	0.15	0.13	0.12	0.20	0.11	0.15	0.11	0.15
a_{22}	0.21	0.22	0.20	0.14	0.18	0.14	0.16	0.19	0.16	0.10	0.13	0.11	0.17	0.14	0.18	0.22	0.19	0.15	0.14	0.22	0.17	0.13	0.17	0.17
a_{23}	0.18	0.18	0.19	0.13	0.17	0.13	0.15	0.16	0.15	0.12	0.13	0.11	0.17	0.19	0.17	0.21	0.16	0.14	0.13	0.21	0.16	0.18	0.10	0.17
a_{24}	0.16	0.16	0.17	0.11	0.15	0.12	0.13	0.14	0.15	0.10	0.11	0.11	0.12	0.12	0.15	0.16	0.14	0.14	0.11	0.14	0.12	0.12	0.13	0.10

3. 确定京津冀职业教育一体化阻力因素的综合影响指数

依据矩阵 T 求得各阻力因素对应的综合影响指数。其中：某阻力因素的影响度（ID）为对应矩阵 T 中该因素的行和，表示该因素对其他所有因素的综合影响程度；某阻力因素的被影响度（IDD）为对应矩阵 T 中该因素的列和，表示该因素对其他所有阻力因素的综合被影响程度；原因度（RD）为某阻力因素的影响度和被影响度之差，表示该因素对其他因素施加影响的程度。若某阻力因素的原因度值大于零，则判定其为"原因因素"；若原因度值小于零，则判定其为"结果因素"；中心度（CD）为某阻力因素的影响度和被影响度之和，用以表示该因素在整个系统中的重要性。中心度越大，表明该因素与其他因素的关系越密切。经计算获取的京津冀职业教育一体化各个阻力因素的影响指数如表11—3所示。

表11—3　京津冀职业教育一体化各阻力因素的影响指数分析

维度	阻力因素	影响度	被影响度	原因度	中心度
政治	协调机制	4.85	5.21	−0.36	10.05
	实施体系	4.50	5.26	−0.76	9.76
	行政管理	4.55	4.75	−0.20	9.30
	法律规制	4.35	3.45	0.90	7.80
经济	经济利益	4.72	4.89	−0.17	9.61
	产业结构	4.07	3.71	0.36	7.78
	经济市场化程度	4.09	4.34	−0.26	8.43
	经济发展水平	4.54	4.44	0.10	8.98
社会	就业环境	4.23	4.13	0.10	8.36
	人口状况	3.76	3.09	0.67	6.84
	城镇化水平	3.62	3.38	0.24	7.00
	社会福利	4.02	3.39	0.62	7.41
	科技水平	3.65	3.95	−0.30	7.60
文化	价值观念	4.21	3.88	0.33	8.10
	文化认同	3.56	3.53	0.03	7.09

续表

维度	阻力因素	影响度	被影响度	原因度	中心度
合作主体	合作意识	4.36	3.58	0.79	7.94
	合作方式	4.14	4.77	-0.63	8.91
	合作利益	4.08	5.33	-1.26	9.41
	合作动力	4.39	4.56	-0.18	8.95
合作资源	职业教育投入	5.09	4.68	0.42	9.77
	设施设备	3.42	3.86	-0.45	7.28
	师资队伍	4.00	3.78	0.22	7.78
	课程资源	3.74	3.27	0.46	7.01
	招生制度	3.17	3.86	-0.69	7.03

三 调查与分析结果

(一) 影响度分析

由表11—3可见，京津冀职业教育一体化各项阻力因素对其他阻力因素的影响程度不一。其中：职业教育投入对其他阻力因素的影响度超过5.0，协调机制、经济利益、行政管理、经济发展水平、实施体系等五项因素对其他阻力因素的影响度等于或超过4.5、低于5.0；合作动力、合作意识、法律规制、就业环境、价值观念、合作方式、经济市场化程度、合作利益、产业结构、社会福利、师资队伍等11项因素对其他阻力因素的影响度等于或超过4.0、低于4.5；人口状况、课程资源、科技水平、城镇化水平、文化认同等五项因素对其他阻力因素的影响度超过3.5、低于4.0；设施设备、招生制度等两项因素对其他阻力因素的影响度超过3.0、低于3.5。

(二) 被影响度分析

京津冀职业教育一体化各阻力因素被其他因素影响的程度也存在较大差异。其中：合作利益、实施体系、协调机制等3项因素的被影响度等于或高于5.0、低于5.5；经济利益、合作方式、行政管理、职业教育投入、合作动力等五项因素的被影响度高于4.5、低于5.0；经济发展水平、经济市场化程度、就业环境、产业结构4项因素的被影响度高于

4.0、低于4.5；科技水平、价值观念、设施设备、招生制度、师资队伍、合作意识、文化认同7项因素的被影响度超过3.5、低于4.0；法律规制、社会福利、城镇化水平、课程资源、人口状况5项因素的被影响度高于3.0、低于3.5。

（三）原因度分析

在京津冀职业教育一体化发展24项阻力因素中，有13项阻力因素的原因度大于0，可确定为"原因因素"。其中：法律规制的原因度最大；其次为合作意识；再次为人口状况和社会福利，原因度均在0.5以上；职业教育投入、课程资源、产业结构、价值观念、城镇化水平、师资队伍、经济发展水平、就业环境、文化认同9项阻力因素的原因度均在0.5以下、0.1以上，文化认同的原因度仅为0.03。有11项阻力因素的原因度小于0，可确定为"结果因素"。其中：合作利益的原因度最低，仅为−1.26；其次为实施体系、招生制度、合作方式3项阻力因素，原因度均小于−0.5、大于−1.0；设施设备、协调机制、科技水平、经济市场化程度、行政管理、济利益7项阻力因素的原因度均大于−0.5、小于0.0。

（四）中心度分析

在京津冀职业教育一体化发展24项阻力因素中，协调机制因素的中心度最大，达到10.05；其次为职业教育投入、实施体系、经济利益、合作利益、行政管理5项因素，中心度均大于8.0、低于9.0；再次为经济发展水平、合作动力、合作方式、市场化程度、就业环境、价值观念6项因素，中心度均大于7.0、低于8.0；而后为合作意识、法律规制、产业结构、师资队伍、科技水平、社会福利、设施设备、文化认同、招生制度、课程资源、城镇化水平11项因素，中心度均大于7.0、小于8.0；人口状况因素的中心度仅为6.84。

四 调查与分析结论

依据影响度分析结果可知，职业教育投入对其他阻力因素的影响度最大，直接影响了其他阻力因素的化解。目前，京津冀三地职业教育生均经费存在着明显的不平衡不充分问题，直接影响了职业教育一体化进程。同时，协调机制、经济利益、行政管理、经济发展水平、实施体系5

项因素对其他因素的影响度较大，应作为推进京津冀职业教育一体化的工作重点，在化解自身阻力的同时缓解其他因素的阻力。此外，合作动力、合作意识、合作方式以及法律规制、就业环境等阻力因素也亟待化解。

依据被影响度分析结果可知，合作利益、实施体系、协调机制3项阻力因素的被影响度较大，说明在实施京津冀职业教育一体化发展进程中，要高度重视三地职业教育机构合作利益共享问题，以此调动各合作主体的积极性。在此基础上，通过相关工作，构建京津冀职业教育一体化实施体系和协调机制，将一体化各项工作落到实处。此外，经济利益、合作方式、行政管理、职业教育投入、合作动力等阻力因素的被影响度也较高，说明这些因素也为其他因素影响所致。在推进京津冀职业教育一体化实践中，需要追本溯源，从根本上化解上述因素的阻力，激发各级各类职业教育主体的合作动力。

依据原因度分析结果可知，有13项因素是阻碍京津冀职业教育一体化的原因因素。其中，法律规制的原因度最大，亟待加强有关方面工作。合作意识的原因度次之，说明京津冀各级政府教育主管部门、职业教育机构对职业教育一体化重要性的认识尚待提升，合作意识尚待加强。此外，人口状况、社会福利的原因度也较高，应按照党的十九大要求，以疏解北京非首都功能为"牛鼻子"，做好部分职业教育机构外迁工作，确保如期实现北京市人口控制目标。要加强京津冀三地社会福利政策的统一，保障外迁人口各项社会福利待遇不会降低。高度重视职业教育投入，加强课程资源、产业结构、价值观念、城镇化水平、师资队伍、经济发展水平、就业环境、文化认同等阻力因素的治理，以此带动其他阻力因素的化解。

依据中心度分析结果可知，协调机制阻力因素的中心度最大，说明该因素严重阻碍了京津冀职业教育一体化进程，应引起京津冀各级政府教育行政部门的高度重视。职业教育投入、实施体系、经济利益、合作利益、行政管理等五项阻力因素中心度次之，应作为推动京津冀职业教育一体化发展的工作重点。此外，经济发展水平、合作动力、合作方式、市场化程度、就业环境、价值观念6项因素也具有较高的中心度，京津冀三地政府教育行政部门、职业教育机构应想方设法弱化其阻力效应，扩大其正向功能。

第三节　京津冀职业教育一体化动力机制的构建

一　构建原则

（一）全要素原则

机制是系统内各个要素之间相互作用的过程和方式，动力机制是推动系统运动以及维持和改善动力作用和机理的各种关系和制度，决定着系统运动的策略和路径。职业教育发展动力机制包括显性机制和隐性机制两种类型，前者体现于社会环境系统之中，后者则发生于职业教育系统内部[①]。动力是阻力的反向力，构建动力机制是确保职业教育系统能够克服阻力，实现正常运行的必然要求。借鉴20世纪50年代索洛（Robert Merton Solow）提出的全要素生产率理论，构建京津冀职业教育一体化发展的动力机制，必须在明确阻力因素的基础上，清晰阻力因素之间的内在逻辑关系，确定原因因素，明确阻碍系统运行与发展主要矛盾，进而采取有效措施及时解决。

（二）全方位原则

现代职业教育参与主体众多，与经济社会发展具有互动关系。京津冀职业教育一体化发展是京津冀协同发展的重要基础和应有之义。然而，由于长期的分割治理模式以及思想观念、利益分配等因素的影响，京津冀职业教育一体化遇到了来自各个方面的阻力。因此，必须构建相应的动力机制予以推动。职业教育参与主体的多元性决定了动力来源的合成性，必须全方位调动社会各个方面的力量。职业教育运行时空的广泛性决定了动力作用的全面性，必能全方位克服职业教育一体化进程中遇到的各种阻力因素。职业教育发展的动态性决定了动力机制的生成性，必须全方位保障京津冀职业教育一体化的实施环境，确保京津冀职业教育

---

① 韩浩、蔡东伟：《论高职教育创新的动力机制》，《中国成人教育》2009年第13期，第88—89页。

一体化动力始终大于阻力。

二 构建内容

(一) 政治推动机制

本书研究结果表明,政治因素中的协调机制、实施体系、行政管理、法律规制是京津冀职业教育一体化的阻力因素。其中:行政管理的阻力强度最大,法律规制、实施体系次之,再次是协调机制。法律规制的原因度较大,对协调机制、实施体系、行政管理等三个因素发挥着主导作用。协调机制的影响度、中心度最大,对推动京津冀职业教育一体化发展至关重要。行政管理的影响度、实施体系的中心度均位居第二,需要通过建立健全法律规制,强化协调机制与实施体系加强行政管理工作。目前,京津冀职业教育一体化发展尚处于起步阶段,需要建立配套的法律规制保障和政策措施。建议国家教育行政部门协调京津冀三地教育行政部门,尽快制定京津冀职业教育一体化发展总体规划及年度计划,明确主要任务目标和相关部门承担的相应责任,强化实施体系和协调机制建设,保障任务目标的落到实处。要通过签订"府际协议",破除三地部分行政部门领导依旧存在的"一亩三分地思维",彻底消除制度障碍和行政壁垒。"府际协议"包括三地政府之间的协议,也包括上下级政府之间的协议(或称为责任状),以政治力量推动京津冀职业教育一体化发展取得预期效果。

(二) 经济拉动机制

本书研究结果表明,经济维度中的经济利益、产业结构、经济市场化程度、经济发展水平是京津冀职业教育一体化发展的阻力因素。其中:经济利益的阻力强度最大,经济市场化程度次之,再次是经济发展水平和产业结构(阻力强度均为3.67)。经济利益的影响度、被影响度和中心度均为最大。可见,唯有妥善解决经济利益,实现"双赢"或"多赢",才能扎实推进京津冀职业教育一体化进程。产业结构和经济发展水平的原因度最大,决定了经济利益和经济市场化程度对京津冀职业教育一体化的影响。经济市场化程度的原因度最低,说明受经济利益、产业结构以及经济发展水平等多方面因素的影响。因此,京津冀三地要按照党中央、国务院有关经济供给侧结构性改革的要求,积极推进产业结构调整工作,促进社会经济的快速发展。唯此,才能有效解决经济市场化问题,实现经济利益的合理分配。目前,京津冀产业结构同质化现象较为突出,市场配置资源的决定性作用发挥不够,三地应按照《京津冀协同发展规划纲要》要求,明确自身发展定位,以经济利益共享推动职业教育一体化发展。

(三) 社会联动机制

本书研究结果表明,社会维度中的就业环境、人口状况、城镇化水平、社会福利、科技水平是京津冀职业教育一体化的阻力因素。其中:社会福利和科技水平的阻力强度最大(均为3.75),城镇化水平次之,再次是就业环境,人口状况的阻力强度最低。因此,实现京津冀职业教育的一体化发展,需要积极推动三地劳动力市场的一体化,实行区域统一的社会保障制度,[①] 解决三地民众社会福利差异较大的问题。牢固树立科学技术是第一生产力的观念,推进京津冀协同创新和技术转移,努力提升区域经济社会的科技水平。就业环境的影响度、被影响度和中心度均为最大,且为原因因素,应作为推进京津冀协同发展的工作重点。人口状况的原因度最高,表明三地存在严重的人口分布不均状况,应按照党中央、国务院的要求,积极疏解北京市非首都功能,促进首都人口的向外流动。河北省应加快城镇体系建设,提升城镇化水平,以此改善人口状况,实现与京津两市功能的有效对接。

(四) 合作行动机制

有研究表明,京津冀职业教育一体化发展涉及政府、学校、企业、行业、协会等多个利益主体,目前各主体缺乏互动意愿,没有形成多赢合作模式,阻碍了京津冀职业教育一体化发展进程[②]。本研究结果表明,合作主体维度中的合作意识、合作方式、合作利益、合作动力是京津冀职业教育一体化的阻力因素。其中:合作利益的阻力强度最大,合作动

[①] 周波、张文玲、张国栋等:《京津冀社会保障区域一体化研究》,《知识经济》2017年第24期,第23页。

[②] 张喜才、房风文:《参与主体视角下京津冀高等职业教育协同发展分析》,《教育与职业》2017年第2期,第21—25页。

力次之，再次是合作方式，合作意识的阻力强度最低。合作利益的被影响度、中心度均为最大，说明是推进京津冀职业教育一体化需要解决的首要问题；合作动力的影响度最高，说明该因素是合作主体采取合作行动的基础。在4项阻力因素中，合作意识是唯一的原因因素，直接决定了合作方式、合作利益和合作动力问题，应作为京津冀职业教育一体化行动基础。因此，推进京津冀职业教育一体化发展首先要解决思想认识问题，引导相关利益者增强合作动力，平衡合作利益，创新合作方式。

（五）文化带动机制

文化作为一种软实力，是京津冀职业教育一体化发展的纽带与基础。有研究表明，文化差异会造成区域职业教育课程体系、专业方向、人才培养目标等方面的不同[①]。京畿文化是京津冀区域文化的共同根脉，对华夏文明的兴盛也做出了巨大的贡献。然而，由于长期以来京津冀三地的区域分割治理，京畿文化逐渐丧失了区域文化的主导性，京津冀渐成"三足鼎立"之势（王宝林，2014）[②]，制约了京津冀职业教育一体化发展进程。本研究结果表明，价值观念、文化认同是阻碍京津冀职业教育一体化发展的文化因素。其中：价值观念的阻力强度较大，文化认同次之。价值观念在文化维度中的影响度、被影响度、原因度、中心度均为最高，是决定京津冀职业教育一体化进程的重要因素。因此，要通过顶层设计，引导相关合作主体树立正确的价值观念，加强京津冀三地的文化认同，用文化的力量推动京津冀职业教育一体化发展。

（六）资源流动机制

本研究结果表明，职业教育投入、设施设备、师资队伍、课程资源、招生制度是京津冀职业教育一体化的主要阻力因素。其中：招生制度的阻力强度最大，职业教育投入次之，再次是设施设备、师资队伍，课程资源的阻力强度较小。因此，改革职业教育招生制度是推进京津冀职业教育一体化的关键。目前，京津冀区域已经普及了高中阶段教育，中职

---

① 黄天娥、李冰：《基于文化认同的京津冀职业教育协同发展策略》，《中国职业技术教育》2017年第21期，第17—21页。
② 王宝林：《京津冀文化的历史演变与文化产业协同发展略论》，《河北工业大学学报》（社会科学版）2014年第2期，第13—18页。

学校基本实现了免试入学，招生制度改革的重点应放在高等职业教育方面。建议推行京津冀高职教育统一招生制度，实现三地合作命题、同一试卷、统一录取。在合作资源维度，职业教育投入的影响度、被影响度、中心度均为最高，应将其视为京津冀职业教育一体化发展的主要阻力因素。尽快建立基于人才培养成本的财政生均拨款制度，吸引社会资本融入职业教育，保障技术技能人才培养的资金需求。职业教育投入、师资队伍、课程资源均为原因因素，决定了职业教育设施设备及招生制度改革等问题，应充分发挥市场配置职业教育资源的决定性作用，建立健全京津冀课程资源共建共享体系、设施设备共用体系以及职业教育师资跨校互聘、学生跨校培养等制度，促进各类职业教育资源的自由流动，不断提升使用效率及效益。

第十二章

推进京津冀职业教育一体化的措施

职业教育与区域经济、社会、文化、人文等方面密切相关,推进京津冀职业教育一体化发展,必将造福于三地广大人民群众,促进区域经济社会的振兴。刘爱玲等研究认为,京津冀职业教育协同发展经历了"启动—徘徊—沉寂—重提—蹒跚—倒逼而催生复兴"的复杂演进过程。① 侯兴蜀研究认为,京津冀协同发展实现良好开局,京津冀职业教育协同发展开始进入活跃状态,有空间可为,有动力可驱,应把握好阶段性、流动性和协同性等特征,协商制定推动京津冀职业教育一体化发展的各项政策和措施。② 本书认为,实现京津冀职业教育一体化战略目标,应高度重视地方政府及教育行政主管部门的作用,强化市场机制,明确实施路径,健全保障机制。

第一节 京津冀职业教育一体化政府角色的定位

政府角色也称政府的功能模式,指政府的权力界限、功能范围以及行为方式方法等。③ 从表面看,京津冀职业教育一体化发展是三个行政区域职业教育机构的合作互动或融合的过程,做到你中有我、我中有你,

---

① 刘爱玲、薛二勇:《京津冀职业教育协同发展的政策研究》,《北京师范大学学报》(社会科学版) 2017 年第 2 期,第 21—29 页。
② 侯兴蜀:《京津冀职业教育协同发展政策研究》,《中国职业技术教育》2016 年第 36 期,第 17—24 页。
③ 吴文国:《宪政视野下的政府角色定位研究》,《辽宁行政学院学报》2008 年第 12 期,第 40—42 页。

实质为三地政治协同的产物。推进京津冀职业教育一体化应依据相关政治哲学原理，清晰各级政府的角色定位，形成中央政府、省市政府、地市政府（包括京津两市所辖区、县，河北省所辖各市）、县乡政府的多层面协作与协同。

一 中央政府层面

中央政府在倡导、组织、运作区域职业教育一体化发展中具有指导和引领作用。与"长三角"、"珠三角"区域相比，京津冀职业教育一体化发展面临的主要问题是地方行政性壁垒和制度性障碍，三地彼此割裂，资源流通较差，未能从根本上破除"一亩三分地"思维。因此，建议国家教育行政部门按照 2015 年 5 月李克强总理有关"简政放权、创新管理"的要求，合理分配职业教育管理事权，分级确定京津冀各级政府推进职业教育一体化发展的权利和责任。按照习近平总书记提出的讲辩证法、讲两点论，"看不见的手"和"看得见的手"都要用好的要求，注重发挥市场对资源配置的决定性作用，该由市场调节的一定要留给市场。国家教育行政部门应引导各级政府教育行政部门主动退出相关管理领域，将办学权力还给职业教育机构，为京津冀职业教育一体化发展提供广阔的空间。在此基础上，遵循马克思主义政治哲学、社群主义政治哲学理念，建立京津冀职业教育一体化发展领导机构和组织协调机构，充分协商、科学制定区域职业教育一体化发展总体规划，加强三地职业教育一体化的统筹，从顶层设计角度谋划京津冀职业教育一体化推进策略。更好地平衡京津冀三地利益，推进职业教育公平。同时，建议中央政府协调京津冀地方政府建立职业教育一体化发展的政策体系和法律体系，依此规范职业教育一体化发展行为。有关机构应深入研究府际协议失约问题，提出系列解决措施，为京津冀职业教育一体化发展提供法律规制保障。

二 省市政府层面

在我国现有行政管理体系中，省级政府为最高层地方政府，在国家政治生活中处于极为重要的地位。区域内省级政府合作的目的就是要通过行政力量扫除行政壁垒，促进区域职业教育资源依据市场规则合理流动，实现区域内职业教育资源的有效配置。[①] 京津冀职业教育一体化发展除需要中央政府的宏观引领外，还需要三地省级（含北京市、天津市）政府精准定位角色，遵从局部利益服从整体利益的原则，对职业教育弱势地区、弱势学校和弱势人群实施"优先扶持"。

北京市拥有全国1/2的两院院士、1/3的国家重点实验室和1/4的全国重点高校，又有大批央企、知名民企、外企等，高端产业发达，理应在京津冀职业教育一体化发展过程中发挥主体作用。建议北京市政府充分发挥政府规划的引导作用、政策的激励作用和市场的调控作用，鼓励现有职业教育机构外迁。天津作为直辖市和全国职业教育改革示范区，也拥有明显的职业教育资源优势，是京津冀职业教育梯度发展的中间层，应在承接北京市职业教育资源外溢的同时，助力河北省职业教育发展。主动承担组织和引领京津冀三地一体化发展的职责，不断探索京津冀职业教育一体化发展的新路径、新模式，再造区域职业教育发展的新优势。与京津两地比较，河北省职业教育资源明显处于"低谷地带"。建议河北省依据自身经济社会发展需求，通过在环京津区域建立职业教育园区等途径，主动承接京津两市职业教育的辐射功能和职业资源的溢出效应，努力打造河北省职业教育发展新的增长极。

三 地市政府层面

京津冀地市政府在职业教育一体化中承担具体落实的责任，应认真贯彻上级政府关于京津冀职业教育一体化的各项政策措施，服从服务于京津冀职业教育一体化发展大局。要通过聚集当地职业教育资源、引导行业企业参与等具体措施，提升自身在京津冀职业教育一体化进程中的承载功能。在价值观层面，应汲取社群主义和善观点，克服短期的功利主义，追求共同发展的长远利益，不仅在本行政区域内强调集体权利优先原则，还要依赖于外部的团结协作。

[①] 肖鸣：《省级政府间合作：实现中部崛起的必然选择——基于竞合博弈和产业前景的SWOT分析》，《中共合肥市委党校学报》2007年第3期，第45—48页。

当前，北京市正处在落实"四个中心"战略定位、有序疏解非首都功能、加快治理"城市病"的重要时期，必须全力做好人口疏解及职业教育发展转型工作。在京津冀区域内，北京市各区县的职业教育资源最为丰富，甚至在多个区县内（东城区、朝阳区等）出现职业教育资源供过于求、资源闲置的现象。因此，应转变职业教育发展观念，妥善处理好"舍"与"得"的关系，将本区域内积存的职业教育资源主动向天津市及河北省转移。日前，北京市教育委员会、北京市发展改革委员会等5部门联合制定了《北京职业教育改革发展行动计划》，提出服务于京津冀协同发展战略，重点建设10所左右特色鲜明、世界一流的职业院校，高水平建设100所左右国内领先、世界一流的骨干专业，重点建设100个左右的工程师学院和技术技能大师工作室，每年完成职业技术技能培训100万人次以上。天津市各县区产业特色明显，在京津冀职业教育一体化发展中具有"承上启下"的作用，既能帮助北京市"瘦身"，还可辅助河北省缩小与京津两地职业教育发展差距，应主动承担相关方面的职能。河北省各市应出台更加宽松的政策，主动承接京津两市职业教育资源的转移，充分利用丰富的人力资源，实现职业教育规模与质量的协调并进。将京津冀职业教育一体化发展融入经济社会发展的各个领域和各个环节，在对接京津、服务京津中加快补齐自身发展短板，在主动服务京津、接轨京津中实现职业教育的快速发展。

四 县乡政府层面

县乡级政府是我国最基本的行政单元、城市与乡村的接合部，也是中央政府和省市政府相关决策的具体执行者和行动者，在京津冀一体化发展过程中扮演着不可或缺的角色。中央和省市政府层面所提出的京津冀职业教育一体化发展政策往往是整体的、抽象的，不可能对县乡政府职业教育的具体合作事务做出明确规定和详细安排。随着国家新型城镇化战略、乡村振兴战略和京津冀协同发展战略的实施，农村职业教育必将成为京津冀职业教育一体化发展的切入点，应全面发挥其在京津冀职业教育一体化进程中的重大作用。

县乡政府应从功利主义政治哲学中整体利益最大化的角度出发，根据本行政区域内职业教育资源的现实状况以及包括农民在内的全体劳动者和潜在劳动者的职业教育需求,结合长期以来形成的区域优势产业,制定与京津冀职业教育一体化发展目标相配套的职业教育发展规划,凸显本地职业教育资源禀赋特征,主动内引外联,促进一批优秀职业教育机构的形成。在此基础上,县乡政府还应立足于基层,充分发动民间力量,调动广大民众参与职业教育的积极性和主动性。动员各级各类社会组织、当地优秀企业参与到京津冀职业教育一体化发展中来,以一流的职业教育资源集聚职业教育生源,培养符合京津冀区域发展水平的高质量技术技能人才。同时,通过京津冀职业教育一体化发展改善民生,扩大当地民众的就业空间,使职业教育发展获取最大的经济效益和社会效益。

第二节 京津冀职业教育一体化市场机制的作用

推进京津冀职业教育一体化发展进程,必须充分发挥市场在职业教育资源配置中的决定性作用,利用市场机制提高三地职业教育资源的配置效率与效益。京津冀协同发展将引发区域人力资源市场发生变化,京津冀各级政府及教育行政部门、职业教育机构应充分运用市场调节机制这只"看不见的手",让市场成为连接行业、企业、职业院校和社会力量之间的纽带,引导三地职业院校从"零和博弈"转向"正和博弈",同时也满足区域人力资源市场技术技能人才的需求。

一 市场竞争机制

职业教育市场竞争指职业教育组织(机构)之间为实现自身利益和占有更多的市场份额而进行的竞争,表现为职业教育市场参与者之间的内在动力、外在压力持续不断地较量过程。职业教育市场竞争机制指职业教育组织(机构)之间在竞争过程中形成的关联和制约关系,通过组织内部构成要素可进行适当调节,进而实现职业教育组织(机构)生存和发展的机能。

职业教育市场竞争机制是职业教育组织实现可持续发展的重要动能

之一，在推进京津冀职业教育一体化发展中发挥着重要作用。建立京津冀区域市场竞争机制，能够让三地所有职业教育机构都能跨区域参与到市场竞争中来，以优质职业教育服务作为取胜标准，能够不断提升职业教育质量。各级政府应引导各级各类职业教育机构之间达成竞争与合作并存的关系，提升各级各类职业教育机构的整体服务水平和教育质量。要通过实施产权制度改革，建立健全内部运转机制等措施，引导京津冀职业教育机构尽快建立责权利相统一的法人治理结构，挖掘职业教育组织内部潜力，建立适应市场竞争的职业教育组织运行方式，提高职业教育资源利用的效率和效益。通过有序的市场竞争，实现职业教育机构的"优胜劣汰"，促使职业教育资源能够按照市场的规则重新配置，发挥出最大效能。同时，倒逼职业教育机构实施相应的改革与发展措施，不断提升运行效率，促进职业教育资源的合理流动，打造京津冀区域职业教育品牌。

二 共同市场机制

共同市场的概念最初应用于国家与国家之间，主要是指两个或两个以上国家通过达成某种协议，实现共同市场目标，实行共同市场运作。在此基础上，共同市场内各成员国经济政策协调，关税壁垒消失，商品及各类经济资源实现自由流动。共同市场成员国对非成员国则实行统一关税制度等统一政策，限制相关资源和产品流入。因此，共同市场内部各成员国会自然形成一种相互协调的运作机制等，保护共同市场利益。

京津冀职业教育共同市场机制基于三地对职业教育一体化发展规划和目标的共同认知形成，是京津冀职业教育引入市场机制的基础，也是服务于京津冀区域广大民众、行业企业的职业教育共同市场、人力资源市场的集成。共同市场调节机制要求京津冀职业教育一体化发展的出发点是满足职业教育市场、人力资源市场的"需求"，以满足需求优化"供给"。建立京津冀职业教育共同市场，可迅速打破长期以来京津冀三地之间形成的行政壁垒和制度性障碍，实现职业教育资源、职业教育接受者以及职业教育毕业生、结业生的自由流动。共同市场机制可将京津冀三地所有职业教育机构联系在一起，使区域职业院校合理布局，职业教育专业合理设置，职业教育层次结构合理安排，提升职业教育资源利用率，培养符合京津冀区域产业特点的技术技能人才。同时，建立职业教育共同市场机制，需要健全京津冀三地共同认可的职业教育机构自律机制，以此规范办学行为，提高职业教育机构综合服务能力。

三　资源整合机制

资源整合机制是基于系统论的思维方式，通过组织和协调将彼此相关但却彼此分离，以及参与共同的使命又拥有独立经济利益的合作伙伴整合为一个服务系统，取得 1+1 大于 2 的效果。资源整合需要通过市场方式或行政手段对区域内闲置资源或未得到最优配置的资源进行挖掘、合并、转移、重组，实现资源二次配置，使各类资源带来更大的经济效益和社会效益，促进区域经济社会的快速发展。职业教育资源整合可在区域内部和组织内部进行，也可在更大的区域和职业教育组织外部实施。京津冀职业教育资源整合机制是职业教育一体化的重要内容，通过三地政府行政调控和市场机制调节，可以使区域内有限的职业教育资源实现重组，进而提升职业教育资源的利用效率和使用效益。实现这一目标，需要京津冀秉承开放包容的发展理念，在更大区域合理有效地配置职业教育资源。

建立京津冀职业教育资源整合机制需要建立统一的社会保障政策和职业教育发展激励政策，为职业教育资源跨区域流动创造更为宽松的社会环境。职业教育资源包括教师资源、课程资源和设施设备资源等，这些资源不仅存在于专门的职业教育机构内部，也存在于其他职业教育组织和行业企业之中。对职业教育教师资源，京津冀三地职业教育机构应本着"不求所有，但求所用"的原则，鼓励教师在不同区域职业教育机构之间相互兼职，实行跨区域、跨机构任教。对职业教育课程资源，应建立京津冀统一的职业教育课程体系及课程资源共享库，使京津冀职业教育机构师生均能及时分享优质职业教育课程。对职业教育设施设备资源，应尽力做到共建共享，不仅要实现校际之间的共享，也要实现校企之间的共享。积极推进职业教育 PPP 模式，促使京津冀三地公私部门、各行动主体之间建立持久的合作关系，共同承担职业教育责任和义务，使分散在各领域、各部门、各主体的职业教育资源实现有效聚集。

四 就业服务机制

扩大和促进就业是我国重要国策之一，也是不断提升广大民众收入水平的关键所在。职业教育以服务为宗旨，以就业为导向，加强就业服务工作也是职业教育的一项重要内容，也是以"出口"（就业）带动"进口"（招生）的关键。随着社会的不断进步和经济发展水平的逐步提高，企业等用人单位对应聘人员的要求越来越高，多数企业等用人单位更加看重所聘人才所学专业和技术技能水平。职业院校作为技术技能人才的输出方，必须建立能够反映京津冀共同市场需求的就业服务机制，及时把握就业市场动态，及时调整专业设置及课程内容，不断改进教育教学方法，努力在培养满足京津冀经济社会发展需要、符合就业市场需求的技术技能人才的同时，促进人的可持续发展

事实上，职业院校毕业生就业状况直接关系到学校的生存和发展。目前，京津冀三地职业院校毕业生就业多限制在本行政区域，难以在更大的就业市场选择。究其原因，关键在于三地尚未构建职业院校服务学生就业的统一平台，三地社会福利政策尚未统一，直接制约了京津冀职业院校就业服务一体化格局的形成。同时，职业院校就业服务机制也绝不是某一个区域、某一个学校或是学校某一个部门就能够完成的工作任务，而是就业过程各环节的密切配合、协同运作。因此，京津冀政府相关部门及职业教育机构应根据区域就业市场需求，尽快建设三地统一的就业信息服务平台，利用现代信息手段，为京津冀三地职业教育毕业生就业、创业提供更为有效的指导和服务。建立京津冀就业监督、仲裁机构，及时处理、仲裁职业院校毕业生就业过程中的各种纠纷，保证职业院校毕业生就业市场健康有序发展。加强与区域行业、企业的联系，使京津冀各级各类职业教育机构成为企业继续教育基地、岗位培训基地。建立就业单位与毕业生信息交互机制，努力拓展职业院校毕业生的就业空间。

第三节 京津冀职业教育一体化发展的实现路径

基于职业教育与经济社会的关联特征，可以确定京津冀职业教育一体化发展是一项涉及众多主体的社会系统工程。促进京津冀职业教育一体化发展，需要在明确政府角色、引入市场机制的同时，重点解决京津冀职业教育一体化发展谁来实施、怎样推进、如何保障、如何加快进度以及如何保证效果 5 个方面问题，以此明确京津冀职业教育一体化发展的具体实施路径。

一 明确一体化主体

明确京津冀职业教育一体化主体主要解决"谁来实施京津冀职业教育一体化"的问题。基于一体化关联要素，推进京津冀职业教育一体化的主体应为政府部门、行业企业、职业教育机构、科研机构以及社会组织、民间个人等。就政府主体而言，中央政府应合理分配职业教育各项事务的管理权，引领与督促京津冀三地职业教育机构开展深度合作，实现一体化发展；省级政府应消除制约职业教育一体化的各种政策性障碍和制度性壁垒，促使京津冀职业教育资源能够依据市场规则合理流动；地市政府应认真贯彻中央和省级政府制定的各项政策措施，落实好职业教育一体化发展的具体任务；县乡政府应着重加强本区域内农村职业教育发展，在促进农村劳动力转移、新型职业农民培育以及农民工返乡创业等方面发挥应有的作用，为京津冀职业教育提供生源。同时，提升农民素质，实施乡村振兴战略。就职业教育机构而言，主要包括中职学校、高职学校以及职业培训机构等，应积极推行"管办分离"等具体措施，明确其在京津冀职业教育共同市场中的属性，促其依据市场规律主动寻求三地合作。就行业企业而言，应积极鼓励其采取参与职业教育机构管理、直接投资等方式，参建、改组现有职业教育机构，强化产教融合，提升其职业教育能力；就科研机构而言，应鼓励三地各级各类科研机构依据研究特长，协助相关企业做好产业升级工作，协助职业教育机构做好技术技能人才培养工作。职业教育科研机构应针对京津冀职业教育一体化发展现状开展研究,针对存在问题及时提出促进京津冀职业教育一体化发展的新思路和新方法;充分发动京津冀各级各类社会组织的作用,动员民间力量,主动为京津冀职业教育一体化牵线搭桥。同时,也为职业教育拓展生源,为职业院校毕业生联系就业,不断扩大京津冀职业教育的服务能力和服务水平。

二 完善一体化制度

完善京津冀职业教育一体化发展制度主要解决"怎样推进京津冀职业教育一体化"问题。首先,依据本书的研究结果,要建立健全京津冀职业教育组织协调制度。由中央政府教育行政部门牵头,协调三地政府教育行政部门统一行动,利用行政力量及时解决好市场机制失灵问题,形成京津冀职业教育一体化发展的强大动力。其次,要建立京津冀职业教育资源整合制度。遵循"因地制宜、循序渐进、互惠共赢"的原则,引导各级各类职业教育主体采取适宜的合作方式,在教学资源、信息资源、就业市场等多个方面相互取长补短,实现优化组合。再次,要进一步完善京津冀职业教育一体化激励制度。制定科学合理的职业院校和职业培训机构的绩效考核标准,对在京津冀职业教育一体化发展过程中主动参与且有所作为的职业教育机构、行业企业及社会组织等,加大财政、税收等方面的扶持力度,激励各参与主体的合作意愿及合作行为,增强其参与职业教育一体化发展的动力。最后,要建立京津冀多主体利益平衡制度。京津冀职业教育一体化发展涉及主体众多,纯市场机制难以协调各个参与主体的利益,应构建各参与主体的利益表达机制,为职业教育机构、行业企业等提供公平的竞争环境和合作环境。建议建立区域职业教育一体化发展基金,对处于弱势地位或在职业教育一体化发展过程中做出牺牲的主体实施相应的利益补偿。

三 优化一体化环境

优化京津冀职业教育一体化发展环境主要解决"如何保障京津冀职业教育一体化发展"的问题。长期以来,京津冀三地处于分割治理的状态,在区域利益的驱使下,极易出现"地方保护主义"和"行政权力滥用"等问题。为防止出现类似状况,需要不断优化京津冀一体化发展的外部环境。建议中央政府教育行政部门组织三地教育行政部门对现行地方政府制定的职业教育政策进行梳理,从根本上消除制约区域职业教育一体化发展的制度障碍。按照"有所为、有所不为"的原则,实施简政放权,将政府"管不好"或"不好管"的事情交给市场,发挥市场在配置区域职业教育资源中的决定性作用。建议将区域职业教育合作发展的相关条文列入《职业教育法》,建立法律约束机制和法律惩罚机制,保障京津冀职业教育一体化发展有法可依。对京津冀职业教育一体化发展进程中出现的违法违纪行为,纪检监察部门应及时有效惩治。建立京津冀职业培训一体化发展仲裁机构以及申诉制度、赔偿规定等,及时解决在一体化发展进程中所出现的各种矛盾纠纷。充分利用京津冀的地缘关系,不断提升职业教育一体化效率与效益。鼓励京津冀职业教育主体通过银行信贷、社会融资、信托投资、上市融资等多种方式获取所需发展资金,保证京津冀职业教育一体化发展的速度和质量,不断增强京津冀职业教育发展实力。

四 强化一体化动力

强化京津冀职业教育一体化发展动力主要解决"如何加快京津冀职业教育一体化进度"问题。目前,京津冀职业教育一体化发展进程过缓,需要针对相关阻力因素强化发展动力。首先,要强化京津冀职业教育一体化发展的"动力源"。就企业而言,无论规模大小、盈利多少,均需要一定数量的人力资源作为可持续发展的支撑,对职业教育的需求具有自然属性;就职业院校而言,无论居于那一层次,属于哪一种类型,均需要与企业实施合作,实现产教融合。企业对职业教育的需求与和职业教育的校企合作属性汇合在一起,形成了区域职业教育合作的"动力源"。京津冀三地政府教育部门应积极搭建跨区域校企合作的桥梁,满足职业教育与企业发展的双重需求。其次,要拓展京津冀职业教育一体化的"动力场"。职业教育发展空间存在横向和纵向两个维度,纵向维度要求职业教育适应广大民众终身学习需求,横向维度要求职业教育机构实施校企合作。同时,强调建立区域统一的人力资源市场、职业教育生源市场，凝聚职业教育各方面的力量，形成职业教育一体化发展的动力场（域）；再次，强化京津冀职业教育一体化的"动力能"。京津冀职业教育一体化发展可促进职业教育资源的共享，必将有效地提升职业教育质量，促进经济社会发展，扩大就业，改善民生。反过来，经济社会发展亦会推动职业教育发展，形成职业教育发展的"动力能"；最后，要激荡京津冀职业教育一体化的"动力波"。京津冀职业教育一体化发展将扩大技术传播与应用，使先进技术在更为广阔的地域、领域产生经济效应，让人民群众获得实实在在的收益，进而在不同领域和不同地域产生"动力波"。因此，京津冀相关部门应不断扩大职业教育一体化效应，广泛宣传京津冀职业教育一体化发展效果，让广大民众在潜移默化中提升对区域职业教育一体化的认知，进而形成京津冀职业教育一体化发展的强大氛围。

五 提升一体化效率

提升京津冀职业教育一体化效率主要解决"怎样保证京津冀职业教育一体化的效果"的问题。目前，京津冀职业教育机构多为政府投资、政府管理，职业教育机构自主办学的主动性和积极性仍有较大的提升空间，行业企业以及社会资本难以参与其中，直接制约了职业教育发展规模和服务质量。同时，职业教育资源多为国有资产，职业教育机构自身没有处置权力，相关者对其使用效率和效益关注不够。京津冀各级政府应妥善处理好职业教育公益性与社会资本趋利性之间的矛盾，寻求多元主体合作的利益平衡点，调动社会各界发展职业教育的积极性。积极推行职业教育PPP模式，以此缓解财政支出压力，提升职业教育管理效率，实现职业教育管理现代化的目标。[①] 推动政府管理职业教育机构由传统的纵向行政命令关系转变为政府、职业教育机构、行业企业等多主体的契约关系，使市场调节机制与政府调控机制实现互动耦合，变一方积极性为多方积极性，实现京津冀职业教育治理机制和体制的创新。由于社会

---

① 闫志利、邵会婷、张帅：《职业教育PPP模式：域外经验与我国实践》，《当代职业教育》2016年第7期，第9—14页。

资本更加注重效率,[①] 必然会带来职业教育资源利用效率和效益的提升,进而推动京津冀职业教育一体化发展进程。京津两地民众收入水平相对较高,私营企业、股份制企业等积累了大量的社会资本,引导其进入职业教育领域是不断壮大区域职业教育实力的可行路径。各级政府应将工作重点转移到改善京津冀职业教育一体化环境、提供一体化平台以及实施法律监督等方面,推动区域职业教育机构遵循市场规律,按照帕累托最优目标,主动与行业企业合作。

第四节　京津冀职业教育一体化发展的保障体系

京津冀职业教育一体化发展涉及社会各个方面,仅凭政府教育行政部门和职业院校力量难以实现,必须采取有力措施动员行业企业等社会组织以及广大民众共同参与。京津冀职业教育一体化发展内含政策设计、技术路线设计等诸多复杂过程,需要建立完备的保障体系。基于国内外区域职业教育合作经验和京津冀职业教育发展现状,应重点解决政策制度保障、多元主体参与、推进职业教育组织形态创新以及资源环境协调、均衡职业教育投入5个方面的问题。

一　政策制度保障

国内外先进地区实践证明,区域职业教育一体化发展是区域经济社会协调发展的重要基础,也是政府调控、市场调节综合作用的必然结果。在区域职业教育一体化发展进程中,政府主要通过"有形的手"提供制度保障,引导、规范、调整各级各类职业教育主体的合作行为。尽管市场机制在区域职业教育资源配置中发挥着重要作用,但基于职业教育的公益效能,政府必须要管理好市场调节失灵的部分。2014年教育部等六部门制定的《现代职业教育体系建设规划(2014—2020年)》提出,"各级政府要加强发展战略、规划、政策、标准等制定和实施,统筹区域职

---

① 张吉吉、贾明、万迪昉:《PPP 背景下控制权配置及其对合作效率影响的模型研究》,《管理工程学报》2009 年第 3 期,第 23—29 页。

业教育发展"。与我国"长三角"、"珠三角"地区相比较，京津冀区域市场化程度较低，职业教育市场调节机制明显较弱。因此，京津冀区域各级政府应高度重视职业教育一体化发展非制度化的现实，借鉴国内外先进地区经验，充分发挥政府的主导和引领作用，建立健全配套政策体系，引导各级各类职业教育机构、行业企业及其他社会力量积极开展跨域、跨界合作。

长期以来，京津冀处于分割治理状态，地方性职业教育法律规制各异。特别是基于自身利益形成的部分政策制度不尽符合京津冀职业教育一体化发展的要求。域外区域治理实践表明，行政协议、行政契约等手段已成为区域职业教育协作的重要机制，在协调群体利益、推动多方协作、进行区域治理等方面发挥着重要的作用。因此，京津冀三地政府及相关部门应通过平等协商等途径，共同拟定地方法律规制，构建与京津冀职业教育一体化相适应的政策法规体系，完善相关合作规制。通过建立相关政策体系，严防地方政府及部分职业教育机构毁约等现象的发生。通过建立合作激励制度，调动三地职业教育机构、行业企业、社会组织等的合作积极性。明确职业教育合作方的权利与义务，确保区域合作主体自身利益不受损害，保证京津冀职业教育一体化的顺利实施。

二　多元主体参与

京津冀协同发展战略已纳入国家长期发展战略规划，各级各部门也正在积极推进相关工作，并取得多方面的效果。然而，这种自上而下的推动方式虽在一定程度上加深了广大民众对京津冀职业教育一体化的认识，却难以调动社会各界参与职业教育一体化发展的积极性和主动性。京津冀职业教育一体化发展的最终成效不仅体现于人力资源市场和行业企业用工等方面，更重要的是让广大民众受益，产生实实在在的获得感。因此，各级政府教育行政部门应及时总结、广泛宣传京津冀职业教育机构跨行政区域合作的典型案例及成功做法，激发广大人民群众及行业企业和其他社会组织的参与热情。

（一）加强政府统筹职能

与"长三角"、"珠三角"区域比较，京津冀区域市场化程度相对较低。在京津冀职业教育一体化发展的初级阶段，需要强化政府的统筹职能。首先，要加强相关制度建设，协调好各方利益，努力实现"双赢"或"多赢"。以合作利益调动各级各类职业教育机构及企业参与京津冀职业教育一体化发展的积极性。其次，协调三地相关部门，充分发挥政府统筹的指导作用和市场资源配置的决定性作用，完善职业教育一体化发展机制。再次，将京津冀职业教育一体化纳入京津冀协同发展总体规划，做到同安排、同推进、同检查。与本地社会经济发展"十三五"规划相配套，不断加快京津冀职业教育一体化进程。

（二）强化行业指导作用

与普通教育不同，职业教育是就业教育、专业教育和跨界教育，需要行业企业的深度参与并发挥指导和引领作用。京津冀协同发展战略的实施，为区域职业教育机构和行业企业跨行政区域合作提供了前所未有的机遇。同时，由于行业组织最了解当今产业技术发展动态，能够准确提出企业人才所需的职业能力。强化行业组织对职业教育指导作用，可将国内外产业技术辐射到职业院校专业建设、课程内容确定乃至教学方法选择等人才培养环节之中。加快京津冀职业教育一体化进程，应赋予三地行业组织更多的权利和职能，充分发挥行业组织优势，引领校企合作，促进产教融合，实现共同发展。

（三）发挥企业主体作用

校企合作是职业教育发展的重中之重，只有充分发挥企业在职业教育中的育人主体作用，才能培养出社会满意、市场需要的高质量技术技能人才。各级各类职业教育机构应主动邀请企业参与到职业教育人才培养的全过程中来，从专业设置、课程开发、师资培养、教学设计等多方面出发，深入开展校企合作，充分发挥企业在人才培养方面的引领作用，在基地建设、学生操作能力培养等方面的主体作用。积极扩大校企联合实施的新型学徒制和现代学徒制的规模，促使职业院校和企业两个主体紧密地结合在一起，不断提升职业教育人才培养质量。

（四）加强学校内涵建设

在京津冀职业教育一体化进程中，职业院校（含职业教育机构）应立足区域整体发展需求，找好自身定位，明确办学思路，合理调整专业设置，科学安排课程内容，不断改进教学方法，着力加强内涵建设。加强区域内职业院校之间的横向联系，实现课程对接、学分互认、标准统一。将有限的政府投入集中于教育教学条件改善方面，持续优化技术技能人才培养条件。加强不同职业教育机构之间的资源共享、教师互聘等工作，完善京津冀区域内中高职衔接、中高本衔接体系，培育一批支撑京津冀协同发展的现代工匠。

（五）提升科研引领能力

科研机构是京津冀职业教育一体化发展进程中容易被忽视的主体，建议政府教育行政部门制定相关政策，鼓励三地产业技术研究机构、职业教育科研机构与职业院校、行业企业实施全方位联合，构建职业教育共同体，在培养技术技能人才的同时，推广先进适用的现代产业技术，使其尽快转化为现实生产力，获得较大的经济效益。职业教育研究部门应针对当前京津冀职业教育一体化发展中存在的具体问题开展研究，将自身建设成为京津冀职业教育一体化发展的"新型智库"，为三地政府教育行政部门、各级各类职业教育机构以及行业组织等实施一体化发展提供新思路和新方法，确保职业教育一体化目标的如期实现。

三 组织形态创新

职业教育组织指职业教育相关要素为实现职业教育目标而形成的系统或集（团）体，职业教育组织形态指职业教育组织的纵向等级分层、横向分工协作及相关要素之间的沟通关系，反映了组织成员之间的分工和协作状况。经过数十年的发展，我国现已成为世界上职业教育规模最大的国家，形成了学校制、学徒制、培训制3种主要组织形态。2017年12月，国务院《关于深化产教融合的若干意见》提出，创新教育组织形态，促进教育和产业联动发展。计划利用10年左右的时间，形成教育和产业统筹融合、良性互动的发展格局。当前，京津冀职业教育相关要素、相关组织仍处于彼此封闭、割裂的状态。在推进京津冀职业教育一体化进程中，应积极推进职业教育组织形态的创新与优化。

（一）推行高质量学徒制

2015年6月联合国教科文组织职业技术教育和培训国际中心

(UNESCO – UNEVOC)召开的"通过高质量的学徒制开展职业技术教育(TVET)"的网络会议首次提出了高质量学徒制的概念,认为高质量学徒制的优点具体体现于工作和培训条件质量、学徒社会保障及工资津贴水平、培训标准和内容质量、证书质量、利益相关者双赢5个方面。[①] 2016年,G20杭州峰会签署了《二十国集团促进高质量学徒制倡议》[②],掀起了推行高质量学徒制的高潮。我国具体推行了新型学徒制和现代学徒制两种形式,收到较好的效果。实践成果表明,高质量学徒制以融合现有职业教育组织形态优点、克服其弊端为目标,体现了职业教育组织创新的理性化。实施高质量学徒制的基础是"产教融合、校企合作",强调技术技能人才培养应根据学徒所在行业(专业)对技术技能知识的要求以及学徒本人技术技能的基础状况灵活确定。在京津冀一体化发展进程中,三地政府教育行政部门应允许广大民众跨行政区域参与高质量学徒制培训,根据自身情况自由选择企业和职业院校,决定适合自己的学徒制培养方式,不断增强高质量学徒制的包容性,进而扩大学徒培养规模。

(二)建立实体型职教集团

目前,京津冀职业教育集团多为行业、企业、学校等主体参与,以集团章程为共同行为规范,基于行业、区域等形成的多法人职业教育组织。职业教育集团数量虽多,但均处于松散型状态,难以协调集团成员及相关要素发挥整体效能,也难以实现集团利益、社会效益的最大化。推进京津冀职业教育一体化发展,应借鉴域外国家经验,加快独立(单一)法人职业教育集团建设,使各参与主体的职业教育资源能够融合在一起,形成面向社会的经营实体,使职业教育集团逐步形成较强的社会影响和市场竞争能力。同时,也能够使职业教育集团独立行使法人权利,由理事会承担风险责任,集团成员共享利益效益。基于实施京津冀协同发展战略的现实要求,要优先推动交通、先进制造业、现代农业、现代服务业等职业教育集团建设,满足京津冀交通、环保等事业、产业等发

---

① 联合国教科文组织:《通过高质量的学徒制开展TVET——UNESCO – UNEVOC网络会议报告(一)》,《联合国教科文组织职业技术教育和培训国际中心专讯(中文版)》2015年第9期,第1—3页。

② 《二十国集团领导人杭州峰会公报》,《人民日报》2016年9月6日,第1版。

展对技术技能人才的需求。配合国家实施的"一带一路"倡议，使京津冀部分职业教育资源凝聚在一起，以独立法人职业教育集团的名义与相关企业一同"走出去"，面向相关国家实施职业教育服务，为我国海外企业发展提供人力资源支撑，推动京津冀职业教育发展的国际化进程。

（三）构建职业教育共同体

职业教育共同体指将所有职业教育资源融合在一起，面向广大民众传授完整技术技能知识的职业教育组织形态。实际上，职业教育集团也属于职业教育共同体，只不过后者容量更大些，能够让学习者形成长期从事某一技术技能工作的能力，甚至实现某一领域的创造或创新。加快职业教育共同体建设，需要整合职业教育资源，达到面向人人、服务于劳动者一生、满足劳动者终身学习的目标。按照供给侧结构性改革的思路，京津冀应积极推进职业教育共同体建设，将多种形式的职业教育组织融合在一起，有效模糊学校制、学徒制、培训制的边界，形成学历教育和非学历教育相结合，成人教育、继续教育、终身教育等多种教育形态并存，开放、包容的现代职业教育组织体系。[①] 将各级各类职业教育组织的共同目标确定为培育经济社会发展所需要的技术技能人才，职业教育组织按不同层次、不同形式进行分工，供广大民众按需选择。构建职业教育共同体管理体制，在政府职业教育行政部门的统一协调下，建立健全各级职业教育协会，协调各级各类职业教育组织利益，保证职业教育共同体的高效运行。在职业教育共同体之下构建由职业院校、培训机构教师与企业师傅（学徒导师）等组成的教师共同体，强化不同类型职业教育组织教师之间的沟通与交流，相互取长补短，进而提升职业教育机构培育"现代工匠"的能力。

四　资源环境协调

针对京津冀职业教育资源布局不尽合理的问题，三地教育行政部门应积极引导各级各类职业教育机构加强全方位交流与合作，努力推进资

[①] 周雪梅、于继超：《从分裂到融合：我国职业教育组织模式变革》，《职教论坛》2015年第33期，第17—22页。

源共享。科学制定京津冀三地职业教育资源整合规划,对区域现有职业教育资源状况进行整体评估。在充分考虑地方经济社会发展水平、区域产业结构等因素基础上,科学制定职业教育资源整合方案和整合模式。充分利用市场机制,建立"优胜劣汰"的职业教育竞争体制,以市场需求促进京津冀三地职业教育资源的自然整合。推广天津市经验,根据区域职业教育发展要求,对各级各类职业教育资源及时进行合并与重组,重新配置职业教育资源,集中力量创办高品质职业教育机构,实现职业教育高质量发展。

职业教育机构跨行政区域合作是京津冀职业教育资源整合的具体路径,推进京津冀职业教育一体化发展必须持续优化资源整合的外部环境。国内外相关实践表明,由于职业教育具有准公共产品属性,极易导致地方政府及合作主体受到利益驱使,出现"地方保护主义"和"行政权力滥用"等问题。推进京津冀职业教育一体化发展必须"有破有立"。"破"就是国家教育行政部门组织京津冀三地职业教育行政部门对现行职业教育政策进行全面梳理,彻底为京津冀各级各类职业教育机构合作"松绑",实现跨行政区域合作;"立"就是建立京津冀职业教育合作仲裁机构以及申诉制度、违约赔偿制度等,及时解决三地职业教育机构合作进程中出现的各种矛盾纠纷,确保京津冀职业教育一体化有序实施。

五 经费投入均衡

教育部、国家统计局、财政部联合发布的《全国教育经费执行情况统计公告》显示,2014—2016年我国财政教育经费分别占GDP总量4.15%、4.26%、4.22%,与联合国教科文组织呼吁的财政教育支出占GDP 6%的目标还有很大差距。京津冀作为我国重点发展区域,应率先加大职业教育财政投入总量,不断改善职业教育条件,优化职业教育环境。重点解决好京津冀三地职业教育经费投入差距较大的问题,尽力均衡三地职业教育经费投入水平。制定京津冀区域统一的职业教育投入标准,落实职业教育各项经费。全力解决京津冀民办职业教育发展滞后问题,引导民间资本加大对京津冀职业教育的投入力度,通过注资现有公办学校、参与公制学校改制、私人部门直接投资、民办院校滚动投资、民办公办互相托管、中外合作办学等多种方式,实现京津冀职业教育的公私合作,不断壮大区域职业教育整体实力,使京津冀成为全国乃至全世界职业教育最为发达的地区之一。

参考文献

一 中文文献

(一) 著作类

[美] 道格拉斯·C. 诺斯:《经济史中的结构与变迁》,陈郁,罗华平译,上海三联书店、上海人民出版社1994年版。

辞海编辑委员会:《辞海》(上),上海辞书出版社2010年版。

冯天瑜、何晓明:《张之洞评传》,南京大学出版社1996年版。

靳希斌:《教育经济学》,人民教育出版社2003年版。

科特勒、俞利军:《现代营销学之父菲利普科特勒经典译丛:市场营销》,华夏出版社2013年版。

李强:《京津冀地区职业教育与经济协调发展现状分析》,《天津学术文库》(下)2015年版。

李蔺田:《中国职业技术教育史》,高等教育出版社1994年版。

廖一中、罗真存:《袁世凯奏议》,天津古籍出版社1987年版。

刘春生、徐长发:《职业教育学》,教育科学出版社2002年版。

刘相明、张恩生、李辉:《大学生求职择业指导》,山东大学出版社2006年版。

罗彭伟:《近代天津城市史》,中国社会科学出版社1993年版。

[美] 罗伯特·基欧汉:《霸权之后:世界政治经济中的合作与纷争》,苏长和译,上海世纪出版集团2006年版。

[美] 西奥多·舒尔茨:《论人力资源投资》,华夏出版社1990版。

潘懋元:《新编高等教育学》,北京师范大学出版社2003年版。

琚鑫圭、童富勇:《中国近代教育史资料汇编（实业教育师范教育）》，上海教育出版社1994年版。

琚鑫圭、唐良炎:《中国近代教育史资料汇编（学制演变）》，上海教育出版社2007年版。

盛宣怀:《商务事宜详细开局清单/愚斋存稿》，台北文海出版社1983年版。

王金生:《百年树人——河北师范大学简史》，河北教育出版社2002年版。

王金霞:《河北与中国教育早期现代化》，河北人民出版社2009年版。

肖条军:《博弈论及其运用》，上海三联书店2004年版。

闫志军:《京津冀区域一体化视阈下河北省高等教育发展战略研究》，社会科学出版社2016年版。

杨云彦、蔡昉:《城市就业与劳动力市场转型》，中国统计出版社2004年版。

阎国华、李国钧、王炳照:《中国教育通史》，北京师范大学出版社2013年版。

于述胜:《中国教育通史》（中华民国卷下），北京师范大学出版社2013年版。

赵宝琪:《天津教育年鉴》（2001），天津社会科学院出版社2001年版。

曾珍香、张培、王欣菲:《基于复杂系统的区域协调发展——以京津冀为例》，科学出版社2010年版。

中共中央马克思、恩格斯、列宁、斯大林著作编译局:《马克思、恩格斯全集》，人民出版社1965年版。

中国社科院语言研究所词典编辑室编:《现代汉语词典》（第五版），商务印书馆2005年版。

周小鹃:《周学熙传集汇编》，甘肃文化出版社1997年版。

周治华、钟毅:《河北教育大事记》，河北人民出版社1994年版。

（二）论文类

薄文广、陈飞:《京津冀协同发展：挑战与困境》，《南开学报》（哲学社会科学版）2015年第1期。

编辑部：《见证2014——我们眼中的中国职业技术教育亮点：天津市》，《职业技术教育》2015年第3期。

邴兴国：《京津冀区域经济合作的政府协调机制研究》，《环渤海经济瞭望》2011年第7期。

曹阳、王亮：《区域合作模式与类型的分析框架研究》，《经济问题探索》2007年第5期。

陈嵩、马树超：《我国不同地区职业教育发展水平比较研究》，《教育发展研究》2005年第6期。

陈欢、徐朔：《我国职业教育城乡合作与跨区域服务政策分析》，《职教通讯》2007年第7期。

陈杰：《中职学校布局与人口及经济关系研究报告》，《广西职业技术学院学报》2017年第3期。

陈国平：《县级职教中心建设的经验及存在的主要问题》，《中等职业教育》2005年第2期。

陈林生、李刚：《资源禀赋、比较优势与区域经济增长》，《财经问题研究》2004年第4期。

成新轩、武晨静：《京津冀劳动力市场一体化发展面临的障碍及对策》，《河北大学学报》（社会科学版）2017年第1期。

储诚炜、吴一鸣、谭维奇：《职业教育联盟框架构建和运行机制实践探索与研究——以安庆市职业教育联盟为例》，《职教论坛》2014年第12期。

春红：《协同学》，《齐齐哈尔社会科学》1988年第3—4期。

崔晓迪、翟希东、张晓凤：《京津冀中职教育与地区经济发展的匹配度分析》，《教育与经济》2017年第2期。

邓阳：《京津冀协同发展的市场一体化分析》，《商业经济研究》2018年第1期。

董天鹅：《河南省职业学校布局调整的改革路径研究——以职业教育改革试验区建设为背景》，《湖北函授大学学报》2011年第12期。

高兵：《京津冀区域教育空间布局构想》，《北京教育（高教）》2014年第6期。

高兵：《开展职业教育合作打造"环京津人力资源储备带"》，《中国职业技术教育》2010年第19期。

高素英、陈蓉、张艳丽等：《京津冀人力资本与区域科技创新能力的关系研究》，《天津大学学报》（社会科学版）2014年第6期。

顾炜现：《协同创新的理论模式及区域经济协同发展分析》，《理论探讨》2013年第5期。

郭康：《从旅游地理角度看京津冀旅游协作的重要性》，《河北省科学院学报》1988年第2期。

郭康：《应用技术大学服务区域经济发展的理论探析——兼论地方高校转型应用技术大学》，《高教探索》2016年第6期。

国务院发展研究中心"中长期增长"课题组：《中国经济的转型和未来10年展望》，《经济导刊》2015年第7期。

韩浩、蔡东伟：《论高职教育创新的动力机制》，《中国成人教育》2009年第13期。

何勤、雍华中：《京津冀协同发展背景下统一开放的人力资源市场体系构建研究》，《北京联合大学学报》（人文社会科学版）2016年第1期。

和震：《联合国教科文组织的职业教育政策研究》，《中国职业技术教育》2012年第6期。

贺璇、王冰：《京津冀大气污染治理模式演进：构建一种可持续合作机制》，《东北大学学报》（社会科学版）2016年第1期。

贺成全：《略论京津冀旅游一体化的思路》，《理论与现代化》1995年第2期。

侯兴蜀：《京津冀职业教育协同发展政策研究》，《中国职业技术教育》2016年第36期。

侯兴蜀：《政府教育规划如何在持续变革中落地——首都职业教育改革发展回顾、启示与展望》，《中国职业技术教育》2016年第18期。

胡泊、宁锐：《以现代职业教育体系建设，推动职业教育转型发展的几点思考》，《中国职业技术教育》2012年第30期。

胡森、刘双佳：《巴黎郊区化进程中教育资源配置策略探析》，《比较教育研究》2014年第7期。

胡鞍钢、杨竺松、鄢一龙：《就业发展"十三五"思路及目标——构建高质量的充分就业型社会》，《北京交通大学学报》（社会科学版）2015年第1期。

胡赤弟、蔡简建：《市场机制下高校教师人力资源配置探究》，《宁波大学学报》（教育科学版）2008年第3期。

胡秀锦：《区域职业教育合作模式与实现机制研究》，《教育发展研究》2012年第19期。

胡秀锦：《长三角地区职业教育合作发展机制探析——基于历史和现状的考察》，《职教论坛》2013年第4期。

胡秀锦：《职业教育区域合作政策的分析与思考——基于上海、珠三角两大区域合作样本的典型考察》，《教育发展研究》2016年第13—14期。

黄崴、孟卫青：《泛珠三角区域教育发展合作的背景、现状与机制》，《教育研究》2007年第10期。

黄立志：《环渤海经济圈背景下河北省高职教育战略研究》，《职教通讯》2012年第19期。

黄立志：《新中国天津市职业教育史》，《高等职业教育》（天津职业大学学报）2010年第4期。

黄天娥、李冰：《基于文化认同的京津冀职业教育协同发展策略》，《中国职业技术教育》2017年第21期。

黄惟清：《从供给侧结构性改革思考卫生职业教育资源整合》，《卫生职业教育》2016年第24期。

黄小璜、王传金、潘雪涛：《区域现代职教共同体优质资源共建共享策略研究》，《职教论坛》2017年第31期。

霍丽娟：《资源依赖理论视角下校企合作关系的分析》，《中国职业技术教育》2008年第27期。

贾敏、胡秀锦、郭燕妮：《区域职业教育合作发展的影响因素》，《职教论坛》2016年第28期。

姜大源：《职业科学：一门新学科的创立及定位——德国职业教育学理论创新追踪与思考》，《教育发展研究》2005年第3期。

姜丽萍：《北京市中等职业技术教育发展的分析与思考》，《教育科学研究》2005 年第 4 期。

景文莉、刘建春、王华等：《京津冀卫生职业教育教学资源共享机制的探讨》，《职业技术教育》2017 年第 17 期。

孔永生、王满新、王艳玲：《加强区域教育合作，提高高校办学质量和效益》，《教育理论与实践》2004 年第 5 期。

蓝洁、唐锡海：《广西与东盟国家职业教育合作交流的现状及前景》，《南宁职业技术学院学报》2016 年第 2 期。

李丽、周红莉、陈小娟等：《人口和区域经济发展视角下高职院校布局结构研究——以广东省为例》，《教育学术月刊》2016 年第 5 期。

李燕：《京津冀区域合作机制研究——基于政府制度创新视角》，《城市》2010 年第 1 期。

李德方、徐海峰、贺文瑾等：《职教专业结构与产业结构吻合度实证研究》，《职教论坛》2010 年第 30 期。

李汉邦、李少华、黄侃：《论京津冀高等教育区域合作》，《北京教育（高教）》2012 年第 6 期。

李楠夫：《周学熙实业教育活动述论》，《历史教学》2000 年第 8 期。

李文义：《进一步推动京津冀职业教育一体化》，《北京观察》2017 年第 9 期。

李小娃：《高职院校区域布局结构的实证分析及优化策略——基于"2015 年全国高等学校名单"的分析》，《现代教育管理》2016 年第 3 期。

李玉静：《世界各国职业教育层次结构发展探析》，《职业技术教育》2014 年第 22 期。

联合国教科文组织：《通过高质量的学徒制开展 TVET——UNESCO – UNEVOC 网络会议报告（一）》，《联合国教科文组织职业技术教育和培训国际中心专讯（中文版）》2015 年第 9 期。

廉仲：《进一步探讨区域内的城市发展与合作——在京津冀城市发展协调会上的讲话》，《城市》1991 年第 4 期。

林巍、任伟峰：《基于京津冀人力资源一体化的河北省农村劳动力转移就业机制分析》，《广东农业科学》2012 年第 22 期。

林克松、朱德全：《从零和博弈到正和博弈：城乡职业教育协同发展的理念变革》,《教育与职业》2012年第5期。

刘爱玲、薛二勇:《京津冀职业教育协同发展的政策研究》,《北京师范大学学报》(社会科学版) 2017年第2期。

刘桂芳:《河北省立法商学院文献研究》,《天津法学》2012年第4期。

刘国有、刘桂芳、徐瑞娴:《北洋法政学堂创办的历史考辨——为北洋法政学堂成立105周年而作》,《天津法学》2012年第2期。

刘利民:《区域联动打造教育发展共同体》,《北京教育》2009年第9期。

刘小强:《关系思维与高等教育研究——纪念"教育内部关系理论、教育内部关系理论"提出三十周年》,中国高等教育评论2011年第12期。

刘新华、王冬琳、王利明:《我国职业教育层次结构与生产力发展水平关系的实证研究》,《中国高教研究》2013年第4期。

楼一峰:《高等职业教育课程资源的开发和利用》,《职业技术教育》2007年第1期。

罗润东、郭建强:《京津冀、长三角、珠三角人力资本竞争力状况比较》,《经济问题》2009年第1期。

吕景泉、马雁、杨延:《职业教育:供给侧结构性改革》,《中国职业技术教育》2016年第9期。

马奎、杨梅:《经济市场化含义刍议》,《北方经贸》2001年第8期。

马涛:《环渤海高等教育合作机制研究》,《国际会议》2013年第3期。

马建富、周如俊、潘玉山等:《职业院校专业结构与产业结构吻合度研究——以江苏省为例》,《职业技术教育》2017年第15期。

马树强:《区域教育合作探析;模式、动力机制、过程模型》,《国家教育行政学院学报》2010年第7期。

茅锐、徐建炜:《劳动力结构与产业结构调整》,《浙江大学学报》(人文社会科学版) 2015年第2期。

南海、龚孟伟:《我国职业教育实训资源开发与共享机制建立的政策建议》,《中国职业技术教育》2012年第27期。

潘懋元:《教育的基本规律及其相互关系》,《高等教育研究》1988年第3期。

邱平静:《欧盟职业教育跨区域合作启示》,《教育与职业》2014年第

2 期。

曲维富：《天津职业技术教育的现状与发展》，《职业教育与研究》1993年第 2 期。

全毅：《全球区域经济一体化发展趋势及中国的对策》，《经济学家》2015年第 1 期。

全秋燕：《探析我国职业教育的供给侧改革》，《教育与职业》2017 年第 1 期。

荣利颖：《京津冀协同发展背景下职业教育的协同发展研究》，《首都师范大学学院报》2016 年第 2 期。

桑锦龙：《推进京津冀教育协同发展的战略谋划和系统实施》，《前线》2018 年第 1 期。

邵会婷、闫志利：《增强职业教育吸引力：域外经验与我国实践》，《河南科技学院学报》2015 年第 8 期。

盛来运：《国外劳动力迁移理论的发展》，《统计研究》2005 年第 8 期。

石庆焱、李伟：《教育年限总和法人力资本测算——基于年全国人口普查数据的修订结果》，《中国人口科学》2014 年第 6 期。

史枫：《人口调控背景下的首都职业教育：困难、机遇与策略》，《中国职业技术教育》2014 年第 24 期。

史重庆：《蔡元培职业教育思想探析》，《西北成人教育学报》2011 年第 1 期。

帅全锋、高菲：《高等教育与京津冀区域协同发展的对策分析》，《石家庄职业技术学院学报》2012 年第 1 期。

孙久文、原倩：《京津冀协同发展战略的比较和演进重点》，《经济社会体制比较》2014 年第 5 期。

滕青：《职业教育专业对接产业结构发展的探讨》，《江苏教育》（职业教育版）2011 年第 2 期。

天津市发展和改革委员会课题组：《天津产业结构与就业结构协调发展研究》，《天津经济》2013 年第 3 期。

田汉族、王超：《京津冀高等教育合作困境的制度分析》，《首都师范大学学报》（社会科学版）2016 年第 5 期。

田相林：《聚焦美国职业教育跨区域合作》，《教育与职业》2014 年第 3 期。

涂碧：《试论中国的人情文化与社会效应》，《山东社会科学》1987 年第 4 期。

王慧、史同广：《劳动地域分工理论在区域开发规划中的作用》，《地域研究与开发》1996 年第 2 期。

王颖：《上海浦东会展业发挥产业带动效应探析》，《广西社会科学》2005 年第 1 期。

王宝林：《京津冀文化的历史演变与文化产业协同发展略论》，《河北工业大学学报》（社会科学版）2014 年第 2 期。

王春蕊：《京津冀协同发展战略下人口流动的影响及对策研究》，《经济研究参考》2016 年第 64 期。

王春燕：《职业教育专业设置与区域重点产业吻合度的测算与分析》，《职教论坛》2014 年第 15 期。

王海平、安江英、王利明等：《北京市高等职业教育层次结构与生产力发展水平关系的实证研究》，《职业技术教育》2013 年第 7 期。

王世斌：《关于京津冀教育协同发展的思考》，《天津市教科院学报》2014 年第 3 期。

王淑红、邓明立：《河北省立女子师范学院西迁并入国立西安临时大学史略》，《西北大学学报》（哲学社会科学版）2012 年第 3 期。

王毓珣：《京津冀教育协同发展原则刍议》，《北京教育（高教）》2016 年第 6 期。

王再文、李刚：《区域合作的协调机制：多层治理理论与欧盟经验》，《当代经济管理》2009 年第 9 期。

吴玫：《京津冀一体化背景下的产学研合作机制研究》，《河北工业大学学报》（社会科学版）2013 年第 4 期。

吴洪成、宋云青：《袁世凯与清末民初的教育述论》，《保定学院学报》2012 年第 5 期。

吴文国：《宪政视野下的政府角色定位研究》，《辽宁行政学院学报》2008 年第 12 期。

吴雪萍、张科丽：《促进欧洲职业教育一体化的"波尔多公报"述评》，《外国教育研究》2009 年第 7 期。

肖鸣：《省级政府间合作：实现中部崛起的必然选择——基于竞合博弈和产业前景的 SWOT 分析》，《中共合肥市委党校学报》2007 年第 3 期。

肖凤翔、董显辉：《系统论视域下我国职业教育层次结构的优化》，《职业技术教育》2012 年第 13 期。

肖红梅：《京津冀教育协同发展背景下职业院校师资共享机制探讨》，《北京劳动保障职业学院学报》2016 年第 3 期。

徐践：《推进京津冀职业教育一体化》，《北京观察》2016 年第 9 期。

徐玲、张淑娟：《职业教育层次结构影响经济增长的实证研究——以西部省份为例》，《内蒙古师范大学学报》（教育科学版）2016 年第 1 期。

徐海红：《马克思生产力概念的辩证诠释及生态价值》，《中国地质大学学报》（社会科学版）2018 年第 1 期。

许檀：《明清时期城乡市场网络体系的形成及意义》，《中国社会科学》2000 年第 3 期。

许丽平：《我国中等职业教育成本分担研究——基于理论、实证和对策的分析》，《教育科学》2007 年第 12 期。

薛二勇、刘爱玲：《京津冀教育协同发展政策的构建》，《教育研究》2016 年第 11 期。

薛立强：《府际合作机制创新及其在京津冀协同发展中的应用》，《西北师大学报》2015 年第 4 期。

闫志利、邵会婷、张帅：《职业教育 PPP 模式：域外经验与我国实践》，《当代职业教育》2016 年第 7 期。

闫志利、王伟哲：《国内外区域职业教育一体化对京津冀的启示》，《教育与职业》2015 年第 8 期。

杨飞：《东西部职业教育合作模式的初步实践》，《职教论坛》2004 年第 25 期。

杨龙、戴扬：《地方政府合作在区域合作中的作用》，《西北师大学报》2009 年第 5 期。

杨海燕、李小花：《发达地区职业教育层次结构重心上移的实证研究——

以北京市医药类职业教育层次结构变化为例》,《中国人民大学教育学刊》2014年第1期。

杨娟、张学礼:《民国时期河北职业教育研究及启示——以河北省立水产专科学校为例》,《科教文汇》2017年第1期。

杨秀芹:《教育资源利用效率研究综述》,《现代教育管理》2009年第2期。

杨振强:《京津冀高等职业教育一体化发展研究》,《成人教育》2014年第8期。

易金生:《京津冀高等教育合作发展探究》,《天津市教科院学报》2012年第4期。

于如、闫志利:《特色职业院校建设:理据、目标与策略》,《河北科技师范学院学报》(社会科学版)2015年第4期。

于本成、臧博、宋培森:《区域共享型的职业教育资源建设研究》,《教育现代化》2017年第46期。

于明潇:《我国中等职业学校布局实证研究》,《中国职业技术教育》2016年第32期。

俞海山:《李斯特生产力学说的理论意义和实践价值研究》,《生产力研究》2003年第2期。

张贵:《"京津冀协同发展"部分观点概述》,《天津经济》2007年第2期。

张雪、静丽贤、孙晖等:《基于大学联盟视角的京津冀区域高等教育合作》,《河北联合大学学报》(社会科学版)2015年第3期。

张雪、李爽、张靖轩:《京津冀区域人才开发合作机制》,《河北联合大学学报》(社会科学版)2014年第6期。

张扬、胡斌武:《职教园区建设研究述评》,《职教论坛》2011年第10期。

张光跃:《对中等职业学校布局中小城市办学的思考》,《职教论坛》2010年第21期。

张吉吉、贾明、万迪昉:《PPP背景下控制权配置及其对合作效率影响的模型研究》,《管理工程学报》2009年第3期。

张喜才、房风文:《参与主体视角下京津冀高等职业教育协同发展分析》,《教育与职业》2017年第2期。

张晓东:《民国时期建教合作职业教育研究》,《职教论坛》2010年第10期。

张耀荣:《加快推进粤台高等教育合作步伐》,《高教探索》2014年第2期。

张肇俊:《1952—1965年河北省行政区划变化大事记》,《党史博采(纪实)》2012年第12期。

张震东:《我国早期的水产教育》,《中国水产》1981年第1期。

张志增:《对新时期进一步办好县级职教中心的若干思考》,《教育与职业》2003年第23期。

赵峰:《试论近代职业教育的发展轨迹与办学特点》,《郑州大学学报》(社会科学版)2010年第5期。

赵世瑜:《京畿文化:"大北京"建设的历史文化基础》,《北京师范大学学报》(社会科学版)2004年第1期。

赵志群:《国际职业教育合作的质量与效益——以中德合作为例》,《中国职业技术教育》2016年第30期。

郑国萍、陈国华:《京津冀教育协同发展供需矛盾及应对策略》,《河北师范大学学报》(教育科学版)2017年第4期。

郑若玲:《闽南与台湾地区高等职业教育合作探析》,《集美大学学报》2013年第1期。

周波、张文玲、张国栋等:《京津冀社会保障区域一体化研究》,《知识经济》2017年第24期。

周红莉、陈小娟:《高职院校布局结构调整优化的实证研究——基于广东79所高职院校的调查》,《深圳职业技术学院学报》2017年第3期。

周雪梅、于继超:《从分裂到融合:我国职业教育组织模式变革》,《职教论坛》2015年第33期。

朱新生、杨海华:《论职业学校教育与职业培训的并举与融合》,《职教论坛》2011年第25期。

朱新生、张栋梁:《中等职业学校布局结构调整与职教资源开发的机制研究》,《中国职业技术教育》2005年第34期。

（三）学位论文类

范其伟:《我国城市化进程中职业教育发展研究》,博士学位论文,中国海洋大学,2014年。

冯策:《高等职业教育信息化资源共建共享研究》,硕士学位论文,中国地质大学（北京）,2015年。

付雪凌:《STC：21世纪美国职业技术教育走向》,硕士学位论文,华东师范大学,2005年。

胡晓颖:《京津冀主体功能区视域下河北省高等教育结构优化研究》,硕士学位论文,河北科技大学,2011年。

孟景舟:《职业教育基础概念的历史溯源》,博士学位论文,天津大学,2012年。

庞少召:《县级职教中心职能研究》,硕士学位论文,河北师范大学,2009年。

秦峰:《澳大利亚TAFE及其对当代中国高等职业技术教育的启示》,硕士学位论文,南京师范大学,2006年。

王芳:《美国学区制度研究》,硕士学位论文,华东理工大学,2010年。

王洪兵:《清代顺天府与京畿社会治理研究》,博士学位论文,南开大学,2009年。

王在亮:《改革开放以来中国区域合作理论研究》,博士学位论文,东北师范大学,2014年。

吴小舜:《近域港口城市整合研究》,博士学位论文,东北师范大学,2013年。

张金英:《城乡教育一体化的动力机制及战略研究》,博士学位论文,天津大学,2010年。

周治麟:《城乡教育一体化理论与实践探究》,硕士学位论文,湖北大学,2012年。

邹颖:《民国中期中等职业教育实践研究》,硕士学位论文,陕西师范大学,2015年。

(四) 电子文献类

《2010年全国教育事业发展统计公报》,教育部网站(http://www.moe.gov.cn/srcsite/A03/s180/moe_633/201203/t20120321_132634.html)。

《张高丽主持京津冀协同发展工作推进会议并讲话》,中央人民政府网站(http://www.gov.cn/guowuyuan/2014-12/26/content_2797424.htm)。

《职业技术教育:县级职教中心的中国版本一》职业技术教育杂志网站(http://www.hvae.com.cn/Article/showAeticleas?ArticleID=190)

《中国职业教育集团化办学年度发展报告(2017)发布会在京召开》,中国职业技术教育网(http://www.chinazy.org/models/adefault/news_detail.aspx?artid=65212&cateid=1517)。

《北京市国民经济和社会发展第十三个五年规划纲要》,北京市改革和发展委员会网站(http://www.bjpc.gov.cn/zwxx/ghjh/gzjh/201603/P020160325385159270138.pdf)

鲁昕:《在2012年职业教育与成人教育工作会议上的讲话》,教育部网站(http://www.moe.gov.cn/publicfiles/business/htmlfiles/moe/moe_1485/201203/132316.html)。

教育部等六部门关于印发《现代职业教育体系建设规划(2014—2020年)》的通知》2014年6月24日,教育部网站(http://www.jyb.cn/info/jyzck/201406/t20140624_587369.html)。

苏励、王玉亮:《河北通过贯彻"京津冀协同发展规划纲要"的意见》,新华网(http://yanzhao.yzdsb.com.cn/system/2015/07/16/014257665.shtml)

《京津冀协同发展领导小组办公室负责同志就"天津市贯彻落实京津冀协同发展规划纲要实施方案"答记者问》,天津广播网(http://www.radiotj.com/gnwyw/system/2015/09/15/000530644.shtml)

《京津冀教育协同发展专项规划明确天津五大任务》,天津网站(http://www.cnr.cn/tj/jrtj/20171024/t20171024_523998445.shtml)。

魏伟:《河北省鼓励转型试点高校教师参与企业科技创新》,中工网(http://acftu.workercn.cn/110/201801/03/180103143349423.shtml)。

《2014年第三季度北京市人力资源市场职业供求状况分析报告》，中国就业网（http://www.chinajob.gov.cn/DataAnalysis/content/2015-01/06/content_1007388/htm）。

（五）报纸及其他类

《二十国集团领导人杭州峰会公报》，《人民日报》2016年9月6日，第1版。

本报记者：《国家职教改革示范区在津"升级"》，《天津日报》2015年7月8日，第9版。

李洁、武文娟：《北京制造业，批发市场等四类非首都功能将三阶段疏解》，《法制晚报》2015年7月16日，第a06版。

廖晨霞：《700余家企业提供近万个岗位》，《天津日报》2018年4月16日，第2版。

廖晨霞：《打造"津味"培训包——本市推进职业技能改革创新调查》，《天津日报》2014年9月3日，第1版。

施剑松：《京津冀成立职教教学协同发展联盟》，《中国教育报》2016年10月29日，第2版。

汤华臻：《协同发展要重视人文一家亲》，北京日报2017年1月26日，第9版。

王河：《构建符合国情的职教集团治理结构》，《中国教育报》2013年1月2日，第5版。

王晓易：《京津冀三地的历史地理沿革与学术观察》，《北京青年报》2015年4月17日，第B10版。

薛二勇、刘爱玲：《政策创新：教育协同的关键——建立京津冀教育协同发展体制机制的建议》，《中国教育报》2017年10月26日，第12版。

赵婀娜、杨柳、靳博：《京津冀职业教育如何协同发展》，人民日报2016年3月17日，第18版。

二 英文文献

（一）英文著作类

Balassa B., "The Theory of Economic Integration", *Homewood Irwin*, 1961.

Teng J Y, "Project evaluation: Methods and applications", Taiwan, *National Taiwan Ocean University*, 2002.

Tinbergen, "International Economic Integration Amsterdam", *Elsevier*, 1954.

Zimmerman, Francs J., "Interstate Relation: The Neglected Dimension of Federalism", *Westport CT Praeger*, 1996.

（二）英文期刊类

Beckman M., "Remarks", *Papers of the Regional Science Association*, Vol. 57, 1985.

Boyce D., "A short history of the field of regional science", *Paper in Regional Science*, Vol. 83, 2004.

Dell S W., "Understanding Intergovernment Relation Relation", *Classic of Public administration*, No. 5, 1996.

Feiock, Richard C., "Rational choice and regional governance", *Journal of Urban Affairs*, Vol. 29, No. 1, 2007.

Goetz K H., "National Governance and European Integreation: Intergovernmental Relations in Germany", *Journal of Common Market Studies*, Vol. 33, No. 1.

Gray K., "Vocationalism and the American High School: Past, Present, and Future?", *Journal of Industrial Teacher Education*, Vol. 33, No. 2, 1996.

Hager-strand T., "What about people in regional science?", *Uboaoers if the Regional Science Association*, No. 2, 1970.

Harris D N、Sass T R. "The effects of NBPTS certified teachers on student achievement", *Journal of Policy Analysis & Management*, Vol. 28, No. 1, 2009.

Isserman A M., "The history, status, and future of regional science: A American perspective", *International Regional Science Review*, No. 3, 1995.

Jones, Candace, William S, Hesterly, et al, "a general theory of network governance: exchange conditions and social mechanisms", *Academy of Management Review*, Vol. 22, No. 4, 1997.

Krugman P R, Venables A J., "Globalization and the in-equality of nations",

Quarterly Journal of Economics, Vol. 110, No. 4, 1995.

Lefevre, Christian, "Metropolitan Government and Governance in Western Countries: A Critical Review", *International Journal of Urban and Regional Research*, Vol. 22, No. 1, 1998.

McDonald N. C.: "School Siting: contested visions of the community school", *Journal of the American Planning Association*, Vol. 76, No. 2.

Peter H., Lindert, "Unequal English Wealth since 1670", *The Journal of Political Economy*, Vol. 94, No. 6, 1986.

Rhodes R. A., "Theory and methods in British public administration: the view from political science", *Political Studies*, Vol. 39, 1991.

Shinichiro H、Yujiro S, "Designing methods of human interface for supervisory control systems", *Control Engineering practice*, No. 7, 1997.

Taaffe E. J., "The City Hierarchy: The Demarcation of An A P Flows", *Economic Geography*, No. 2, 1962.

Thurmaier K, Wood C, "Interlocal agreements as overlapping social networks: picket-fence regionalism in metropolitan kansas city", *Public Administration Review*, Vol. 62, No. 5, 2002.

（三）学位论文类

Scholz, John, Feiock C. R., "Self-organizing federalism: voluntary coordination in metropolitan areas", Paper prepared for the Workshop on Networks and Coordination of Fragmented Authority: The Challenge of Institutional Collective Action in Metropolitan Areas, Devoe Moore Center, *Florida State University*, Tallahassee, F L, 2007.

Todd S Rose, "The Associated Colleges of the South: A case study chronicling program development at the consortium and the significance of consortium membership through the experiences of presidents of member institutions", *Southern Mississippi*: University of Southern Mississippi, 2008.

（四）电子文献类

Allison, Gorringe, Lacey, "Building learning communities: Partnerships, social capital and VET performance" (http//www.ncver.edu.au).

Kearns P, Bowman K, Garlick S., "The double helix of vocational education and training and regional development" (http//www.ncver.edu.au).

(五) 报纸及其他

Isard W., "Methods of regional an analysis: An introduction to regional science", *Cambridge: The MIT Press*, 1960.

Lynn, Phil, "Mutual aid: multijurisdictional partnerships for meeting regional threats", *US Department of Justice, Office of Justice Program, Bureau of Justice Assistance*, 2005.

Serge Theunynck: "School Construction in Developing Countries: What Do We Know?" (http://www1.worldbank.org/educeation/pdf/EFAease_Construction.pdf, 2002-4-8).

The European Commission, "The Bordeaux Communiquéon Enhanced European Cooperation in Vocational Educationand Training", (http://www.eua.be/fileadmin/userupload/files/Newsletternew/Bordea uxCommuniqueEN.pdf).

后　　记

　　早在 10 年前我在河北省某市担任中职学校主要负责人时，就深切感到京津冀职业教育一体化发展的重要性和迫切性。产生这种感受，源于本人一次失败的努力。当时，北京市某特大型国有企业迁移到河北省某沿海城市，设施设备由该企业和河北省某企业联合投入，中央政府及北京市、河北省政府均给予了大力支持。企业运行之前，人力资源管理部门开始在河北省寻求合作伙伴，联合培养技术技能人才，以期满足企业按期投产、正常生产需要。2008 年，该企业人力资源管理部门及其所属技工学校（对内称"培训中心"）主动找到我校，提出实施校校合作，联合招收我市初中毕业生，培养天车工、维修工、电工等技能人才。我校讨论后认为，两校合作培养适应企业需要的技术技能人才，既能促进我区民众就业，也能支持国家重大工程，实为利国利民之举。

　　合作办学采取"1.5 + 1.5"人才培养模式。学生在我校学习一年半，学习基础文化知识和基本技能知识。另外一年半到该企业所属的技工学校学习，学习内容为岗位所需技能以及到企业顶岗实习等。基于大型国有企业的信誉，我校招生出现了"火爆"的局面，招生数量连年增长，招生区域逐步延伸到外市乃至外省，北至黑龙江、南至山东省均有初中毕业生来我校求学、在我市就业。学生毕业时正逢企业投产运行，就业状况良好，且收入稳定，福利较高。我校也成为当地乃至河北省职业教育发展的一面旗帜。

　　在合作过程中，两校负责人自然加强了相互往来。当我去该技工学校参观时，不禁被其实训设施设备等良好的办学条件吸引，惊叹北京市和该企业对职业教育投入力度之大。合作方优雅的校园环境、完备的教育教学设施、高素质的双师型教师队伍，为培养高素质技术技能人才提供良好保障。相比之下，尽管我校连年投入资金，改善学生住宿条件，完善教育教学设施，努力招聘高素质教师等，但就投入总量而言难以言喻。于是，我便产生了永久合作的想法，并直接向合作方校长提出。本人认为，贵校始建于 1954 年，具有半个世纪的办学经验，实训实习设备齐全，教育教学实力雄厚。但是，贵企业已经迁至河北省，为企业服务的技工学校依然留在北京市显然不妥。贵校办学规模仅 2500 人，教职工达 400 多人，年培养学生能力可达千人之上，每年招生却不足千人。若贵校也能随企业迁至河北省，不仅能解决生源紧缺问题，还能提升设施设备利用率，两全其美，何乐不为。合作方也有同感，并直言想法虽好，但需要向上级请示。合作方校领导还请我放心，他们会积极运作，力争合作成功。

时隔半年之后，我获得了我校所在地政府领导的口头批示，可与对方实施实质性合作办学，但要确保政府资产不会流失。然而，当我带着急切的合作愿望找到北京市合作学校时，对方却告诉我他们领导的答复是"北京市职业教育资源不得外流"，我们的共同努力最终以失败告终。至今，这所技工学校依然在北京市办学，尽管已经升格为技师学院，但生源更加紧张，发展规模受限，实训实习设备利用率极低。这次失败的努力始终让我耿耿于怀，不得其解。2011 年我调到河北科技师范学院职业教育研究院后，仍对京津冀职业教育合作具有浓厚的兴趣和愿望，一直关注着这项议题。

京津冀"一亩三分地"的思维定式引起了党中央、国务院领导的高度重视。2013 年 5 月，习近平总书记提出要谱写新时期社会主义现代化的京津"双城记"。同年 8 月，习近平总书记明确提出推动京津冀协同发展的战略构想。2014 年 2 月，习近平总书记再次强调京津冀协同发展是一个重大国家战略，并全面、系统地阐述了京津冀协同发展的重大意义、推进思路和重点任务。2015 年 2 月和 4 月，习近平总书记主持审议《京津冀协同发展规划纲要》，明确了有序疏解北京市非首都功能、推动京津冀协同发展的目标、思路和方法。全面理解、认真贯彻习近平总书记指示精神，京津冀掀起了协同发展的热潮，为京津冀职业教育一体化发展带来了新的历史机遇。

作为一名普通的职业教育研究者，我重拾旧梦，肩负着30年党龄的责任感，带领我指导的硕士研究生对京津冀职业教育一体化进行了系统研究，并于2014年11月获批河北省教育厅人文社会科学研究重大课题攻关项目。4年来，我们认真学习、深刻领会习近平总书记关于京津冀协同发展的重要指示精神，先后走访了北京师范大学、天津大学等知名高校，北京市教育科学研究院、河北省职业教育研究所等职业教育研究机构，以及京津冀三地部分职业院校，与相关领导、专家教授进行了深入访谈，调查了京津冀职业教育一体化进展状况，探究了区域职业教育专业一体化设置、职业院校一体化布局等一系列问题，并在国内学术期刊发表了系列论文，撰写了这本书稿，旨在强化社会认知，为政府教育行政部门及各级各类职业教育机构推进京津冀职业教育一体化发展提供参考，引发更多的职业教育工作者投身于京津冀职业教育一体化研究与实践。然而，当本人完成这部书稿时，仍觉得有许多想法未能完整表达出来，于是产生了这篇"后记"，介绍一下本书的"来龙去脉"，与广大读者分享。